探索与跨越

文化改革发展

十年巡礼

中宣部文化体制
改革和发展办公室

学习出版社

图书在版编目(CIP)数据

探索与跨越：文化改革发展十年巡礼 / 中宣部文化体制

改革和发展办公室.

—北京：学习出版社，2013.1

ISBN 978-7-5147-0308-5

Ⅰ.①探… Ⅱ.①中… Ⅲ.①文化事业—体制改革—概况

—中国—2002~2012 Ⅳ.①G12

中国版本图书馆CIP数据核字（2012）第274527号

探索与跨越

TANSUO YU KUAYUE

——文化改革发展十年巡礼

中宣部文化体制改革和发展办公室

责任编辑： 于子晶 关宵寅

技术编辑： 贾 茹

装帧设计： 雅昌·设计中心

出版发行： 学习出版社
　　　　　 北京市崇外大街11号新成文化大厦B座11层（100062）
　　　　　 010-66063020 010-66061634

经　销： 新华书店

印　刷： 北京雅昌彩色印刷有限公司

开　本： 889毫米×1194毫米 1/16

印　张： 19.75

字　数： 275千字

版次印次： 2013年1月第1版 2013年1月第1次印刷

书　号： ISBN 978-7-5147-0308-5

定　价： 98.00元

认真总结成功经验
继续深化文化体制改革
推动社会主义文化大发展大繁荣
（代序）

刘云山

深化文化体制改革、加快文化事业文化产业发展，是党中央立足中国特色社会主义总体布局作出的一项重大战略决策，是时代的呼唤、人民的愿望、历史的抉择。党的十六大以来，在中央的科学决策和正确领导下，中央文化体制改革和发展工作领导小组认真贯彻落实中央决策部署，各部门全力支持，各地区积极参与，文化体制改革走过了很不平凡的历程，取得历史性成就。领导小组作为文化体制改革的组织者、推动者，见证了这十年改革的不平凡历程，见证了文化发展的巨大成果。

中央文化体制改革和发展工作领导小组是按照中央要求，为加强文化体制改革工作的总体指导、协调而设立的，名称更改和成员单位增加反映了文化改革发展不断拓展、不断深化的历程。2003年6月，文化体制改革试点工作领导小组正式成立。我们按照中央要求，为落实党的十六大部署，制订了试点工作方案，推动北京等9个省市和35个文化单位进行文化体制改革试点。在总结试点经验基础上，党中央、国务院下发了《关于深化文化体制改革的若干意见》，决定将文化体制改革向面上逐步推开。2006年4月，领导小组更名为中央文化体制改革工作领导小组，指导文化体制改革全面深入推进。2011年10月，党的十七届六中全会要求进一步把文化体制改革引向深入，之后中央又颁布了《国家"十二五"时期文化改革发展规划纲要》。2012年1月，经中央批准领导小组调整为中央文化体制改革和发展工作领导小组，赋予领导小组统筹改革与发展的新职责新任务。领导小组成立以来这些年，在中央宣传思想工作领导小组领导下做了大量工作，先后召开17次领导小组会议和8次全国性的文化体制改革工作会议，不断总结实践经验，对改革工作进行动员部署，有力推动了中央关于文化改革发展决策部署的贯彻落实；牵头制订和协调出台30多个重要文件政策，形成了完备的政策体系，为改革提供了有力支持和保障；围绕推动文化走出去、文化产业发展、文化与旅游结合、文化和科技融合，以及文化及相关产业统计等，进行专题研究、专门部署，协调解决了实际工作中的一系列重点难点问题。所有这些，都有力地推动了改革的不断深化，促进了文化的繁荣发展。

十年来，各地区、各部门按照中央确定的文化体制改革"路线图"、"时间表"和"任务书"，解放思想、转变观念、攻坚克难，推动文化发展理念实现新的飞跃、体制机制实现重大突破、事业产业实现大的跨越。主要有这样几个方面：一是有力促进了文化生产力的解放发展。通过推进经营性文化单位转企改制，培育了一大批新型文化市场主体，国有或国有控股文化企业的规模实力和市场竞争力大大增强。通过深化公益性文化事业单位内部改革，发展活力和服务效能明显提升。通过引导社会资本在国家允许范围内以多种形式参与文化建设，多种所有制相互促进的文化发展格局已经形成。二是有力促进了文化的繁荣发展。覆盖城乡的公共文化服务体系框架基本建立，广大人民群众特别是农村群众看书难、看电影难、收听收看广播电视难问题基本解决。文化创作生产和文化市场空前活跃，文化产品的品种数量和风格样式极大丰富，满足了人民群众日益增长的文化需求，提升了公民文明素质、促进了社会和谐进步。三是有力促进了经济发展方式的加快转变。文化产业加速发展，规模实力不断提升，日益成为新的经济增长点、经济结构战略性调整的重要支点、转变经济发展方式的重要着力点。在国际金融危机背景下，我国文化产业逆势上扬，成为经济增长中的一大亮点。四是有力促进了国家文化软实力的不断提升。对外文化交流的范围、领域和渠道不断拓宽，人文交流和民间交往日益活跃。对外文化贸易快速发展，文化进出口逆差明显缩小，我国文化产品在国际文化市场份额逐步提高，重点媒体国际传播能力增强，全方位、多层次、宽领域的文化走出去格局正在形成。五是有力促进了各类文化人才竞相涌现。宣传文化人才队伍建设得到加强，培训工作全方位展开，基层队伍建设力度明显加大，人才结构不断优化，人才队伍的政治素养、知识结构、精神状态和工作本领全面提升。总之，改革方向对、成果大、亮点多，文化领域的整体面貌焕然一新，在已有基础上开创了新局面，走出了一条中国特色社会主义文化发展道路。

文化体制改革与经济体制改革、政治体制改革、社会体制改革紧密相连，如何统筹好改革的推进力度与各方面的接受程度，如何处理好改革、发展和管理的关系，积极稳妥、平稳有序地推进改革，是对我们的重要考验。在改革实践中，我们认真贯彻中央要求，坚持一切从实际出发，紧紧依靠广大干部群众，不断深化对文化改革发展的探索，积累了十分宝贵的经验。

1. 必须始终坚持党的领导，确保文化改革发展的正确方向。党的十六大对深化文化体制改革、发展文化事业和文化产业作出明确部署，党的十七大鲜明提出推动文化大发展大繁荣、兴起社会主义文化建设新高潮的战略任务，党的十七届六中全会提出坚持中国特色社会主义文化发展道路、建设社会主义文化强国的宏伟目标。党的十六大以来，胡锦涛总书记多次主持中央政治局常委会、政治局会议和政治局集体学习，专题研究部署文化体制改革工作；国务院常务会议也多次研究有关工作，并下发一系列重要文件。李长春同志亲自指挥、亲自部署，多次主持召开会议专门研究文化体制改革工作，经常深入一线调研指导。可以说，改革的每一个关键步骤、每一次重要突破，都是在中央的有力指导下推进的，中央的正确领导为文化体制改革顺利推进提供了基本遵循和根本保障。

2. 必须始终坚持解放思想、转变观念，牢固树立符合科学发展观要求的新的文化发展理念。党的十六大以来，宣传思想文化战线坚持以邓小平理论和"三个代表"重要思想为指导，深入贯彻落实科学发展观，解放思想、与时俱进，在实践中探索总结，不断深化对文化的地位作用、方向目的、思路格局、发展动力、依靠力量等重要问题的认识，形成了一系列新的文化发展理念。这些新的文化发展理念，是科学发展观在文化建设领域的具体体现，在实践中日益转化为广大文化工作者支持投身文化体制改革的强大动力。

3. 必须始终坚持一手抓公益性文化事业、一手抓经营性文化产业，把社会效益放在首位、实现社会效益和经济效益相统一。满足人民群众日益增长的精神文化需求，是社会主义文化建设的根本任务。对于体现人民群众文化权益的基本文化需求，需要通过构建覆盖城乡、惠及全民的公共文化服务体系来实现；对于人民群众多样化、多层次、多方面的文化需求，需要通过壮大文化产业、繁荣社会主义文化市场予以满足。科学区分公益性文化事业与经营性文化产业，明确文化建设中政府职责和市场功能的定位，使我们找到了实现文化以人为本、全面协调可持续发展的正确途径。

4. 必须始终坚持从实际出发，区别对待、分类指导、循序渐进、逐步推开，积极稳妥推进各项改革。我国文化领域不同行业、不同单位的情况千差万别，不同地区经济社会文化发展也很不平衡，推进文化体制改革必须区别不同情况、做到因地制宜。在改革实践中，我们对国有经营性文化单位，对时政类报刊社、公益性出版社、代表民族特色和国家水准的文艺院团等事业单位，对哲学社会科学研究机构、重点新闻媒体等，明确不同的改革要求。对不同地区、不同行业，允许在完成中央确定任务的前提下，根据实际情况确定路径和办法。这些很好地保证了各项改革任务的稳妥推进。

5. 必须始终坚持以人为本，充分调动人民群众和广大文化工作者投身文化建设的积极性、主动性、创造性，形成文化改革发展的强大合力。推进文化改革发展，必须充分发挥人民在文化建设中的主体作用，尊重文化工作者的创新创造，努力形成多出优秀作品、多出优秀人才的良好局面。文化体制改革涉及干部群众的切身利益。在实际工作中，我们坚持走群众路线，充分尊重职工群众的知情权、参与权，科学制定改革方案，妥善解决人员身份转换及安置、社会保障等现实利益问题，有效维护了干部职工的合法权益，使改革获得了广泛的群众基础。

6. 必须始终坚持统筹兼顾，正确认识和处理好文化改革发展中的一系列重大关系，不断提高文化改革发展的科学化水平。在改革实践中，我们深入研究、正确把握文化改革发展中的若干重大关系，包括文化"魂"与"体"的关系、人民群众基本文化需求与多样化多层次多方面文化需求的关系、意识形态属性和商品属性的关系、社会效益和经济效益的关系、弘扬主旋律与提倡多样化的关系、改革创新与加快发展的关系、文化与经济的关系、文化与科技的关系、发挥政府作用与调动全社会力量参与文化建设的关系、民族文化与外来文化的关系、促进繁荣与加强管理的关系，等等。正是基于对这些重大关系的科学认识，才使文化改革发展做到了既总揽全局、统筹规划，又重点突破、整体推进，开创了新的局面、迈上了新的台阶。

当前，我国正处于改革发展的重要战略机遇期和全面建设小康社会的关键时期，也迎来文化繁荣发展的黄金期。站在新的历史起点上，我们必须以更加强烈的文化自觉和文化自信，紧紧抓住文化发展难得机遇，牢牢把握文化改革发展主动权，坚定不移地走中国特色社会主义文化发展道路，进一步深化文化体制改革，进一步加快文化事业文化产业发展，推动兴起社会主义文化建设新高潮。我们坚信，在党的十八大精神指引下，中国特色社会主义文化发展道路一定会越走越宽广，必将进一步开创建设社会主义文化强国、努力实现中华民族伟大复兴的新局面。

（本代序系2012年9月21日中共中央政治局委员、中央书记处书记、中央宣传部部长、中央文化体制改革和发展工作领导小组组长刘云山同志在中央文化体制改革和发展工作领导小组全体会议上的讲话摘要）

目　录

认真总结成功经验　继续深化文化体制改革

推动社会主义文化大发展大繁荣（代序）……………………………… 刘云山/1

第一章　文化改革发展的历史背景、决策部署和目标任务……………… 2

第一节　文化改革发展的重要性紧迫性………………………………… 3

第二节　文化改革发展的重大决策部署………………………………… 10

第三节　文化改革发展的指导思想、目标任务和方针原则…………… 22

第二章　文化改革发展的基本历程、主要成效和经验………………… 30

第一节　文化改革发展的基本历程……………………………………… 31

第二节　文化改革发展的工作进展……………………………………… 45

第三节　文化改革发展的主要成效……………………………………… 52

第四节　文化改革发展的基本经验……………………………………… 57

第三章　加强公共文化服务体系建设…………………………………… 64

第一节　加强公共文化服务体系建设的重要意义和主要要求………… 65

第二节　深入实施重点文化惠民工程…………………………………… 70

第三节　推进公共文化服务城乡一体化发展…………………………… 80

第四节　创新公共文化服务运行机制…………………………………… 87

第五节　保护和传承优秀传统文化……………………………………… 92

第四章　深化文化事业单位改革………………………………………… 100

第一节　深化文化事业单位改革的重要意义和主要要求……………… 101

第二节　图书馆、博物馆、文化馆等公益性文化事业单位的改革·················· 105

第三节　一般时政类报刊社、公益性出版社、代表民族特色和

　　　　国家水准文艺院团的改革·················· 113

第四节　重点新闻媒体改革·················· 117

第五章　推进国有经营性文化事业单位转企改制·················· 124

第一节　推进经营性文化事业单位转企改制的重要意义和主要要求·················· 125

第二节　国有出版发行单位转企改制情况·················· 129

第三节　影视领域国有经营性文化单位转企改制情况·················· 135

第四节　国有文艺院团改革情况·················· 141

第五节　非时政类报刊单位转企改制情况·················· 148

第六节　重点新闻网站转企改制情况·················· 152

第六章　加快文化产业发展·················· 158

第一节　加快发展文化产业的重要意义和主要要求·················· 159

第二节　构建现代文化产业体系·················· 168

第三节　推进文化产业所有制结构调整·················· 177

第四节　加快推进文化科技创新·················· 184

第五节　培育现代文化市场体系·················· 191

第七章　加强对文化产品创作生产的引导·················· 200

第一节　加强对文化产品创作生产引导的重要意义和主要要求·················· 201

第二节　实施文化精品工程、加大对优秀文化产品的扶持力度…………………208

第三节　建立健全引导机制、完善有利于优秀文化产品脱颖而出的制度保障……………219

第八章　推动文化走出去……………………………………228

第一节　推动文化走出去的重要意义和主要要求………………………………229

第二节　构建多渠道多形式多层次文化交流格局………………………234

第三节　创新文化走出去模式……………………………………239

第四节　加快构建现代国际传播体系………………………………250

第九章　加强和改进文化宏观管理…………………………260

第一节　加强和改进文化宏观管理的重要意义和主要要求…………………261

第二节　加快推动政府职能转变…………………………………265

第三节　深化文化市场综合执法改革……………………………272

第十章　建立健全文化改革发展政策法规体系…………………280

第一节　文化改革发展法律法规…………………………………281

第二节　文化改革发展经济政策…………………………………286

第三节　文化改革发展人才政策…………………………………297

后　记……………………………………………………302

第一节　文化改革发展的重要性紧迫性

第二节　文化改革发展的重大决策部署

第三节　文化改革发展的指导思想、目标任务和方针原则

第一章
文化改革发展的历史背景、决策部署和目标任务

深化文化体制改革、加快发展文化事业和文化产业，是我们党继着力推进经济体制、政治体制、教育体制、科技体制等方面改革之后，作出的又一项关系全局的重大决策。党的十六大以来，随着党和国家各项事业的蓬勃发展，以胡锦涛同志为总书记的党中央从全面推进中国特色社会主义伟大事业，推进全方位改革和社会主义制度自我完善，提高党的执政能力、维护国家文化安全和战略安全的大局出发，着眼于实现中华民族伟大复兴，全面总结我们党领导文化建设的基本经验，深刻分析文化建设面临的形势，先后对文化改革发展作出一系列重大部署。中央将文化改革发展摆上前所未有的重要议程，极大地提升了全党全社会的文化自觉和文化自信，在新的历史起点上拉开了深化文化体制改革的序幕，开启了新时期文化繁荣发展的新征程。党的十八大回顾总结近年来文化改革发展的成就，指出文化体制改革全面推进，公共文化服务体系建设取得重大进展，文化产业快速发展，文化创作生产更加繁荣，人民精神文化生活更加丰富多彩，文化建设迈上新台阶。

第一节
文化改革发展的重要性紧迫性

　　改革开放是决定当代中国命运的关键抉择，是新时期最鲜明的时代特征。改革开放以来，我们党在不断深化经济体制改革的同时，积极推进其他各方面体制改革。20 世纪 80 年代，宣传文化领域在成功完成从以阶级斗争为纲向以经济建设为中心的转变后，即开始了自身的改革开放探索，特别是为适应加入世贸组织和文化市场开放的要求，努力探索从适应计划经济体制向适应社会主义市场经济体制的转变，培育文化市场，转换文化单位经营机制，扩大文化对外开放，加强和改进宏观管理，推动了宣传文化阵地发展壮大，积累了初步的改革经验。

　　进入新世纪新阶段，随着我国经济体制改革进一步深化和经济社会快速发展，文化赖以生存和发展的经济基础、体制环境、社会条件发生了深刻变化。传统文化体制对文化发展的制约和影响日益凸显，掌握大量文化资源的国有文化单位游离于社会主义市场经济之外，文化产业发展水平不高，公共文化服务能力不强，农村基层文化建设滞后，中华文化的国际传播力和影响力与我国国际地位不相匹配。面对世情、国情、党情的深刻变化，文化建设与全社会快速增长的精神文化需求不相适应，与日趋完善的社会主义市场经济体制 不相适应，与不断扩大的对外开放不相适应，与现代科学技术迅猛发展和广泛应用的新趋势不相适应，与加快经济发展方式转变、促进经济社会全面协调可持续发展的新形势不相适应。

一、加快文化改革发展是提供更多更好的文化产品、满足人民群众日益增长的精神文化需求的迫切需要

经过改革开放以来的快速发展，我国人民物质生活水平有了很大提高，2002 年前后人民生活总体上达到小康水平，城乡恩格尔系数平均已降到 0.5 以下，目前进一步降到 0.4 以下。国际经验表明，人均国内生产总值达到 3000 美元时，居民消费进入物质消费和精神文化消费并重时期。超过 5000 美元时，居民消费将进入精神文化需求的旺盛时期。现在，我国人均国内生产总值已超过 5000 美元，随着居民消费由温饱型向小康型转变，人民精神文化需求呈"井喷"之势迅速增长，呈现出多样化、多方面、多层次的特点。这既为文化建设注入了强大动力，同时也使文化产品的供需矛盾更加突出。我们的文化产品无论是数量上还是质量上，都还不能很好地满足人民日益增长的精神文化需求，特别是在农村，广大基层群众看书难、看电影难、收听收看广播电视难、参与公共文化活动难的问题依然突出，文化领域已成为我国少数几个总供给不能满足总需求的领域之一。在传统体制下，一方面国有文化资源闲置，另一方面人民精神文化需求得不到满足，这必然带来国外文化产品乘虚而入，侵权盗版屡禁不止，一些地方腐朽落后文化沉渣泛起。这就要求我们坚持以人为本，从群众需要出发，加快文化改革发展，充分激发文化单位的内生动力，充分调动文化工作者的积极性，多提供群众买得起、看得懂、用得上的文化产品，多开展群众喜闻乐见、便于参与的文化活动，努力使广大群众在"文化享有"上各得其利，在"文化创造"上各尽其能，不断满足人民群众日益增长的精神文化需求。

二、加快文化改革发展是完善社会主义市场经济体制、发挥市场在文化资源配置中积极作用的迫切需要

随着社会主义市场经济深入发展和经济体制逐步完善，市场在资源配置中的基础性作用日益得到发挥，极大地提高了资源配置的质量、效益和速度，文化赖以存在的体制环境发生了深刻变化，市场越来越成为文化发展的重要平台。社会主义市场经济既拓展了精神文化产品的创作、生产、流通和消费的空间，为文化发展提供了难得的机遇，同时也更加凸显了原有文化体制与不断发展变化的经济基础和体制环境不相适应的问题。一方面，社会主义市场经济条件下，人民群众越来越多地通过市场来选择和消费文化产品；另一方面，市场是优化文化资源配置的有效形式，只有进入市场，开展竞争，才能有效解决人才激励、资金瓶颈、技术创新运用等问题，优胜劣汰，做大做优做强。长期以来，我国文化领域在许多方面仍然停留在传统体制的模式上，习惯于用计划经济的手段管文化、办文化，把经营性文化产业和公益性文化事业混为一体，政府统包统揽，造成应该由政府保障的公益性文化事业单位由于经费投入不足，挤占公共文化资源去搞创收，难以履行公共文化服务职责。应该走向市场的经营性文化产业长期依赖政府，政企不分、政事不分和管办不分，缺乏科学有效的竞争和激励机制，许多文化产品与市场变化、群众需要严重脱节，文化工作者积极性创造性难以充分发挥。一些掌握大量国有文化资源的文化单位，游离于社会主义市场经济体制之外，缺乏活力和竞争力。在多种所有制共同发展的情况下，有些国有文化单位被"边缘化"，有的甚至难以为继，面临生存压力，发展困难，同时还直接影响着文化市场上国有主渠道作用的发挥，事关国家文化安全。这就要求我们运用符合社会主义市场经济的思路、办法、手段来推动文化发展，把文化事业与文化产业区分开来，一手抓公益性文化事业，提高公共文化服务能力，一手抓

经营性文化产业，建立面向市场、面向观众的体制机制，重塑合格的文化市场主体，促进文化事业繁荣和文化产业发展。

三、加快文化改革发展是面对社会思想文化日趋多元多样多变、用社会主义核心价值体系引领社会思潮的迫切需要

我国经济社会发展正处在重要战略机遇期，同时也进入了改革攻坚期和矛盾凸显期，经济体制深刻变革、社会结构深刻变动、利益格局深刻调整、思想观念深刻变化，人们思想活动的独立性选择性多变性差异性不断增强，社会思想文化更加活跃。特别是随着经济成分、组织形式、就业方式、利益关系和分配方式的日益多样化，不同群体之间的利益关系更趋复杂，各类社会热点相互叠加，各种"两难"问题更加突出，信息传播渠道更加多样，社会舆论更加复杂，统一思想、凝聚力量、促进和谐的任务更加繁重。改变这一状况，根本出路在于深化文化体制改革，更好地用社会主义核心价值体系引领社会思潮，在全党全社会形成统一指导思想、共同理想信念、强大精神力量、基本道德规范，充分发挥文化引领风尚、教育人民、服务社会、推动发展的作用。这就要求我们重新厘清文化的功能和定位，正确认识和妥善处理好文化"魂"与"体"的关系，不断丰富和壮大承载、传播文化精神价值的重要载体和形式，不断创新有利于贴近实际、贴近生活、贴近群众的体制机制，探索运用多种形态、多种方式、多种途径传播社会主义核心价值体系，推动在全社会形成统一指导思想、共同理想信念、强大精神力量和基本道德规范。

四、加快文化改革发展是适应经济全球化持续深入发展、赢得国际文化竞争的迫切需要

进入新世纪后，西方发达国家极力利用经济全球化推动文化产品和服务全球化，凭借其在经济、科技等领域的优势推行文化输出和文

文化

引领风尚
教育人民
服务社会
推动发展

化渗透，世界范围内各种思想文化交流交融交锋更加频繁，"西强我弱"的国际文化格局更加凸显。西方敌对势力千方百计对我国在战略上围堵、安全上威胁、发展上牵制、统一上阻挠、责任上施压、形象上丑化、思想文化上渗透，更多地借助文化产品对我实施西化、分化的战略。伴随着经济全球化的深入发展，我国对外开放不断扩大，特别是随着我国加入世贸组织各项承诺的全面履行，文化领域对外开放步伐不断加快，文化贸易竞争更加激烈。美国等西方发达国家控制着世界上大部分电视、广播节目制作和电影市场总票房，拥有一批跨国文化企业。面对西方文化资本、技术和市场的巨大优势，我国文化发展差距还非常明显，能与跨国集团相抗衡的骨干文化企业还很缺乏，文化产品进出口逆差较为严重。中华民族具有5000多年的文明史，累积了丰厚的文化底蕴。但在日趋激烈的国际文化竞争中，我们的文化资源优势还远没有转化为文化竞争优势，文化产品进出口存在严重逆差。党的十六大前后，我国500多家出版社年收入的总和还不及德国贝塔斯曼集团一家的年收入；2000年我国图书版权输出与引进比例仅为1:16。如果不加快改革发展，就面临着中华文化不但走不出去而且连国内市场都守不住的双重危险。这就要求我们具有更加广阔的国际视野和更加强烈的改革发展意识，利用国际国内两个市场、两种资源，加快形成有利于文化与市场深度融合的体制机制，形成与我国国际地位相称的文化软实力，在激烈的国际文化竞争中赢得主动。

五、加快文化改革发展是顺应现代传播技术迅猛发展、抢占文化科技深度融合制高点的迫切需要

现代高新科技发展日新月异，科技与文化的融合从来没有像今天这样紧密，科技对文化的作用从来没有像今天这样显著，科技创新日益成为文化发展的重要引擎。近年来，网络、数字等高新技术迅猛发展和广泛应用，深刻改变了人们获取知识、传递信息、鉴赏文化的渠道和方式，不断拓展文化的内涵，极大地增强了文化的创造力和传播力。尤其是互联网发展迅猛，日益大众化、媒体化、现实化，为催生新兴文化业态和新的表现形式提供了广阔空间，也对占领新兴文化阵地、运用现代传播技术加快文化改革发展、维护国家信息安全和文化安全提出了新的要求。受传统文化体制影响，行业有壁垒、产业被分割，许多国有文化单位对数字技术、网络技术的运用不敏感，对科技创新缺乏主动性，难以抓住信息化时代的历史机遇，难以运用现代传播技术形成新的文化创造力和影响力，难以跟上新兴文化产业迅猛发展的势头。这就要求我们通过深化改革，建立与现代传播技术快速发展相适应的体制机制，促进文化与科技深度融合，抢占新一轮文化与科技融合发展的制高点，丰富文化表现形式，建立传输快捷、覆盖广泛的文化传播体系，搭建文化发展新平台，形成新的文化创造力和竞争力。

六、加快文化改革发展是解决我国文化自身发展面临的一系列突出问题、推动文化与经济政治社会协调发展的迫切需要

改革开放以来，我国文化建设取得了巨大成就，为改革开放和社会主义现代化建设提供了强大精神动力和良好文化条件，但面对新形势新任务新要求，文化自身还存在许多突出矛盾和问题。比如，一些地方和单位对文化建设重要性、必要性、紧迫性认识不够，文化推动经济社会发展的作用亟待加强；基层文化设施设备陈旧，投入不足，城乡、区域文化发展不平衡；文化产业规模不大、实力不强、结构不合理；一些文化单位动力不足、活力不强，难以适应改革开放不断深化的新形势，有的甚至难以为继；用人机制僵化，需要的人进不来、不需要的人出不去，能干的人出去走穴、不能干的人躺在单位怀里等靠要，缺乏竞争的压力，严重影响了文化工作者的积极性；文化创造和创新活力不足，有影响的精品力作还不够多，等等。同时，文化建设作为中国特色社会主义事业总体布局的重要组成部分，与经济建设、政治建设、社会建设的联系更加紧密，文化在经济社会发展全局中的地位和作用越来越突出。从社会全面进步来看，文化不仅是推动社发展的重要手段,也是社会发展的重要目标。从推动人的全面发展来看,文化不仅具有教育人、引导人的作用,而且直接关系民生幸福。从经济发展来看,文化建设不仅为经济发展提供强大精神动力,而且直接贡献于经济增长。特别是随着文化与经济日益交融,文化因素日益深刻地影响着经济发展的质量、水平和效益,越来越成为转变经济发展方式、调整经济结构、促进产业产品升级的重要推动力量,成为提升一个国家或地区经济竞争力的重要手段。从政治建设来看,文化资源是我们党执政兴国的重要资源,文化建设是推动全社会树立民主法制观念、坚持和发展中国特色社会主义的重要支撑。随着党所处历史方位和执政环境的深刻变化,需要改进党对文化的领导方式,加快转变政府职能,不断提高党领导文化建设的科学化水平。一个文明进步的社会必然是物质财富和精神文化共同进步的社会,一个现代化的强国必定是经济、政治、文化、社会协同发展的国家。发展社会主义先进文化,建设富强、民主、和谐、文明的社会主义现代化国家,迫切需要冲破传统文化体制机制束缚,加快推进文化领域的改革发展,激发文化发展活力,推动文化又好又快发展,实现文化建设与经济建设、政治建设、社会建设协调发展。

时代呼唤改革、人民期盼改革、实践要求改革。正是在这样的背景下,党的十六大以高度的文化自觉和文化自信,以强烈的使命感和责任感,作出了深化文化体制改革、加快发展文化事业文化产业的重大战略决策,肩负起这一光荣而又神圣的使命,带领全国人民吹响了深化文化体制改革的时代号角,谱写了推动社会主义文化大发展大繁荣的辉煌篇章。

第二节
文化改革发展的重大决策部署

党的十六大以来，以胡锦涛同志为总书记的党中央始终把文化建设摆在党和国家全局工作的重要位置，审时度势、科学决策，统筹安排、稳步推进，先后对文化改革发展作出一系列战略部署，为文化体制改革由点到面、逐步推开、加快推进、深化拓展指明了努力方向、提供了根本遵循。

一、党的十六大对文化改革发展的重大决策部署

2002年11月，党的十六大全面规划了建设小康社会的宏伟蓝图，突出强调了文化建设的战略地位和极端重要性，对深化文化体制改革、积极发展文化事业和文化产业做出总体部署，明确要求根据社会主义精神文明建设的特点和规律，适应社会主义市场经济发展的要求，推进文化体制改革。抓紧制定文化体制改革的总体方案。把深化改革同调整结构和促进发展结合起来，理顺政府和文化企事业单位的关系，加强文化法制建设，加强宏观管理，深化文化企事业单位内部改革，逐步建立有利于调动文化工作者积极性，推动文化创新，多出精品、多出人才的文化管理体制和运行机制。按照一手抓繁荣、一手抓管理的方针，健全文化市场体系，完善文化市场管理机制，为繁荣社会主义文化创造良好的社会环境。要积极发展文化事业和文化产

深化文化体制改革　积极发展文化事业和文化产业

业。国家支持和保障文化公益事业，并鼓励它们增强自身发展活力。坚持和完善支持文化公益事业发展的政策措施，扶持党和国家重要的新闻媒体和社会科学研究机构，扶持体现民族特色和国家水准的重大文化项目和艺术院团，扶持对重要文化遗产和优秀民间艺术的保护工作，扶持老少边穷地区和中西部地区的文化发展。加强文化基础设施建设，发展各类群众文化。完善文化产业政策，支持文化产业发展，增强我国文化产业的整体实力和竞争力。

2002 年 11 月，党的十六大作出深化文化体制改革的重大战略决策。

党的十六大闭幕后，中央立即组织开展深入调研，用十六大精神解放思想、统一思想，深入分析文化体制改革的特殊性复杂性，研究制定文化体制改革试点工作方案，并决定成立文化体制改革试点工作领导小组，中宣部增设改革办这一专门机构负责日常工作。胡锦涛总书记强调要让文化单位轻装上阵，通过改革加快发展。2003年7月，中共中央办公厅、国务院办公厅转发《中共中央宣传部、文化部、国家广电总局、新闻出版总署关于文化体制改革试点工作的意见》的通知，对开展文化体制改革试点工作作出全面部署，明确要求各试点地区党委、政府和有关部门要加强领导，各试点地区和试点单位要在破除妨碍文化发展的体制弊端上探索新的路子，在解决制约文化发展的难点问题上取得新的突破，从理论和实践的结合上探索经验，为制定文化体制改革总体方案、进一步推动文化体制改革进行思想准备、理论准备和工作准备。

2003 年 8 月 12 日，十六届中央政治局举行第 7 次集体学习世界文化产业发展状况和我国文化产业发展战略，胡锦涛总书记主持集体学习并作重要讲话，强调要坚持解放思想、实事求是、与时俱进，根据新形势下社会主义文化建设的特点和规律，不断推进文化体制和机制创新，支持和保障文化公益事业，增强文化产业的整体实力和竞争力。

2003 年 10 月，党的十六届三中全会通过《中共中央关于完善社会主义市场经济体制若干问题的决定》，明确把文化体制改革纳入完善社会主义市场经济体制的重要任务，要求按照社会主义精神文明建设的特点和规律，适应社会主义市场经济发展的要求，逐步建立党委领导、政府管理、行业自律、企事业单位依法运营的文化管理体制。转变文化行政管理部门的职能，促进文化事业和文化产业协调发展。

2004 年 9 月，党的十六届四中全会通过《中共中央关于加强党的执政能力建设的决定》，把提高建设社会主义先进文化的能力，作为加强党的执政能力建设的重要内容。深刻指出，党要带领人民推进中国特色社会主义伟大事业，必须大力发展社会主义文化，不断巩固全党全国人民团结奋斗的共同思想基础。要深化文化体制改革，解放和发展文化生产力，根据社会主义精神文明建设的特点和规律，适应社会主义市场经济的要求，进一步革除制约文化发展的体制性障碍。

2005 年 10 月，党的十六届五中全会审议通过《中共中央关于制定国民经济和社会发展第十一个五年规划的建议》，明确要求深化文化体制改革，建立党委领导、政府管理、行业自律、企事业单位依法运营的文化管理体制和富有活力的文化产品生产经营机制。加大政府对文化事业的投入，逐步形成覆盖全社会的比较完备的公共文化服务体系。繁荣新闻出版、广播影视、文化艺术，创造更多更好适应人民群众需求的优秀文化产品。完善文化产业政策，形成以公有制为主体、多种所有制共同发展的文化产业格局和民族文化为主体、吸收外来有益文化的文化市场格局。积极开拓国际文化市场，推动中华文化走向世界。

2006年1月，在总结两年多来试点工作的成功实践和基本经验基础上，中央印发《中共中央、国务院关于深化文化体制改革的若干意见》，并于2006年4月将文化体制改革试点工作领导小组调整为中央文化体制改革工作领导小组。文件立足全面建设小康社会的历史任务，着眼促进文化更快更好地发展，回顾了党的十三届四中全会以来宣传文化领域改革发展情况，阐述了文化体制改革的重要性紧迫性，明确了改革的指导思想、方针原则、总体目标和主要任务。文件要求，要从全面落实科学发展观、构建社会主义和谐社会的高度，从巩固马克思主义在意识形态领域指导地位的高度，从加强党的执政能力建设的高度，充分认识文化体制改革的重要性和紧迫性，增强责任感和使命感，抓住重要战略机遇期，深化改革，加快发展，为建设社会主义先进文化注入强大动力。推进文化事业单位改革，根据现有文化事业单位的性质和功能，区别对待、分类指导，明确不同的改革要求。深化文化企业改革，重塑文化市场主体，按照现代企业制度的要求，加快推进国有文化企业的公司制改造，完善法人治理结构。加快文化领域结构调整，大力提高文化产业规模化、集约化、专业化水平，重点培育发展一批实力雄厚、具有较强竞争力和影响力的大型文化企业和企业集团。大力推进文化领域所有制结构调整，逐步形成以公有制为主体、多种所有制共同发展的文化产业格局。培育现代文化市场体系，加强文化产品和要素市场建设，形成统一、开放、竞争、有序的现代文化市场体系。加强和改进文化领域宏观管理，加快转变政府职能。健全文化法律法规和政策体系，加强文化立法。新疆、西藏可从自身实际出发，逐步推进改革。这一重要文件，是中央系统阐述、全面部署文化领域改革与发展的纲领性文献。

2006年9月，中办、国办颁发《国家"十一五"时期文化发展规划纲要》。规划由中宣部改革办具体负责组织起草，是我国第一个专门部署文化中长期发展的总体规划。文件从经济社会发展的全局出发，对未来五年文化发展的指导思想、方针原则、目标任务作出了全面阐述，描绘了"十一五"时期文化发展的壮丽图景。

2006年10月，党的十六届六中全会通过《中共中央关于构建社会主义和谐社会若干重大问题的决定》，把加快发展文化事业和文化产业，满足人民群众文化需求列入构建社会主义和谐社会的重要内容。强调要坚持把发展公益性文化事业作为保障人民文化权益的主要途径，推动文化事业和文化产业共同发展。推进文化体制改革，形成富有活力的文化管理体制和文化产品生产经营机制。加强公益性文化设施建设，加快建立覆盖全社会的公共文化服务体系。

2007 年 10 月，党的十七大提出推动社会主义文化大发展大繁荣的战略任务。

二、党的十七大对文化改革发展的重大决策部署

2007年10月，党的十七大从贯彻落实科学发展观、全面推进中国特色社会主义四位一体总体布局的高度，提出兴起社会主义文化建设新高潮、推动社会主义文化大发展大繁荣的战略任务。胡锦涛总书记在大会报告中明确要求，要坚持社会主义先进文化前进方向，兴起社会主义文化建设新高潮，激发全民族文化创造活力，提高国家文化软

实力，使人民基本文化权益得到更好保障，使社会文化生活更加丰富多彩，使人民精神风貌更加昂扬向上。在时代的高起点上推动文化内容形式、体制机制、传播手段创新，解放和发展文化生产力，是繁荣文化的必由之路。要坚持为人民服务、为社会主义服务的方向和百花齐放、百家争鸣的方针，贴近实际、贴近生活、贴近群众，始终把社会效益放在首位，做到经济效益与社会效益相统一。创作更多反映人民主体地位和现实生活、群众喜闻乐见的优秀精神文化产品。深化文化体制改革，完善扶持公益性文化事业、发展文化产业、鼓励文化创新的政策，营造有利于出精品、出人才、出效益的环境。坚持把发展公益性文化事业作为保障人民基本文化权益的主要途径，加大投入力度，加强社区和乡村文化设施建设。大力发展文化产业，实施重大文化产业项目带动战略，加快文化产业基地和区域性特色文化产业群建设，培育文化产业骨干企业和战略投资者，繁荣文化市场，增强国际竞争力。运用高新技术创新文化生产方式，培育新的文化业态，加快构建传输快捷、覆盖广泛的文化传播体系。设立国家荣誉制度，表彰有杰出贡献的文化工作者。

2008年10月，党的十七届三中全会通过《中共中央关于推进农村改革发展若干重大问题的决定》，明确指出社会主义文化建设是社会主义新农村建设的重要内容和重要保证，强调要满足农民日益增长的精神文化需求，推进广播电视村村通、文化信息资源共享、乡镇综合文化站和村文化室建设、农村电影放映、农家书屋等重点文化惠民工程，建立稳定的农村文化投入保障机制，尽快形成完备的农村公共文化服务体系。

2009年8月，面对国际金融危机的冲击，中央采取了一系列重要举措，国务院及时印发了《文化产业振兴规划》。规划由中宣部改革办牵头组织编制，是我国颁布的第一个文化产业发展专项规划，文化产业的战略地位进一步凸显。《文化产业振兴规划》进一步明确文化产业发展的战略重点，强调要加快推进文化创意、影视制作、出版发行、印刷复制、广告、演艺娱乐、文化会展、数字内容和动漫等产业发展，实施重大项目带动战略，加快建设一批具有重大示范作用和产业拉动作用的重大文化产业项目。

2010年7月23日，十七届中央政治局举行第22次集体学习"深化我国文化体制改革研究"，胡锦涛总书记在主持学习时指出，当前和今后一个时期，要重点抓好以下几项工作。一是要加快文化体制机制改革创新，按照创新体制、转换机制、面向市场、增强活力的要求，加快经营性文化单位转企改制，稳步推进公益性文化事业单位改革，构建统一开放竞争有序的现代文化市场体系，加快推进文化管理体制改革。二是要加快构建公共文化服务体系，按照体现公益性、基本性、均等性、便利性的要求，坚持政府主导，加大投入力度，推进重点文化惠民工程，加强公共文化基础设施建设，促进基本公共文化服务均等化。三是要加快发展文化产业，认真落实文化产业振兴规划，精心实施重大文化产业项目带动战略，推进文化产业结构调整，培育新的文化业态，提高文化产业规模化、集约化、专业化水平。要精心打造中华民族文化品牌，提高我国文化产业国际竞争力，推动中华文化走向世界。四是要加强对文化产品创作生产的引导，真正从群众需要出发，继承和发扬中华文化优良传统，吸收借鉴世界有益文化成果，推出更多深受群众喜爱、思想性艺术性观赏性相统一的精品力作。要引导广大文化工作者和文化单位自觉践行社会主义核心价值体系，坚持社会主义先进文化前进方向，始终把社会效益放在首位，努力实现社会效益和经济效益有机统一。

2010年10月，党的十七届五中全会通过《中共中央关于制定国民经济和社会发展第十二个五年规划的建议》，将推动文化大发展大繁荣、提升国家文化软实力作为国民经济和社会发展第十二个五年规划建议的重要组成部分，以一章的篇幅进行专门部署，并第一次明确提出要基本建成公共文化服务体系，推动文化产业成为国民经济支柱性产业。强调要在政府引导下发挥市场机制积极作用，培育骨干文化企业和战略投资者，鼓励和引导非公有制经济进入，发展新型文化业态，增强多元化供给能力，满足多样化社会需求，繁荣社会主义文化

"三加快、一加强"
加快文化体制机制
改革创新
加快构建公共文化
服务体系
加快发展文化产业
加强对文化产品创
作生产的引导

2011年10月18日，党的十七届六中全会通过《中共中央关于深化文化体制改革推动社会主义文化大发展大繁荣若干重大问题的决定》。

市场，推动文化产业成为国民经济支柱性产业。

三、党的十七届六中全会对文化改革发展的重大决策部署

2011年10月，党的十七届六中全会全面总结我国文化改革发展的丰富实践和宝贵经验，科学分析文化建设的新形势新要求，通过了《中共中央关于深化文化体制改革推动社会主义文化大发展大繁荣若干重大问题的决定》（以下简称《决定》），对坚持中国特色社会主义文化发展道路、努力建设社会主义文化强国作出重大战略部署。[1] 这是我们党第一次以中央全会的形式专题研究和部署文化建设，全会对文化改革发展的战略部署，反映了我们党以全新的视角审视文化的重要地位和作用，标志着我们党对文化建设规律的认识达到一个新的高度，体现了我们党高度的文化自觉和文化自信。[2] 全会强调，要着力推进社会主义核心价值体系建设、巩固全党全国各族人民团结奋斗的共同思想道德基础，全面贯彻"二为"方向和"双百"方针、为人民提供更好更多的精神食粮，大力发展公益性文化事业、保障人民基本文化权益，加快发展文化产业、推动文化产业成为国民经济支柱性产业，进一步深化改革开放、加快构建有利于文化繁荣发展的体制机

① 参见李长春《关于〈中共中央关于深化文化体制改革推动社会主义文化大发展大繁荣若干重大问题的决定〉的说明》，该文收入《〈中共中央关于深化文化体制改革推动社会主义文化大发展大繁荣若干重大问题的决定〉辅导读本》，人民出版社2011年10月版，第1—29页。

② 参见刘云山《坚持中国特色社会主义文化发展道路 努力建设社会主义文化强国》，该文收入《〈中共中央关于深化文化体制改革推动社会主义文化大发展大繁荣若干重大问题的决定〉辅导读本》，人民出版社2011年10月版，第30—47页；云杉：《文化自觉 文化自信 文化自强——对繁荣发展中国特色社会主义文化的思考》，该文刊发于《红旗文稿》2010年第15、16、17期。

制，建设宏大文化人才队伍、为社会主义文化大发展大繁荣提供有力人才支撑。

全会指出，要以公共财政为支撑，以公益性文化单位为骨干，以全体人民为服务对象，以保障人民群众看电视、听广播、读书看报、进行公共文化鉴赏、参与公共文化活动等基本文化权益为主要内容，完善覆盖城乡、结构合理、功能健全、实用高效的公共文化服务体系。加快城乡文化一体化发展。要坚持社会主义先进文化前进方向，坚持把社会效益放在首位、社会效益和经济效益相统一，按照全面协调可持续的要求，加快发展文化产业，构建结构合理、门类齐全、科技含量高、富有创意、竞争力强的现代文化产业体系，形成公有制为主体、多种所有制共同发展的文化产业格局。推进文化科技创新。扩大文化消费。推动文化产业跨越式发展，使之成为新的经济增长点、经济结构战略性调整的重要支点、转变经济发展方式的重要着力点，为推动科学发展提供重要支撑。

全会强调，文化引领时代风气之先，是最需要创新的领域。必须牢牢把握正确方向，加快推进文化体制改革，建立健全党委领导、政府管理、行业自律、社会监督、企事业单位依法运营的文化管理体制和富有活力的文化产品生产经营机制。要科学界定文化单位性质和功能，区别对待、分类指导、循序渐进、逐步推开，深化国有文化单位改革。以建立现代企业制度为重点，推进一般国有文艺院团、非时政类报刊社、新闻网站转企改制，拓展出版、发行、影视企业改革成果，加快公司制股份制改造，完善法人治理结构，形成符合现代企业制度要求、体现文化企业特点的资产组织形式和经营管理模式。创新投融资体制，支持国有文化企业面向资本市场融资，支持其吸引社会资本进行股份制改造。着眼于突出公益属性、强化服务功能、增强发展活力，全面推进文化事业单位人事、收入分配、社会保障制度改革，明确服务规范，加强绩效评估考核。创新公共文化服务设施运行机制，吸纳有代表性的社会人士、专业人士、基层群众参与管理。推动党报党刊、电台电视台进一步完善管理和运行机制。推动一般时政

区别对待
分类指导
循序渐进
逐步推开

类报刊社、公益性出版社、代表民族特色和国家水准的文艺院团等事业单位实行企业化管理，增强面向市场、面向群众提供服务能力。要健全现代文化市场体系，创新文化管理体制，完善文化产品评价体系和激励机制，完善政策保障机制，推动中华文化走向世界，积极吸收借鉴国外优秀文化成果。

全会强调，要加强和改进党对文化工作的领导。各级党委和政府要切实担负起推进文化改革发展的政治责任，把文化建设摆在全局工作重要位置、纳入经济社会发展总体规划，把文化改革发展成效纳入科学发展考核评价体系。要加强文化领域领导班子和党组织建设，发挥文化战线全体共产党员在推进文化改革发展中的先锋模范作用。要发挥人民群众文化创造积极性，在全社会营造鼓励文化创造的良好氛围，让蕴藏于人民中的文化创造活力得到充分发挥。

党的十七届六中全会深刻阐明了中国特色社会主义文化发展道路，确立了建设社会主义文化强国的宏伟目标，明确了新形势下推进文化改革发展的总体思路、工作格局、任务要求和保障措施。全会通过的《决定》，是当前和今后一个时期推进文化改革发展的历史宣言和行动纲领。

2011年12月，中共中央办公厅、国务院办公厅印发《国家"十二五"时期文化改革发展规划纲要》。同时，中央决定将文化体制改革工作领导小组调整为文化体制改革和发展工作领导小组。作为贯彻落实党的十七届六中全会精神的重大举措和重要抓手，中宣部与国家发改委牵头组织十几个部门编制了《国家"十二五"时期文化改革发展规划纲要》，围绕建设社会主义文化强国的宏伟目标，明确了"十二五"时期中国文化改革发展的指导思想、方针原则、具体目标任务和重大举措，对文化改革发展作出了全面部署。《国家"十二五"时期文化改革发展规划纲要》编制历时一年多时间，充分体现了党的十七届六中全会精神，全面贯彻了国家"十二五"经济社会发展总体规划，积极反映了各地各部门的实践经验和广大人民群众的期待要求。《国家"十二五"时期文化改革发展规划纲要》将十七

2012年2月15日，中宣部、国家发改委在北京举行《国家"十二五"时期文化改革发展规划纲要》新闻发布会。

届六中全会提出的关于文化改革发展的主要任务进行了细化，提出了到2015年中国文化改革发展的10项主要目标，进一步明确了以重点工程带动的工作思路，明确了九大重点工程和若干具体项目。

2012年7月23日，胡锦涛总书记在省部级主要领导干部专题研讨班上作了重要讲话，强调要深入贯彻落实科学发展观，更加自觉、更加坚定地推进改革开放，不断在制度建设和创新方面迈出新步伐。要坚定不移走中国特色社会主义文化发展道路，努力建设社会主义文化强国。

2012年9月26日，中央对党的十六大以来全国文化体制改革工作先进地区、单位和个人进行了表彰，胡锦涛、温家宝、李长春、习近平、李克强等中央领导同志会见全体与会代表，李长春同志发表重要讲话，回顾总结了党的十六大以来深化文化体制改革的不平凡历程、历史性成就和宝贵经验，对下一步文化改革发展工作进行了安排部署，强调当前我国正处于全面建设小康社会的关键时期和深化改革开放、加快转变经济发展方式的攻坚时期，这也是文化改革发展的重要战略机遇期。站在新的历史起点上，全党全社会要继续深入贯彻落实党的十七届六中全会精神和中央一系列决策部署，不断增强文化自觉和文化自信，进一步深化文化体制改革，兴起文化建设新高潮，坚定不移走中国特色社会主义文化发展道路，奋力开拓社会主义文化强国建设的新局面。

为贯彻落实党的十六大、十七大的重大部署，十年来，中央文化体制改革和发展工作领导小组先后召开了17次全体会议，指导和推动文化改革发展工作。

第三节
文化改革发展的指导思想、
目标任务和方针原则

一、关于文化改革发展的指导思想

以什么样的思想为指导，是文化改革发展中的一个重大理论问题和实践课题，直接关系到文化改革发展举什么旗、走什么路、朝着什么样的目标迈进，关系到文化改革发展的性质、进展和成效。关于文化改革发展的指导思想，党的十七届六中全会通过的《中共中央关于深化文化体制改革推动社会主义文化大发展大繁荣若干重大问题的决定》进行了高度凝练的概括，归结起来就是：高举中国特色社会主义伟大旗帜，以马克思列宁主义、毛泽东思想、邓小平理论和"三个代表"重要思想为指导，深入贯彻落实科学发展观，坚持社会主义先进文化前进方向，以科学发展为主题，以建设社会主义核心价值体系为根本任务，以满足人民精神文化需求为出发点和落脚点，以改革创新为动力，发展面向现代化、面向世界、面向未来的，民族的科学的大众的社会主义文化，培养高度的文化自觉和文化自信，提高全民族文明素质，增强国家文化软实力，弘扬中华文化，努力建设社会主义文化强国。

坚持走中国特色社会主义文化发展道路，努力建设社会主义文化强国，这是新中国成立特别是改革开放以来我国文化建设实践探索的基本结论，是对中国特色社会主义道路认识的丰富和深化，鲜明回答了我国文化改革发展走什么路、朝着什么样的目标迈进这个带有方向性、战略性的重大问题。

二、关于文化改革发展的目标任务

党的十六大以来，随着文化体制改革逐步深化拓展、文化事业文化产业发展不断向前推进，中央在《中共中央宣传部、文化部、国家广电总局、新闻出版总署关于文化体制改革试点工作的意见》、《中共中央、国务院关于深化文化体制改革的若干意见》、《国家"十二五"时期文化改革发展规划纲要》、《中共中央、国务院关于深化文化体制改革推动社会主义文化大发展大繁荣若干重大问题的决定》等一系列重要文件中，相继明确了文化体制改革试点任务、党的十八大之前需要完成的阶段性目标任务、"十二五"时期文化改革发展的目标任务、到2020年文化改革发展的目标任务，以及更长一个历史时期的目标任务。

在改革试点阶段，文化体制改革的主要目标任务是，以发展为主题，以体制机制创新为重点，以增强活力、壮大实力、提高竞争力，繁荣和发展社会主义文化，满足人民群众日益增长的精神文化需求为目的，通过深化改革，建立有利于加强和改善党的领导、充分调动文化工作者积极性，推动文化创新，多出精品、多出人才的管理体制和运行机制，为推动文化事业和文化产业的更大发展创造条件。具体来说，综合性试点地区要在着力抓好单项试点的基础上，积极探索建立新形势下保证党委领导，调控适度、运行有序、促进发展的宏观管理体制；建立保证正确导向、富有经营活力的微观运行机制；建立体现宣传文化特点，适应法制建设总体要求的政策法规体系；形成传播健康精神文化产品，促进资源优化配置，竞争、有序的市场环境；形成吸收国外优秀文化和先进技术，抵制腐朽文化，用好"两个市场、两种资源"的开放格局。试点单位的改革任务分两类，一类是公益性文化事业单位的改革，以增加投入、转换机制、增强活力、改善服务为重点，着力深化内部改革，同时要采用多种形式面向群众、面向市场，利用市场机制激发自身活力；一类是经营性文化企业单位的改革，以创新体制、转换机制、面向市场、增强活力为重点，着力培育市场主体，打造一批有活力、有实力、有竞争力的文化企业，发展壮大文化产业。

在改革全面推开后，中央在下发的《中共中央、国务院关于深化文化体制改革的若干意见》中，明确将这一阶段改革的主要任务归纳为：以发展为主题，以改革为动力，以体制机制创新为重点，形成科学有效的宏观文化管理体制、富有效率的文化生产和服务的微观运行机制；形成以公有制为主体、多种所有制共同发展的文化产业格局和统一、开放、竞争、有序的现代文化市场体系；形成完善的文化创新体系；形成以民族文化为主体、吸收外来有益文化，推动中华文化走向世界的文化开放格局。

"十一五"后期，中央进一步明确了党的十八大之前需要完成的各项阶段性目标任务，就是要基本完成国有经营性文化单位转企改制，基本完成建设一批国有骨干文化企业任务，基本完成文化市场综合执法改革，基本完成有线电视网络整合。

进入"十二五"时期，中央明确到2015年，我国文化改革发展的主要目标是：社会主义核心价值体系建设不断推进，全党全国各族人民团结奋斗的共同思想道德基础进一步巩固；文化体制改革重点任务基本完成，文化体制机制充满活力、富有效率，有力促进文化科学发展；覆盖全社会的公共文化服务体系基本建立，城乡居民能够较为便捷地享受公共文化服务，基本文化权益得到更好保障；现代文化产业体系和文化市场体系基本建立，文化产业增加值占国民经济比重显著提升，文化产业推动经济发展方式转变的作用明显增强，逐步成长为国民经济支柱性产业；文化产品创作生产体系不断完善，高素质文化人才队伍发展壮大，内容创新和传播能力大大增强，精神文化产品和社会文化生活丰富多彩，更好地满足人民群众的精神文化需求；公有制为主体、多种所有制共同发展的文化产业格局逐步形成；技术先进、传输快捷、覆盖广泛的文化传播体系更加完善，以大城市为中心、中小城市相配套、贯通城乡的现代文化产品流通网络逐渐形成；重点媒体国际传播能力不断增强，与我国经济社会发展水平和国际地位相匹配的媒体国际传播能力逐步形成；主要文化产品进出口严重逆差的局面逐步改善，形成以民族文化为主体、吸收外来有益文化、推动中华文化走向世界的文化开放格局；全民族文明素质明显提高，国家文化软实力和国际竞争力显著提升。

从文化改革发展的中长期战略考虑，中央明确到2020年，按照实现全面建设小康社会奋斗目标新要求，我国文化改革发展奋斗目标是：社会主义核心价值体系建设深入推进，良好思想道德风尚进一步弘扬，公民素质明显提高；适应人民需要的文化产品更加丰富，精品力作不断涌现；文化事业全面繁荣，覆盖全社会的公共文化服务体系基本建立，努力实现基本公共文化服务均等化；文化产业成为国民经济支柱性产业，整体实力和国际竞争力显著增强，公有制为主体、多种所有制共同发展的文化产业格局全面形成；文化管理体制和文化产品生产经营机制充满活力、富有效率，以民族文化为主体、吸收外来有益文化、推动中华文化走向世界的文化开放格局进一步完善；高素质文化人才队伍发展壮大，文化繁荣发展的人才保障更加有力。

与建设富强、民主、文明、和谐的社会主义现代化强国进程相适应，着眼于实现中华文化的伟大复兴，党的十七届六中全会提出了坚持中国特色社会主义文化发展道路，建设社会主义文化强国的奋斗目标。建设社会主义文化强国，就是要着力推动社会主义先进文化更加深入人心，推动社会主义精神文明和物质文明全面发展，不断开创全民族文化创造活力持续迸发、社会文化生活更加丰富多彩、人民基本文化权益得到更好保障、人民思想道德素质和科学文化素质全面提高的新局面，建设中华民族共有精神家园，为人类文明进步作出更大贡献。全会要求，全党全国要为实现这些目标共同努力，不断提高文化建设科学化水平，为把我国建设成为社会主义文化强国打下坚实基础。

三、关于文化改革发展的方针原则

为了科学把握新形势下文化改革发展的特点和规律，充分考虑体制改革自身的特殊性和复杂性，确保各项工作始终沿着正确方向顺利推进，中央明确提出了一系列方针原则。党的十七届六中全会在总结文化建设实践经验的基础上，将文化改革发展必须遵循的方针原则概括为以下五个方面：

一是坚持以马克思主义为指导，推进马克思主义中国化时代化大众化，用中国特色社会主义理论体系武装头脑、指导实践、推动工作，确保文化改革发展沿着正确道路前进。这条方针原则，强调的是文化改革发展的根本指导思想不能动摇。

二是坚持社会主义先进文化前进方向，坚持为人民服务、为社会主义服务，坚持百花齐放、百家争鸣，坚持继承和创新相统一，弘扬主旋律、提倡多样化，以科学的理论武装人，以正确的舆论引导人，以高尚的精神塑造人，以优秀的作品鼓舞人，在全社会形成积极向上的精神追求和健康文明的生活方式。这条方针原则，强调的是文化改革发展的根本性质不能改变。

三是坚持以人为本，贴近实际、贴近生活、贴近群众，发挥人民在文化建设中的主体作用，坚持文化发展为了人民、文化发展依靠人民、文化发展成果由人民共享，促进人的全面发展，培育有理想、有道德、有文化、有纪律的社会主义公民。这条方针原则，强调的是文化改革发展的根本目的不能偏离。

四是坚持把社会效益放在首位，坚持社会效益和经济效益有机统一，遵循文化发展规律，适应社会主义市场经济发展要求，加强文化法制建设，一手抓繁荣、一手抓管理，推动文化事业和文化产业全面协调可持续发展。这条方针原则，强调的是文化改革发展的根本要求不能削弱。

五是坚持改革开放，按照区别对待、分类指导、循序渐进、逐步推开的方针，着力推进文化体制机制创新，以改革促发展、促繁荣，不断解放和发展文化生产力，提高文化开放水平，推动中华文化走向世界，积极吸收各国优秀文明成果，切实维护国家文化安全。这条方针原则，强调的是文化改革发展的根本动力不能缺失。

以上五个方面相互联系、各有侧重，是一个有机统一的整体，贯穿于文化改革发展的各个环节和各个方面。这五条方针原则，是我国文化改革发展实践凝结的宝贵财富，是新世纪新阶段文化改革发展的基本遵循。正是坚持了这些重要方针原则，十年来文化体制改革才扎实、平稳、有序推进，文化事业文化产业才不断繁荣发展，实现了新的跨越。

第一节　文化改革发展的基本历程

第二节　文化改革发展的工作进展

第三节　文化改革发展的主要成效

第四节　文化改革发展的基本经验

第二章 文化改革发展的基本历程、主要成效和经验

党的十六大以来，按照中央的部署要求，各地各部门坚持理念创新与实践创新相促进、典型引领与面上推开相衔接、重点突破与全面深化相结合，积极探索创新、锐意开拓进取，推动文化体制改革取得历史性突破，文化事业、文化产业实现跨越式发展，初步走出了一条中国特色社会主义文化发展道路，为在新的历史起点上加快推动社会主义文化大发展大繁荣积累了宝贵经验、奠定了坚实基础。

第一节
文化改革发展的基本历程

十年来，文化体制改革在探索中前进，在创新中发展，走过了不平凡的历程，大致分为四个阶段。

一、第一阶段：从2003年初到2005年12月，主要是开展试点、探索经验

党的十六大后，按照中央的部署，文化体制改革试点工作领导小组办公室积极协调有关部门抓紧研究制定文化体制改革试点工作方案。2003年6月，中央召开全国文化体制改革试点工作会议，研究部署文化体制改革试点工作。李长春出席会议并作重要讲话，强调要用十六大精神统一思想，以"三个代表"重要思想为指导，进一步解放思想，勇于实践，积极进行体制机制创新，逐步建立有利于调动文化工作者积极性、推动文化事业和文化产业繁荣发展、多出精品多出人才的管理体制和运行机制。刘云山、陈至立出席会议并对文化体制改革试点工作作出部署。会议决定在北京、上海、重庆、广东、浙江、深圳、沈阳、西安、丽江等9个文化体制改革综合性试点地区和35个宣传文化单位进行改革试点①。7月，中办、国办转发中宣部牵头起草的《关于文化体制改革试点工作的意见》。为了加强对文化体制改革试

① 35家文化体制改革试点单位包括：1. 新闻出版单位（山东大众报业集团、新华日报报业集团、河南日报报业集团、深圳报业集团、北京青年报、今晚报、浙江广电集团、山东广播电视总台、南京广电集团、深圳电视台、厦门电视台、中国出版集团、上海世纪出版集团、辽宁出版集团、广东省出版集团、吉林出版集团、中国科学出版集团、人民邮电出版社、中国证券报、电脑报）；2. 公益性文化事业单位和文艺创作演出单位（国家图书馆、中国文物研究所、北京市朝阳区文化馆、东方歌舞团、国家话剧院、上海中国画院）；3. 文化企业单位(中国电影集团公司、长影集团公司、中国对外演出公司、新华发行集团总公司、四川发行集团公司、辽宁发行集团公司、江苏新华书店集团公司、浙江发行集团公司、福建新华发行集团公司）。

点工作的领导，经中央批准，成立文化体制改革试点工作领导小组，刘云山任领导小组组长，陈至立、吉炳轩任副组长，领导小组成员由文化部、广电总局、新闻出版总署和国务院办公厅、中组部、中编办、国家发改委、财政部、人事部、劳动和社会保障部、税务总局、工商总局等部门负责同志组成。领导小组办公室设在中宣部，日常工作由中宣部改革办[1]具体承担。

各试点地区和单位按照中央要求，深入贯彻落实《中共中央宣传部、文化部、国家广电总局、新闻出版总署关于文化体制改革试点工作的意见》，解放思想、转变观念、大胆探索、扎实工作，圆满完成了中央确定的各项任务。中国对外演出中心和中国对外艺术展览中心、中国出版集团、上海世纪出版集团、辽宁出版集团、四川发行集团、浙江发行集团、江苏新华书店集团、长春电影集团、珠江电影集团、北京儿童艺术剧院、北京歌舞剧院、丽江民族歌舞团等一批国有经营性文化事业单位整体转制为企业，在市场竞争中焕发出前所未有的生机和活力。北青传媒股份有限公司在香港成功上市。山东大众报业集团、河南日报报业集团、新华日报报业集团、深圳报业集团、上海文广新闻传媒集团、浙江广电集团等新闻单位充分发挥主报、主台、主业的龙头作用，推动机制转变，基本实现了宣传业务与经营业务两分开。东方歌舞团、重庆红岩联线等通过合并重组，整合资源，建立了全新的运行机制。国家图书馆、上海中国画院、北京朝阳区文化馆等公益性文化事业单位引入竞争和激励机制，深化内部改革，采用全员聘用、岗位工资、业绩考核、项目负责等办法，增强了活力，提高了服务质量。各综合性试点地区围绕建立新型文化管理体制，积极推进政府职能转变，实行政企分开、政事分开、管办分离，理顺政府与文化企事业单位的关系。9个综合性试点地区的新闻出版系统全部实现新闻出版局与所属出版社的"局社分离"，北京、上海、重庆、浙江、广东、深圳、西安、沈阳、丽江等地广电系统完成广播电视局与所属广播电台、电视台的"局台分开"，改变了原有的"局社合

[1] 2002年2月，经中编办批复，中宣部新闻出版广播影视业改革发展办公室成立。2003年10月，经中编办批复，中宣部新闻出版广播影视业改革发展办公室更名为中宣部文化体制改革和发展办公室。

一"、"局台合一"的状况，初步实现了由"办"向"管"的转变。将原有文化、广电、新闻出版以及"扫黄打非"等相关行政执法队伍调整归并，实行属地管理，组建了统一高效的文化市场综合执法机构，解决了文化市场管理中长期存在的职能交叉、多头执法等问题，提高了执法效率和依法行政能力。推进地市和区县文化、广电、新闻出版"三局合并"，成立了文化广电新闻出版局。一些省市积极借鉴试点地区的做法经验，自我加压、自学成才，在文化体制改革方面进行了有益尝试。

在试点工作中，针对一些地区和单位"不愿改、不敢改、不会改"的思想顾虑，以及宣传文化领域改革、发展和管理中面临的经营性文化单位底子薄、文化市场管理薄弱、城乡文化发展不平衡、文化产品国际竞争力不强等突出问题，中央出台了《国务院办公厅关于印发文化体制改革试点中支持文化产业发展和经营性文化事业单位转制为企业两个规定的通知》、《关于在文化体制改革综合性试点地区建立文化市场综合执法机构的意见》、《中共中央办公厅、国务院办公厅关于进一步加强农村文化建设的意见》、《关于非公有资本进入文化产业的若干决定》、《关于进一步加强和改进文化产品和服务出口工作的意见》等一批政策文件。各地也结合实际，出台了相关政策。这些政策性文件，对于顺利推进改革试点工作，鼓励和引导社会各方面参与文化建设，发挥了重要作用。2004年，中宣部、国家统计局等部门在调研基础上明确提出了文化产业的核心层、外围层和相关层，据此国家统计局制定了文化及相关产业分类和统计指标体系，首次对文化产业概念和范围进行了界定，为更好地规划和促进文化产业发展提供了重要依据。

经过两年多的探索实践，试点工作取得明显成效，为全面推开改革提供了示范、积累了经验、奠定了基础。

2006年3月，全国文化体制改革工作会议在京召开。

二、第二阶段：从2005年12月到2010年7月，主要是扩大试点、逐步推开

试点工作取得明显成效后，中央在总结经验基础上不失时机地把改革向面上扩展。2005年12月，中央下发《中共中央、国务院关于深化文化体制改革的若干意见》。2006年3月，中央在北京召开全国文化体制改革工作会议，对推进文化体制改革作出全面部署。中共中央政治局常委李长春出席会议并讲话。他强调，要高举邓小平理论和"三个代表"重要思想伟大旗帜，全面落实科学发展观，以发展为主题，以改革为动力，以体制机制创新为重点，以创造更多更好适应人民群众需求的精神文化产品为目标，深入推进文化体制改革，解放和发展文化生产力，促进文化事业全面繁荣和文化产业快速发展，为建设社会主义先进文化作出新的贡献。中共中央政治局委员、中央书记处书记、中宣部部长、中央文化体制改革工作领导小组组长刘云山对文化体制改革试点工作作了总结，对推进文化体制改革作出具体部署。他指出，要认真贯彻"区别对待、分类指导、循序渐进、逐步推开"的原则，以激发活力、改善服务为重点，进一步深化文化事业单位的改革；以推进经营性文化单位转企改制为重点，着力培育新型文

① 为贯彻党的十七大精神，推动文化体制改革深入开展，发挥典型示范作用，中宣部、文化部、国家广电总局和新闻出版总署决定，授予33家文化企业"全国文化体制改革优秀企业"称号，名单如下：中国电影集团公司、中国对外文化集团公司、中国科学出版集团有限责任公司、中国电力出版社有限公司、央视国际网络有限公司、北京儿童艺术剧院股份有限公司、北京歌舞剧院有限责任公司、天津每日新传媒发展有限公司、内蒙古新华发行集团股份有限公司、辽宁出版集团有限公司、沈阳杂技演艺集团有限公司、长影集团有限责任公司、吉林歌舞剧院集团有限公司、上海世纪出版股份有限公司、上海新华传媒股份有限公司、江苏省新华书店集团有限公司、江苏省演艺集团有限公司、浙江省新华书店集团有限公司、华数数字电视有限公司、安徽出版集团有限责任公司、安徽新华发行集团有限公司、江西省出版集团公司、中原出版传媒投资控股集团有限公司、湖南出版投资控股集团有限公司、广东省出版集团有限公司、广东南方报业传媒集团有限公司、深圳市天威视讯股份有限公司、广西广播电视信息网络股份有限公司、四川新华文轩连锁股份有限公司、四川太平洋电影院线有限公司、重庆出版集团公司、丽江丽水金沙演艺有限公司、读者出版集团有限公司。

化市场主体；以培育现代文化市场体系为重点，更好地发挥市场机制的积极作用；以创新文化管理体制为重点，不断完善文化领域的宏观调控；以调整结构为重点，努力提高文化产业发展的质量和效益。国务委员陈至立作总结讲话，对贯彻落实会议精神提出了要求。全国政协副主席、中国社会科学院院长陈奎元出席会议。浙江、深圳等试点地区以及北京儿童艺术剧院等试点单位负责人在大会上发言。会议要求，原有9个综合性试点地区在试点基础上率先将改革全面推开；除新疆、西藏以外的其他省区市，分别确定自己的改革试点地区和单位，并将改革在本省区市逐步推开；要完善配套政策，按照老人老办法的原则解决历史遗留问题，妥善安置人员，做到分流不下岗。经中央批准，29个省区市共确定108个试点地区。同时，中央决定将文化体制改革试点工作领导小组更名为中央文化体制改革工作领导小组，刘云山任领导小组组长，陈至立、吉炳轩任副组长，领导小组成员增加中办、中国证监会有关负责同志，此后，将国家统计局也列为中央文化体制改革工作领导小组成员单位。由此，文化体制改革在试点工作基础上，走上由点到面、逐步推开的新里程。

党的十七大后，中央调整了文化体制改革工作领导小组成员，刘云山继续任领导小组组长，刘延东、雒树刚任领导小组副组长，领导小组成员增加中央外宣办、商务部有关负责同志。2008年4月，中央在北京召开第二次全国文化体制改革工作会议，总结交流十六大以来文化体制改革经验，分析面临的形势，安排部署当前和今后一个时期的工作。刘云山出席会议并讲话，强调要按照党的十七大和全国宣传思想工作会议精神，进一步解放思想、转变观念，加大力度、加快进度，推动文化体制改革取得新的实质性进展，为促进社会主义文化大发展大繁荣提供良好体制环境。刘延东出席会议并做总结讲话。会上，中宣部、文化部、国家广电总局、新闻出版总署联合表彰了33家"全国文化体制改革优秀企业"①。文化部、广电总局、新闻出版总署主要负责同志分别介绍了本系统改革进展情况和下一步工作要求，四川省、中国对外文化集团公司等20个地区和单位作了会议经验交流。2008年9月，文化体制改革试点城市经验交流会在沈阳举行。会议强调要深入贯彻落实党的十七大和全国文化体制改革工作会议精神，认真学习借鉴改革试点成功经验，加大力度、加快进度，进一步推动试点城市改革取得新的实质性进展，带动整个文化体制改革在面上推开。刘云山、刘延东出席会议并讲话。沈阳、北京、上海等21个试点城市在会上作了经验交流。2008年10月至11月，中央文化体制改革工作领导小组派出6个督查组，分赴天津、河北、山西、吉林、福建、江西、河南、湖北、广西、贵州、陕西、甘肃等12个省（区、市）对文化体制改革工作进行督促检查，进一步加大了对改革的推动力度。

　　2009年3月下旬至6月上旬，中央文化体制改革工作领导小组成立9个督查组，对除新疆、西藏以外的全国29个省（区、市）的文化体制改革工作进行督查。中央领导同志亲自带队，李长春赴江苏、陕西，刘云山赴山东、山西、云南，刘延东赴江西、福建，听取文化体制改革情况汇报，与当地党委政府主要负责同志交换意见、指导工作。2009年8月，全国文化体制改革经验交流会在南京召开，进一步明确了改革的"路线图"、"时间表"和"任务书"。李长春对会议作出重要批示，强调要在已有工作基础上，抓住关键环节和重点领域，加大

　　2009年8月，全国文化体制改革经验交流会在江苏南京召开，进一步明确改革的路线图、时间表和任务书。

①全国文化体制改革先进地区（12个）：北京市、上海市、江苏省、辽宁省沈阳市、广东省广州市、广东省深圳市、安徽省芜湖市、山东省临沂市、山东省潍坊市、云南省丽江市、河北省保定市、湖北省天门市。

力度、加快进度，在解决影响和制约文化科学发展的一些深层次矛盾和问题上实现重点突破，推动文化体制改革向纵深发展。刘云山、刘延东出席会议并讲话。会上，中宣部、文化部、国家广电总局、新闻出版总署对北京、上海、江苏等12个"全国文化体制改革先进地区"和中国对外文化集团公司、中国电影集团公司、央视国际网络有限公司等58家"全国文化体制改革先进企业"进行了表彰①。南京会议召开后，各地进一步调整和细化"时间表"、"路线图"，以倒计时、政绩考核、督办督查等多种有力措施推进改革任务落实。许多地方把改革作为"一把手"工程，主要领导亲自抓，明确责任分工，加强指导协调，在财政、税收、金融、土地等方面出台一系列更有针对性、更加优惠的配套政策，改革的合力得到增强，改革的氛围日益浓厚，改革的步伐进一步加快。

2009年8月17日，结合应对国际金融危机的形势和文化领域改革发展的需要，国务院正式印发了中宣部会同文化部、国家广电总局、新闻出版总署等部门研究起草的《文化产业振兴规划》。2010年4月11日，中共中央办公厅、国务院办公厅转发《中共中央宣传部关于党的十六大以来文化体制改革及文化事业文化产业发展情况和下一步工作意见》。在这一阶段，中央还专门制定下发了《国务院办公厅关于印发文化体制改革试点中支持文化产业发展和经营性文化事业单位转制为企业两个规定的通知》、《关于深化中央各部门各单位出版社体制改革的意见》、《关于促进电影产业繁荣发展的指导意见》等一系列配套文件。各有关部门先后就国有文艺院团、文化市场综合执法、国有电影院线、广播电视制播分离、有线电视网络整合、重点新闻网站改革，以及鼓励文化出口、支持文化产业发展等下发专门意见，加大支持力度，改革目标任务不断细化、政策环境日益优化。在扩大改革试点、加快发展经营性文化产业的同时，也强调要大力发展公益性文化事业，积极实施广播电视村村通、文化信息资源共享、乡镇综合文化站建设、农村电影放映、农家书屋建设等五大文化惠民工程，切实保障人民群众基本文化权益。

在中央的正确领导和各地各部门的共同努力下，这一阶段文化体制改革工作取得重要进展。出版发行、影制作发行放映单位等经营性文化单位转企改制取得重大突破，文艺院团改革取得积极进展，公益性文化事业单位改革、新闻媒体改革、文化市场综合执法改革不断推进，重点新闻网站转企改制试点工作启动。文化市场日趋活跃，中国（深圳）国际文化产业博览交易会、中国国际广播影视博览会、北京国际图书博览会、上海国际电影节、杭州国际动漫节等文化会展影响不断扩大，成为我国文化产品交易的重要平台。经过这一阶段的工作，改革的目标任务不断细化、政策环境日益优化，在重点领域和关键环节取得新的进展，为全面推开改革创造了有利条件，提供了重要的思想准备、政策准备和工作准备。

三、第三阶段：从2010年7月到2011年10月，主要是加快推进、全面展开

2010年7月，胡锦涛总书记在十七届中央政治局第22次集体学习时对文化改革发展提出"三加快、一加强"的总要求后，文化改革发展的总体布局进一步健全，重点更加突出，进度明显加快，各项工作全面推进。2010年8月，第三次全国文化体制改革工作会议在青岛

2010年8月，全国文化体制改革工作会议在山东青岛召开，深入学习贯彻胡锦涛总书记在第十七届中央政治局第22次集体学习上的重要讲话精神。

举行，学习传达胡锦涛总书记在中央政治局第22次集体学习时的重要讲话精神。李长春对会议作出重要批示，要求各地区各部门以更加扎实、更加有力的措施，深入推进文化体制改革，推动社会主义文化大发展大繁荣。刘云山、刘延东出席会议并讲话。会后，中央文化体制改革工作领导小组增加国家统计局为成员单位。

各地各部门认真贯彻中央精神，加强组织协调、完善政策措施，按照"加大力度、加快进度、巩固提高、重点突破、全面推进"的要求，推动文化改革发展全面提速、整体推进、取得重要进展。加大力度、加快进度，就是紧紧抓住转企改制这一中心环节，力争党的十八大前基本完成国有经营性文化单位转企改制、基本完成建设一批国有骨干文化企业、基本完成有线电视网络整合、基本完成文化市场综合执法改革任务。巩固提高，就是进一步巩固出版、发行、影视制作全行业转企改制成果，坚持改革改组改造紧密结合，推动已转制的文化企业建立现代企业制度、完善法人治理结构，培育自主经营、富有活力的文化市场主体，推动跨地区重组，提高产业集中度。重点突破，就是加快一般性国有文艺院团和非时政类报刊社体制改革步伐，力争有突破性进展。全面推进，就是积极稳妥地推进党报党刊发行体制改革、以电视剧制作等为主要内容的制播分离改革，加快重点新闻网站转企改制和影视发行体制改革，理顺广播电视体制，大力推进各市县组建文化、广电、新闻出版综合行政主体，加快政府职能转变步伐。

2010年7月至10月，经中央批准，中宣部和发改委牵头，成立《国家"十二五"时期文化体制改革发展规划纲要》调研编制工作领导小组，组织12个课题组，到24个省区市进行专题调研。李长春和刘云山、刘延东等中央领导同志亲自带队，到地方调研座谈，听取意见建议。2011年4月30日至5月1日，第四次全国文化体制改革工作会议在合肥举行，对文化体制改革进行再动员再部署、确保如期完成既定改革任务。李长春对会议作出重要批示，强调要深入贯彻胡锦涛总书记在中央政治局第22次集体学习时的重要讲话精神和党的十七届五中全会精神，按照国家"十二五"经济社会发展总体部署，牢牢把握科学发展主题和加快转变经济发展方式主线，着力破除制约文化发展的体制机制障碍，转变文化发展方式，为"十二五"文化改革发展开好局、起好步。刘云山、刘延东出席会议并讲话。会议强调，要着力攻坚克难，在推进国有文艺院团和非时政类报刊社改革等重点难点问题上取得突破性进展。全国人大常委会副委员长路甬祥，全国政协副主席、中国社会科学院院长陈奎元出席会议。会上，中宣部、文化部、国家广电总局、新闻出版总署表彰了84个全国文化体制改革工作先进地区。

这一阶段，文化体制改革大力度推进、全方位展开、纵深化拓展，部分领域基本完成改革任务，重点难点问题取得重大突破，文化事业文化产业发展全面加速，文化改革发展呈现崭新局面。各地各部门认真组织学习胡锦涛总书记在中央政治局第22次集体学习时的重要讲话，学习中央关于文化改革发展的一系列重要精神，对文化地位作用的认识不断深化，对文化建设重大关系的认识不断深化，进一步增强了改革发展的积极性主动性创造性。各级党委政府更加重视文化建设，许多地方提出建设文化强省（区、市）的目标，对文化改革发展的支持力度不断加大，全社会参与文化建设的热情高涨，文化改革发展的氛围更加浓厚。各地普遍将文化工作纳入科学发展考核评价体系，把文化体制改革列为党委政府重点督查内容，加大了对文化改革发展的督查考核力度。国有经营性文化单位转企改制取得实质性成果，中央各部门各单位出版社转企改制如期完成，出版发行、电影电视剧制作等基本完成全行业转企改制，国有文艺院团改革和省内广电传输网络整合加快推进，重点新闻网站转企改制试点任务基本完成，公益性文化事业单位内部改革不断深化，文化宏观管理体制改革稳步推进，新闻出版和广电系统全面实现"局社分开"、"局台分开"，大部分副省级及以下城市完成综合执法机构的组建，许多地方探索建立了新的国有文化资产管理体制。加大政策扶持和保障力度，公共文化服务得到加强、文化产业实力进一步壮大。中央财政加大对文化惠民工程的投入，各地对公益性文化事业投入显著增加，广播电视村村通、乡镇和社区综合文化站、文化信息资源共享、农村电影放映、

2012年2月4日，在河南省宝丰县的一个"文化下乡"演出现场，大批群众围聚在舞台前观看演出。

农家书屋等工程提前完成"十一五"建设目标，公共博物馆、纪念馆基本实现免费开放。深入落实《文化产业振兴规划》，出台金融和保险业支持文化产业、推动新闻出版业发展、加快国有电影院线建设等政策文件，完善文化出口重点企业和项目目录，设立一批文化产业发展专项资金和投资基金，有力促进了文化产业发展。加强对文化产品创作生产的引导，有力促进了文化健康繁荣发展。树立正确的创作方向，深入实施重大文化精品创作工程，开展服务农民服务基层文化活动，组织文化工作者深入基层、深入一线，创作推出一批有较高质量的文化作品。文化产品的品种数量大大增加，荧屏声频更加丰富，文化市场进一步繁荣，群众性文化活动广泛开展。

四、第四阶段：从2011年10月党的十七届六中全会召开至今，文化改革发展掀起新的热潮

党的十七届六中全会召开后，全党全社会抓住有利契机，迅速兴起文化改革发展的热潮，我国文化改革发展进入一个新的阶段，迎来一个繁荣发展的黄金期。

按照《国家"十二五"时期文化改革发展规划纲要》部署，中央

文化体制改革工作领导小组调整为中央文化体制改革和发展工作领导小组，统筹推进文化改革发展工作，并将科技部、国家旅游局列为领导小组成员单位。2012年2月，第五次全国文化体制改革工作会议在太原举行。李长春对会议作出重要批示，强调要深入学习贯彻十七届六中全会精神，切实抓好《国家"十二五"时期文化改革发展规划纲要》的落实工作，继续加大力度、加快进度、巩固提高、重点突破、全面推进，毫不动摇地把文化改革发展继续推向前进。刘云山、刘延东出席会议并讲话。会议明确要按照既定的路线图和时间表，加快推进文化体制机制改革创新，力争在党的十八大前如期完成既定的改革阶段性任务，努力增强文化发展活力和竞争力，努力以文化改革发展的优异成绩迎接党的十八大胜利召开。会上，为表彰先进，发挥典型示范作用，推动文化体制改革深入开展，中宣部、文化部、国家广电总局、新闻出版总署通报表彰了已基本完成中央确定的文化体制改革任务、文化事业和文化产业发展成效明显的17个省（区、市）和148个市（州、盟）。2012年4月至6月，中央文化体制改革和发展工作领导小组办公室派出4个督查组分赴部分省区市，开展文化体制改革重点任务督查。2012年6月，文化体制改革工作座谈会在兰州召开。刘云山出席会议并讲话，进一步强调要着力抓好重点改革任务，着力巩固已有工作成果，着力增强文化发展动力，不断把文化改革发展引向深入，高质量地完成文化体制改革阶段性任务。

各地各部门深入学习贯彻党的十七届六中全会精神，以组织实施《国家"十二五"时期文化改革发展规划纲要》为重要抓手，强化组织领导、完善工作举措、全力攻坚克难，着力推进重点改革任务，着力巩固已有改革成果，推动文化事业文化产业发展迈出新的步伐，形成了鼓足干劲、比学赶超的生动局面。到2012年9月，中央确定的文化体制改革阶段性任务已全面完成，少量收尾工作正在有条不紊进行。各省区市都提出了建设文化强省强区强市的战略目标，或细化了推进文化强省强区强市的工作举措。

2012年9月26日，中央在北京召开全国文化体制改革工作表彰大会。会前，中共中央总书记、国家主席、中央军委主席胡锦涛亲切会见全体与会代表，向受到表彰的全国文化体制改革工作先进地区、先进单位、先进个人表示热烈的祝贺，向全国广大文化工作者表示诚挚

2012年9月26日，全国文化体制改革工作表彰大会在北京举行。会上，中宣部、文化部、广电总局、新闻出版总署等四部门表彰了全国文化体制改革工作先进地区、先进单位和先进个人。

的问候。中共中央政治局常委、国务院总理温家宝，中共中央政治局常委、国家副主席、中央军委副主席习近平，中共中央政治局常委、国务院副总理李克强参加会见。中共中央政治局常委李长春参加会见

并在会上作重要讲话。中共中央政治局委员、中央书记处书记、中宣部部长刘云山主持大会。中共中央政治局委员、国务委员刘延东，全国政协副主席、中国社会科学院院长陈奎元出席大会。会议系统回顾总结了党的十六大以来的文化体制改革工作，深刻分析了当前文化改革发展面临的形势和任务，对今后一个时期的文化改革发展工作作出全面部署。会上，中宣部、文化部、广电总局、新闻出版总署等四部门向受到表彰的32个全国文化体制改革工作先进地区[1]、296个先进单位和198名先进个人代表颁发了奖牌和证书。

[1] 全国文化体制改革工作先进地区：北京市、天津市、河北省、山西省、辽宁省、上海市、江苏省、浙江省、安徽省、山东省、广东省、陕西省、内蒙古自治区赤峰市、辽宁省沈阳市、吉林省辽源市、黑龙江省大庆市、福建省福州市、江西省九江市、河南省洛阳市、湖北省襄阳市、湖南省张家界市、广东省深圳市、广西壮族自治区北海市、海南省海口市、重庆市黔江区、四川省成都市、贵州省毕节市、云南省丽江市、陕西省西安市、甘肃省庆阳市、青海省西宁市、宁夏回族自治区银川市

第二节
文化改革发展的工作进展

党的十六大以来，各地各部门认真贯彻中央关于文化改革发展的决策部署，解放思想、扎实工作、探索创新，将文化体制改革由点到面、有序推开，有力促进了传统文化观念向新的文化科学发展理念转变、传统文化事业向现代公共文化服务体系转变、传统文化体制机制向适应社会主义市场经济的新体制转变、传统文化经营活动向现代文化产业体系转变、传统文化管理方式向综合高效的科学管理方式转变、政府间文化交流为主向文化交流文化贸易文化传播并举的走出去模式转变，文化改革发展在理论和实践层面均取得重大进展。

一、推动解放思想、转变观念，实现文化建设理论上的突破和提出文化改革发展的正确思路

坚持把解放思想、转变观念作为总开关，认真组织学习宣传中央关于新形势下深化文化体制改革的一系列重要论述和战略部署，按照科学发展观的要求，着力破除制约文化科学发展的陈旧观念和思想障碍，不断以思想的新解放、理论的新发展推动文化改革发展实践的新创造。积极适应社会主义精神文明建设和社会主义市场经济发展"两

个规律"，妥善把握文化的意识形态和商品"两种属性"，不断深化对人民"两种文化需求"的认识，鲜明提出要坚持文化事业和文化产业"两轮驱动、两翼齐飞"、"两手抓、两加强"，努力实现社会和经济"两个效益"相统一的文化发展思路。深刻把握社会主义核心价值体系这个文化之"魂"与文化传播之"体"的关系，切实做到"强魂"与"健体"的有机统一。全党全社会的文化自觉和文化自信进一步增强，符合科学发展观要求的新的文化发展理念日益深入人心，坚持走中国特色社会主义文化发展道路、努力建设社会主义文化强国，逐渐成为全社会的广泛共识和自觉行动。

"两手抓、两加强"
一手抓公益性文化事业
一手抓经营性文化产业

二、基本完成中央确定的文化体制改革阶段性任务

按照"创新体制、转换机制、面向市场、壮大实力"的要求，把推动经营性文化单位转企改制作为中心环节，抓重点、攻难点，攻坚克难、锐意进取，大力推进文化体制机制改革创新，全国承担改革任务的580家出版社、3000家新华书店、850家电影制作发行放映单位、57家广电系统所属电视剧制作机构、38家党报党刊发行单位等已全部完成转企改制；全国2103家承担改革任务的文化系统国有文艺院团（不含保留事业体制院团）已有2093家完成改革任务，占总数的99.5%；全国3388种应转企改制的非时政类报刊已有3271种完成改革任务，占总数的96.5%；中央和29个省区市（不包括新疆、西藏）的应转企改制的重点新闻网站中，80%以上已完成和基本完成改革任

据不完全统计，截至2012年9月10日，全国共注销经营性文化事业单位法人6950家，核销事业编制近29.4万个。

注销经营性文化事业单位法人
6900多家
截至2012年9月

核销事业编制
29万多个
2012
截至2012年9月

全国共注销经营性文化事业单位近6950家，核销事业编制近29.4万个

全国承担改革任务的580家出版社、3000家新华书店、850家电影制作发行放映单位、57家广电系统所属电视剧制作机构、38家党报党刊发行单位等已全部完成转企改制

全国文化系统2103家承担改革任务的文艺院团已完成2093家，占总数99.5%

全国3388种应转企改制的非时政类报刊已完成3271种，占总数96.5%；80%以上应转企改制重点新闻网站已完成和基本完成改革任务

截至2012年9月10日，国有经营性文化单位转企改制任务基本完成。

务，其他网站将按计划在2012年年底完成全部改革任务。据不完全统计，截至2012年9月10日，全国共注销经营性文化事业单位法人6950家，核销事业编制近29.4万个。这一重大转变，催生了一大批合格的国有文化市场主体，激发了文化发展的巨大活力。转制后，呈现出企业发展、市场繁荣、职工积极性高涨的可喜局面。重塑一大批新型市场主体，国有或国有控股文化企业的实力活力竞争力大大增强，成为文化领域战略投资者和文化市场主导力量。推进副省级及以下城市组建文化市场综合执法机构并整合文化、广电、新闻出版等有关行政管理部门，积极推进政企、政事分开和管办分离，探索建立新型国有文化资产管理体制机制，文化行政部门与文化企事业单位的关系逐步在理顺。除新疆、西藏外，全国29个省区市的96.1%的副省级和地级市及所属区县已基本完成文化市场综合执法机构组建和副省级以下文化、广电、新闻出版等有关行政管理部门整合；绝大部分省区市和地级市完成本级电台电视台合并，并积极推进制播分离改革；新闻出版系统和广电部门实现了局社分开、局台分开，推动文化行政管理部门由"管脚下"向"管天下"转变，由单独运用行政管理手段向综合运用多种管理手段转变，由管微观具体事务向管宏观转变，政府政策调节、市场监管、社会管理和公共服务能力得到提升。推进广电传输网络省内整合，除西藏外各省区市基本实现省、市、县三级贯通和统一规划、统一建设、统一运营、统一管理，为形成全国性大网奠定了基础。

三、着力建立覆盖城乡的公共文化服务体系

按照政府主导、公共财政投入为主、社会参与、群众共建共享的要求，坚持公益性、基本性、均等性、便利性的原则，大力发展公益性文化事业，健全设施、创新机制，初步建成覆盖城乡的公共文化服

①	广播电视村村通工程	覆盖全部已通电行政村和20户以上自然村
②	文化信息资源共享工程	基本覆盖所有行政村
③	乡镇综合文化站	实现乡乡有综合文化站
④	农村电影放映工程	年放映电影800万场，基本实现一村一月免费放映一场电影目标
⑤	农家书屋工程	全国共建成农家书屋60余万家，覆盖所有具备条件的行政村

五大重点文化惠民工程深入推进，有力提升了我国公共文化服务的质量和水平。

务体系。建立健全公共文化服务网络，重点文化惠民工程阶段性目标全面完成，广播电视村村通工程覆盖全部已通电行政村和20户以上自然村，目前正努力从"村村通"向"户户通"推进；文化信息资源共享工程基本覆盖所有行政村；乡镇综合文化站建设基本实现乡乡有综合文化站；农村电影放映工程年放映800多万场，基本实现一村一月免费放映一场电影，正努力实现有条件县城的数字影院覆盖；农家书屋工程已覆盖所有具备条件的行政村，全国共建成达到统一规定标准的农家书屋60余万家。推进基层公共文化设施共建共享，全国文化文物

部门归口管理的博物馆、纪念馆和爱国主义教育基地全部实行免费开放，美术馆、公共图书馆、文化馆（站）免费开放工作全面实施，参观人数比免费开放前增长数十倍，资源使用效益显著提高。公共文化服务能力和水平明显提高，有效解决了广大群众特别是农村群众看书难、看电影难、收听收看广播电视难等问题。与国家分类推进事业单位改革相衔接，按照"增加投入、转换机制、增强活力、改善服务"的思路，积极推动图书馆、博物馆、文化馆（站）等公益性文化事业单位改革，公益性文化事业单位公益属性和服务意识日益强化，在公共文化服务体系中的骨干作用进一步发挥。

四、不断壮大文化产业整体规模和实力

按照结构合理、门类齐全、科技含量高、富有创意、竞争力强的要求，调整结构、优化布局，加快构建现代文化产业体系。制定和实施文化产业振兴规划，推进文化与科技、商贸、旅游、金融等深度融合，文化产业日益成为经济发展新的增长点。推动文化企业以资本为纽带兼并重组、整合资源，积极推动文化企业上市融资，涌现出一批总资产和总收入超过或接近百亿元的大型国有或国有控股文化企业。社会资本参与文化产业的渠道更加畅通、环境不断优化，非公有制文化企业的积极作用日益发挥。大力发展影视制作、出版、发行、印刷复制、广告、演艺、娱乐、文化会展、数字内容和动漫等重点文化产业，推动文化创意产业发展、文化业态更新和产业转型升级。组织实施国家文化科技创新工程，依托国家高新区、国家可持续发展实验区等认定首批16家国家级文化和科技融合示范基地，加强文化科技产业集群建设，不断增强科技创新对文化发展的支撑能力。积极发展现代文化产品流通组织形式，加快培育资本、产权、人才、信息、技术等文化要素市场，建立上海、深圳文化产权交易所。加强文化领域行业组织建设，初步建立统一开

放、竞争有序的现代文化市场体系。

五、切实加强对文化产品创作生产的引导

按照坚持"二为"方向、"双百"方针和"三贴近"的要求，自觉用社会主义核心价值体系引领文化产品创作生产，努力推出更多深受群众喜爱、思想性艺术性观赏性相统一的精品力作。组织实施精神文明建设"五个一"、国家重大历史题材美术创作、舞台艺术精品、重点文学作品扶持等文化精品工程，规划创作生产了一批代表国家水

2009年9月20日，大型音乐舞蹈史诗《复兴之路》在北京人民大会堂首演

准、体现民族特色的优秀出版、影视、舞台艺术和文学作品。加大对主旋律作品创作生产的扶持力度，组织"德艺双馨"中青年文艺家评选活动，崇德尚艺、服务人民的良好风气日渐浓厚。加强文艺评论，改进各级各类文艺新闻出版评奖活动，越来越多的国有文化企业和优秀文化产品实现社会效益与经济效益的有机统一。坚持不懈地开展"扫黄打非"，强化文化市场日常监管，开展整治互联网低俗之风专

项行动，文化市场环境得到有效净化，秩序更加健康规范。

六、努力构建全方位多层次宽领域的文化走出去格局

按照"政府主导、企业主体、民间参与、合作共赢"的要求，创新模式、拓宽渠道，在继续大力推进政府主导文化交流的同时，积极探索市场化、商业化、产业化运作方式，构建全方位、多层次、宽领域的文化走出去格局。充分发挥人文交流机制作用，促进中外优秀文化的交流互鉴。实施文化走出去工程，加大对文化出口重点企业和项目的扶持力度，加强出口渠道和国际营销网络建设，逐步减少文化产品和服务进出口逆差。打造一批国家级、国际化、综合性的文化博览交易平台，中国（深圳）国际文化产业博览交易会出口成交额逐年增长，促进文化产业发展和推动中华文化走出去的平台作用日益显现。我国文化产品和服务出口规模不断扩大，在国际文化市场份额逐步提高，涌现出一批具有中国气派、中国风格、中国特色的优秀民族文化品牌，民族文化产业实力和竞争力不断增强，有效维护了国家意识形态和文化安全。

深圳先后四次获得全国文化体制改革先进地区的称号。图为深圳改革开放博物馆陈列相关奖牌的照片。

第三节
文化改革发展的主要成效

经过十年大力度、全方位持续深入推进文化体制改革，促进文化事业文化产业协调发展、全面繁荣，文化领域整体面貌和发展格局焕然一新，文化建设开创了新局面，初步走出了一条中国特色社会主义文化发展道路。

一、有力促进了文化生产力的解放发展

有利于文化科学发展的体制机制初步形成，以公有制为主体、多种所有制共同发展的文化产业格局初步形成，极大优化了文化发展的环境，极大激发了国有文化单位的内部活力和发展动力，极大增强了广大文化工作者投身文化产品创作生产的热情，极大调动了全社会参与文化建设的积极性主动性创造性，极大推动了文化与科技的深度融合，实现了文化事业文化产业跨越式发展。2003年年底，全国工商行政管理部门登记注册的文化市场主体有70多万户、注册资本12000亿元，2012年6月底已达222万多户、注册资本27600亿元，分别增长217%和130%，文化市场主体占全国市场主体总量的比重提高了2个百分点。通过转企改制，一大批国有文

化单位实现了依靠"输血"向自我"造血"的转变，涌现出一批总资产或总销售收入达到百亿的"双百亿"骨干文化企业，国有文化资本的影响力、控制力进一步增强。非公有制文化市场主体在文化体制改革中也获得强劲发展，2003年年底只有58万多户，2012年6月底已达215万多户，增长270.7%。目前，全国已有民营文艺院团近9000多家，混合所有制及民营广播影视制作经营企业近4000家，民营企业在印刷复制企业中比重占80%以上、在出版物发行企业中占70%以上。文化企业上市融资步伐加快，截至2012年10月28日，共有36家文化企业在A股市场上市，占A股市场上市公司总数的1.45%左右，总市值2643.86亿元，占A股市场总市值的1.17%左右，共从A股市场筹集资金近400亿元，逐步成长为A股市场的一个新兴板块。此外，北青传媒和四川新华文化轩在香港H股上市，也得到海内外投资者追捧。

二、有力促进了文化的发展繁荣

文化基础设施建设全面加强，公共文化服务网络日益完善，文物和非物质文化遗产保护成效显著，文化创作生产和文化市场空前活跃，文化产品和服务的品种数量和风格样式极大丰富，供给能力极大增强，社会文化生活特别是基层群众性文化活动丰富多彩，人民基本文化权益保障水平大幅提高、日益增长的精神文化需求得到更好满足。2005年以来，长篇小说创作生产量每年都达到上千部，新创作并首演的剧目每年达上千种。图书出版由2003年的19万种上升到2011年的37万种，居世界首位。电影产量由2003年的不到100部、票房10亿元上升到2011年的558部、票房131亿元，成为世界第三大电影生产国。电视剧产量由不到1万集增加到14942集，位列全球第一；影视动画产量由不到1万分钟增加到26万分钟，跃居世界首位，扭转了进口动画片占主导的局面。

三、有力促进了经济发展方式的加快转变

　　文化产业在国民经济中的比重不断增加，其优结构、扩消费、增就业、促跨越、可持续的独特优势逐步凸显，日益成为新的经济增长点、经济结构战略性调整的重要支点、转变经济发展方式的重要着力点，对国民经济增长的贡献率不断上升。特别是在国际金融危机背景下，我国文化产业实现逆势上扬，成为经济增长中的新亮点。2011年我国文化及相关产业法人单位增加值为13479亿元，占国内生产总值比重为2.85%。2004—2010年间文化产业法人单位增加值（现

2011 年 11 月 30 日，江苏凤凰出版传媒集团股份有限公司上市。

价）年均增长超过23%，高于同期GDP年均增速。一批骨干文化企业茁壮成长，江苏凤凰出版传媒集团公司、上海东方传媒集团公司等一批文化企业深化改革、加快发展，总资产、总销售收入超过"双百亿"，成为引领我国文化产业发展的主力军。第四届"文化企业30强"与第三届相比，总的主营收入、税前利润和净资产分别为1599

亿元、227亿元和1677亿元，分别增长29.6%、65.7%和42.7%。其中，国有或国有控股有24家，占总数80%；2003年以来转企改制的19家，占总数63.3%。新兴文化产业和特色文化产业得到快速发展，数字出版产业总产值从2006年的200亿元增长到2011年的1378亿元，连续多年保持高速增长；2011年网络游戏市场规模468.5亿元，比2010年增长34.4%；文化休闲旅游业发展迅猛，2011年红色旅游接待游客5.4亿人次，占国内旅游人数的20.5%；2005—2010年6年累计带动直接就业91.2万人、间接就业371.1万人，综合收入超过4000亿。

四、有力促进了国家文化软实力的不断提升

以民族文化为主体、吸收外来有益文化，推动中华文化走向世界的文化开放格局进一步形成，世界各国人民对中华文化的了解和对中国人民的情谊进一步加深，世界舆论格局中的中国声音日益厚重，中国发展道路、发展理念的凝聚力感召力日益增强。目前，我国已经同世界上160多个国家和地区建立了良好的文化交流关系，建成海外中国文化中心9个、孔子学院390多所。我国核心文化产品出口额从2003年的56.22亿美元增长到2011年的186.88亿美元，增长超过2倍，文化服务出口从5.2亿美元增长到40.1亿美元，增长近7倍。深圳文博会等逐步成长为文化出口的重要平台，2012年第八届深圳文博会总成交额突破1435亿元，是第一届的4倍多，其中出口交易额超过115亿元。图书版权进出口比从2002年的15∶1降低到2011年的2.1∶1。新华社驻外分社数量已达160余个，实现了对世界主要国家和地区的全覆盖；中央电视台同时6个语种7个国际频道在171个国家和地区落地，海外落地数近3亿户，主流媒体海外传播力和影响力明显提升。

五、有力促进了各类文化人才竞相涌现

有利于出精品、出人才、出效益的文化发展环境日益完善，宣传文化工作队伍的政治素养、知识结构、精神状态和工作本领全面提升，基层队伍建设力度明显加大，创造力、凝聚力、战斗力不断增强，人才结构不断优化，各类文化人才竞相涌现、各尽其才、各展所长。文化名家工程、"四个一批"人才培养工程、高层次国家传播人才培养计划、非物质文化遗产项目代表性传承人扶持计划等全国性重点人才工程进展顺利，其中2003年启动的"四个一批"人才培养工程着眼于加强领军人物和各类高层次专门人才的培养，一批理论、新闻、出版、文艺等领域的中青年人才和高层次经营管理人才、专门技术人才脱颖而出。2011年启动的"文化名家工程"着眼于遴选扶持一批造诣高深、成就突出、影响广泛的宣传思想文化领域杰出人才，重视培养造就一批文化各领域的名家大家。通过扎实推进文化人才队伍建设，我国文化领域人才种类有了明显增加，人才质量有了较大提高，队伍的年龄结构、知识结构、专业结构大大改善。总的看，这些年是宣传思想文化人才队伍发展最快、最好的时期之一，人才队伍迅速壮大，目前队伍总规模达1400多万，为文化改革发展提供了有力的人才支撑。

文化体制改革的丰硕成果充分证明，中央关于深化文化体制改革的决策部署是完全正确的，顺应了时代发展要求，顺应了各族人民过上更好生活的新期待，顺应了文化建设的内在规律和发展趋势，是促进文化大发展大繁荣的强大动力，是推动经济社会发展的新引擎。

第四节
文化改革发展的基本经验

在文化改革发展的探索和实践过程中，各地各部门和广大文化工作者认真贯彻胡锦涛总书记对宣传文化战线提出的"高举旗帜、围绕大局、服务人民、改革创新"十六字总要求，解放思想、实事求是、与时俱进，正确认识和妥善处理文化改革发展中一系列重大关系，深化了对社会主义市场经济条件下文化建设的规律性认识，为深入推进文化改革发展积累了宝贵经验。概括起来，主要有以下几个方面：

一、必须始终坚持党的领导，坚持文化改革发展的正确方向

改革力度大小、成效如何，关键在于组织领导。文化体制改革的每一次重大推进、每一个关键步骤，都是在中央直接关心、直接指导下进行的。胡锦涛总书记等中央领导同志多次就文化体制改革作出重要指示，中央政治局常委会把文化体制改革列入工作要点，多次专题研究部署文化体制改革工作。国务院常务会议多次研究文化体制改革和繁荣文化事业、发展文化产业有关工作，下发了推动文化体制改革、促进文化事业和文化产业加快发展的一系列重要文件。各级党委政府和各有关部门认真贯彻中央部署决策，切实担负起推进文化改革发展的重大职责，把文化建设纳入经济社会发展总体规划，纳入科学发展考核评价体系，与经济社会发展一同研究部署、一同组织实施、一同检查落实。党的坚强领导，为文化体制改革始终沿着正确方向前进提供了根本遵循和坚强保证，标志着我们党的文化自觉和文化自信达到了一个前所未有的新高度，标志着文化建设在中国特色社会主义总体布局中的地位和作用越来越重要。有了这个根本的前提，社会主义文化迎来了大发展大繁荣的黄金机遇期。

二、必须始终坚持解放思想、转变观念，牢固树立符合科学发展观要求的新的文化发展理念

解放思想是发展中国特色社会主义的一大法宝，也是探索和开拓中国特色社会主义文化发展道路的源头活水，必须始终贯穿文化改革发展的全过程。党的十六大以来，宣传思想文化战线坚持以邓小平理论和"三个代表"重要思想为指导，深入贯彻落实科学发展观，在实践中探索总结，深化了对文化地位和作用、文化发展方向、文化发展目的、文化发展动力、文化发展思路、文化发展格局、文化发展战略、文化发展领导力量和依靠力量等的认识，形成了一系列新的文化发展理念。这些新的文化发展理念，是科学发展观在文化建设领域的具体体现，是走中国特色社会主义文化发展道路、建设社会主义文化强国的重要遵循。这些都集中体现了我们党在文化发展理论上的重大突破，充分显示了我们党已达到高度的文化自觉文化自信，为加快推进文化改革发展指明了方向。思想观念的更新，是这些年文化领域进步的最鲜明标志，也是继续深化改革必须遵循的重要原则。

三、必须坚持一手抓公益性文化事业、一手抓经营性文化产业，把社会效益放在首位、社会效益和经济效益相统一，做到两加强、两促进

最大限度地满足人民群众日益增长的精神文化需求，是社会主义文化建设的根本任务。对于体现人民群众文化权益的基本文化需求，需要通过构建覆盖城乡、惠及全民的公共文化服务体系来实现；对于人民群众多样化、多层次、多方面的文化需求，需要通过壮大文化产业、繁荣社会主义文化市场予以满足。科学区分公益性文化事业与经营性文化产业，从根本上明确了文化体制改革"两手抓、两加强"的基本思路，明确了文化建设中政府职责和市场功能的准确定位，使我们的文化事业、文化产业相互促进、两翼齐飞，推动文化建设做到以人为本、全面协调可持续发展。构建公共文化服务体系、壮大文化产业、繁荣社会主义文化市场，都必须始终体现社会主义核心价值体系这个"魂"，始终坚持把社会效益放在首位、社会效益和经济效益相统一，最大限度地发挥文化引领风尚、教育人民、服务社会、推动发展的作用。

四、必须坚持从实际出发，科学界定文化单位性质和功能，区别对待、分类指导、循序渐进、逐步推开，积极稳妥推进各项改革

文化体制改革既与政治体制改革密切相关，又与经济、社会体制改革紧密相连，是一项涉及面广、情况复杂的系统工程。我国不同地区经济社会文化发展很不平衡，文化领域不同行业、不同单位的情况也千差万别。在推进文化体制改革中，按照中央要求，坚持从实际出发，认真落实"区别对待、分类指导、循序渐进、逐步推开"的工作方针，一方面，充分考虑文化领域不同行业、不同单位的性质和特点，推动改革由点到面、逐步推开，另一方面，把推动改革的过程作为各项文化政策不断调整、逐步配套的过程，靠政策引路、靠政策激励、靠政策保障，确保改革做到既积极、又稳妥，既大胆探索创新、又规范有序发展。

五、必须坚持以人为本，充分调动人民群众和广大文化工作者投身文化建设的积极性、主动性、创造性，形成文化改革发展的强大合力

人民群众是历史的创造者，也是文化发展最深厚的力量源泉，推进文化改革发展，必须充分发挥人民在文化建设中的主体作用，真正做到文化发展为了人民、文化发展依靠人民、文化发展成果由人民共享。文化创作生产是创造性的劳动，必须坚持尊重规律、团结和谐，尊重文艺工作者的创造，努力形成有利于多出优秀作品、多出优秀人才的良好局面。文化体制改革直接涉及文化单位职工群众切身利益，必须坚持走群众路线，尊重职工群众的知情权、参与权，科学制定改革方案，妥善解决人员身份转换及安置、社会保障等现实利益问题，有效维护和保障职工群众的合法权益，使改革获得最广泛最可靠的群众基础和力量源泉。

六、必须坚持统筹兼顾，正确认识和处理好文化改革发展中的一系列重大关系，不断提高文化改革发展的科学化水平

深化文化体制改革，是伟大的创造性实践，各地各部门认真贯彻中央部署，坚持从实际出发，统筹城乡区域文化发展、着力提高基层和农村文化发展水平，统筹国内国际两个大局、积极推进中华文化走出去，在实践中进一步深化了对文化改革发展中若干重大关系的认识，包括文化"魂"与"体"的关系①、人民群众基本文化需求与多

① 参见永春：《文化"魂"与"体"辩证关系刍议》，该文刊发于《人民日报》2011年10月20日。

①参见李长春：《正确认识和处理文化建设发展中的若干重大关系，努力探索中国特色社会主义文化发展道路》，该文刊发于《求是》杂志2010年第12期。

样化多层次多方面文化需求的关系、意识形态属性和经济属性的关系、社会效益和经济效益的关系、弘扬主旋律与提倡多样化的关系、改革创新与加快发展的关系、文化与经济的关系、文化与科技的关系、发挥政府作用与调动全社会力量参与文化建设的关系、民族文化与外来文化的关系、促进繁荣与加强管理的关系①，等等。正确把握和处理好这些重大关系，使文化改革发展的实践既能够总揽全局、统筹规划，又抓住了重要领域和关键环节，实现了重点突破、整体推进，在不断提高文化改革发展科学化水平的同时，推动文化建设开创新局面、迈上新台阶。

这些宝贵经验，是在坚持和发展中国特色社会主义文化发展道路的实践中形成的宝贵精神财富，体现了我们党领导文化建设的优良传统，体现了新的历史条件下我国文化改革发展的客观规律，体现了人民群众和广大文化工作者的不懈探索。必须倍加珍惜、长期坚持，并在实践中不断丰富和完善，更好地发挥指导作用，使中国特色社会主义文化发展道路越走越宽广。

第一节　加强公共文化服务体系建设的重要意义和主要要求

第二节　深入实施重点文化惠民工程

第三节　推进公共文化服务城乡一体化发展

第四节　创新公共文化服务运行机制

第五节　保护和传承优秀传统文化

第三章 加强公共文化服务体系建设

　　发展公益性文化事业，保障人民基本文化权益，是社会主义文化建设的重要目的。党的十六大以来，中央把加强公共文化服务体系建设，作为深入贯彻落实科学发展观和以人为本执政理念的重大举措，作为深化文化体制改革的重要内容，进行了一系列重大部署。各地各部门按照中央要求，根据公共文化服务体系建设的特点，把握公共文化服务体系建设的规律，深入实施重点文化惠民工程，健全公共文化服务网络，加强公共文化产品生产和服务供给，促进城乡文化一体化。经过持续努力，公共文化服务体系建设的总体思路和基本要求日益明确，公共文化服务体系基本框架已经形成，初步实现了从传统文化事业向现代公共文化服务体系转变，有效保障了人民群众的基本文化权益。

第一节

加强公共文化服务体系建设的重要意义和主要要求

一、加强公共文化服务体系建设的重要意义

加强公共文化服务体系建设，关系文化民生，关系政府职能转变，关系社会主义和谐社会建设，对于全面建成小康社会、促进人的全面发展和经济社会全面协调发展具有重要意义。

1. 加强公共文化服务体系建设，是改善文化民生、保障人民群众基本文化权益的主要途径。人民群众的基本需求包括物质需求和精神文化需求两方面。满足人民群众的基本文化需求，保障人民群众的基本文化权益，是现代公共服务型政府的基本职责之一，是以人为本执政理念的重要体现，反映了社会主义制度的本质要求。只有大力发展公益性文化事业，加强公共文化服务体系建设，广大群众看电视、听广播、读书看报、进行公共文化鉴赏、参与公共文化活动等基本文化权益的实现水平才能逐步提高，文化生活的质量和水平才能有一个大的提升。

2. 加强公共文化服务体系建设，是提高人的精神文化素质、促进人的全面发展的重要举措。一个民族的精神文化素质是该民族能否自立于世界民族之林并保持长盛不衰的关键所在。全面建成小康社会，

既要看经济发展指标，还要看文化保障和幸福指数。实践证明，任何一个民族或国家单一追求经济发展，并不会自然而然地带来社会的协调和进步，更不会有效实现人的全面发展。加强公共文化服务体系建设，对于提高人民群众的科学文化素质和思想道德素质、促进人的全面发展，进而为实现社会主义现代化建设的宏伟目标打下坚实基础具有战略性的意义。

3. 加强公共文化服务体系建设，是营造良好发展环境、促进经济社会全面进步的内在要求。公共文化服务承载着社会主义核心价值理念，是传播主流意识形态的重要渠道，是增进基层群众的文化认同、政治认同、国家认同和民族认同的重要抓手。加强公共文化服务体系建设，有助于维护公正诚信、遵纪守法的社会秩序，有助于营造清明廉洁、尚德敬贤的社会风尚，也有助于优化文明健康、和谐稳定的发展环境。

二、加强公共文化服务体系建设的主要要求

1. 公共文化服务体系建设的有关部署。中央先后出台一系列政策文件，把公共文化服务体系建设摆到突出位置。2002年11月，党的十六大准确把握时代特点，提出公益性文化事业和经营性文化产业"两手抓、两加强"。2005年10月，党的十六届五中全会第一次明确提出"逐步形成覆盖全社会的比较完备的公共文化服务体系"。2005年11月，中共中央、国务院出台《关于进一步加强农村文化的意见》，全面部署农村文化建设。2006年1月，中央在《中共中央、国务院关于深化文化体制改革的若干意见》中把"加大公益性文化事业投入，调整资源配置，逐步构建公共文化服务体系"，作为深化文化体制改革的重要任务。2006年3月，国务院出台《关于解决农民工问题的若干意见》，强调"城市公共文化设施要向农民工开放，有条件的企

业要设立农民工活动场所，开展多种形式的业余文化活动，丰富农民工的精神生活"。2006年9月，《国家"十一五"时期文化发展规划纲要》把公共文化服务体系建设作为文化发展的重要任务。2007年6月，胡锦涛总书记主持中央政治局会议，研究加强公共文化服务体系建设，明确要求：以政府为主导，着力保障人民群众最关心、最直接、最现实的基本文化权益。2007年8月，中共中央、国务院出台《关于加强公共文化服务体系建设的若干意见》，对全国的公共文化服务体系建设工作作出全面部署。2010年7月23日，胡锦涛总书记在中央政治局第22次集体学习时的重要讲话中，把"加快构建公共文化服务体系"作为深入推进文化体制改革"三加快一加强"的重要工作之一。2010年10月，党的十七届五中全会明确提出"十二五"时期基本建成公共文化服务体系。2011年10月，党的十七届六中全会明确把"覆盖全社会的公共文化服务体系基本建立，努力实现基本公共文化服务均等化"，作为2020年文化改革发展的目标任务。2012年7月，国务院颁布《国家基本公共服务体系"十二五"规划》，将公共文化服务体系建设作为重要内容进行了部署。

努力实现基本公共文化服务均等化

各有关部门及时配套出台了一系列文件。文化部会同有关部门出台了《"十一五"全国乡镇综合文化站建设规划》、《关于进一步推进美术馆、公共图书馆、文化馆站免费开放的意见》、《关于进一步加强少年儿童图书馆建设工作的意见》、《全国地市级公共文化设施建设规划》等文件，国家广电总局会同有关部门出台了《关于做好农村电影工作的意见》、《全国"十二五"村村通工程建设规划》等文件，新闻出版总署会同有关部门下发了《"农家书屋"工程实施意见》等，并召开了一系列会议，总结交流经验、安排部署工作。

2. 公共文化服务体系建设的基本思路。归结起来就是：以保障人民群众基本文化权益、满足人民群众基本文化需求为目的，以政府为主导，以公共财政为支撑，以公益性文化单位为骨干，以全体人民为服务对象，以基层为重点，以保障人民群众看电视、听广播、读书看报、进行公共文化鉴赏、参与公共文化活动等基本文化权益为主要内容，完善相关政策措施，实施文化惠民工程，创新运行机制，拓宽服务渠道，鼓励社会参与，努力做到覆盖城乡、结构合理、功能健全、实用高效，不断提高公共文化服务质量和水平。

以政府为主导，就是政府要切实履行在文化领域的公共服务职能，把建设公共文化服务体系纳入经济社会发展规划。以公共财政为支撑，就是把主要公共文化产品和服务项目、公益性文化活动纳入公共财政经常性支出预算，主要依靠政府财政投入建设公共文化服务体系，扶持公益性文化单位，建设基本文化设施，购买文化产品用于公共文化服务。以公益性文化事业单位为骨干，就是要积极推动加强文化馆、博物馆、图书馆、美术馆、科技馆、纪念馆、工人文化宫、青少年宫等公共文化服务设施和爱国主义教育示范基地建设与管理，全面向社会免费开放服务。鼓励其他国有文化单位、教育机构等开展公益性文化活动，各类公共场所要为群众性文化活动提供便利，提高公益性文化单位服务群众的能力和水平，最大限度地发挥社会效益。以基层为重点，就是优先安排涉及群众切身利益的文化建设项目，切实提高基层文化服务能力，满足基层群众的基本文化需求。鼓励全社会积极参与，就是完善相关政策和法律法规，采取政府采购、项目补贴、定向资助、贷款贴息、税收减免等政策措施，积极引导社会力量通过兴办实体、资助项目、赞助活动、提供设施等形式参与公共文化服务，鼓励国家投资、资助或拥有版权的文化产品无偿用于公共文化服务。创新公共文化服务方式，就是引入竞争机制，对重要公共文化产品、重大公共文化项目和公益性文化活动，采取建立基金、政府招标、定向资助等手段，进一步增强公共文化服务的活力，统筹规划和建设基层公共文化服务设施，坚持项目建设和运行管理并重，实现资源整合、共建共享。

3. 公共文化服务体系建设的基本要求。对公共文化服务体系建设公益性、基本性、均等性、便利性等基本特性的准确把握，是党的十六大以来在科学发展观指导下取得的重要创新成果。公益性，是指政府向人民群众提供免费或优惠的基本公共文化服务。基本性，是指政府不是提供所有文化服务，而是尽力而为、量力而行，提供与公共财力相匹配、与人民群众基本需求相适应的基本文化服务，在现阶段，主要是满足人民群众看电视、听广播、读书看报、进行公共文化鉴赏、参加大众文化活动，以及每个行政村每月放映一场数字电影等基本服务。均等性，是指不论东西南北、男女老少、城市农村及经济条件如何，都应能够均等地享有基本公共文化服务。便利性，是指设施布局和服务提供要网点化，方便群众就近参与、便利享受。四个特性深刻反映出公共文化服务体系建设以人为本、以人民为主体的精神实质，也是公共文化服务体系建设的基本要求。

第二节
深入实施重点文化惠民工程

重点文化惠民工程是公共文化服务体系建设的重要载体，是提高公共文化服务均等化的重要手段。近年来，党中央、国务院深入推进实施了广播电视村村通、文化信息资源共享、乡镇综合文化站建设、农村电影放映和农家书屋建设等五大文化惠民工程。这些工程"一竿子插到底"，直接帮助最基层的社区、农村提升文化服务能力，直接把产品和服务送到基层群众身边，保证了广大群众的基本文化需求。

五大文化惠民工程
广播电视村村通
文化信息资源共享
乡镇综合文化站
农村电影放映
农家书屋

一、广播电视村村通工程

我国地域辽阔、地貌复杂，广播电视信号接收存在不少盲区，需要完善广播电视基础设施，采取有线联网、直播卫星接收、无线发射及转发、数字多路微波、公用卫星天线接收等多种方式扩大信号覆盖，切实解决人民群众听广播、看电视难的问题。2004年8月，广电总局、国家发改委、财政部在北京联合召开全国广播电视村村通工作电视电话会议，要求各地加大力度推进村村通工作。2006年1月召开的广播电视村村通工作现场会，明确要求把村村通作为农村文化建设的一号工程强力推进。2006年10月，广电总局、国家发改委、财政部为贯彻国务院《关于进一步做好新时期广播电视村村通工作的通知》，联

97.06%　　**97.82%**

2011年我国
广播人口综合覆盖率

2011年我国
电视人口综合覆盖率

我国广播、电视人口综合覆盖率得到迅速提升，2011年分别达到97.06%和97.82%。

合召开全国新时期广播电视村村通工作电视电话会议，对做好新时期村村通工作作出具体部署。广播电视村村通工程的实施，解决了约1.5亿广播电视覆盖"盲村"群众听广播、看电视问题。我国广播、电视人口综合覆盖率得到迅速提升，2011年分别达到97.06%和97.82%。中央第一套广播节目和中央第一套、第七套电视节目全国人口无线覆盖率提高到85%、85%、69%，覆盖人口分别为11亿、11亿、9亿，切实保障了农村群众听广播、看电视的基本需求。

从2011年4月开始，中宣部、广电总局部署开展直播卫星户户通工作，发挥直播卫星覆盖面广、容量大、信号质量好的优势，为有线网络未通达的农村地区提供服务。2011年9月，中宣部和广电总局在宁夏召开现场会，总结试点经验，进行动员部署。2012年2月，广电总局、国家发改委、财政部联合召开了广播电视村村通工作电视电话会议，提出"十二五"时期全国要实现村村通向户户通、长期通、优质通的历史性跨越。截至2012年10月，直播卫星户户通开通用户总数为348万户，宁夏、北京率先实现本地区直播卫星户户通。村村通工程经历了由覆盖所有行政村到覆盖50户以上自然村、再到覆盖20户以上已通电自然村的过程，并进一步向覆盖20户以下已通电自然村、基本实现户户通、全国广播电视人口综合覆盖率达到99%的目标迈进。

二、文化信息资源共享工程

文化信息资源共享工程，是文化部和财政部按照中央统一部署组织实施的国家重大文化惠民工程。工程结合基层群众精神文化需求、结合基层公益性文化机构提升服务能力的需要，应用数字网络、通讯和多媒体等技术，对各种适合基层群众需求特点的优秀文化信息资源进行数字化采集、加工、传输和服务。这项工程，通过互联网、卫星、有线电视、移动通讯多种渠道，让群众能获得优质文化信息，在改变广大农村地区、中西部地区、边疆民族地区、特别是贫困地区信息匮乏和文化落后状况过程中发挥了重要作用。

文化信息资源共享工实施十年来，进展迅速、运行有序、成效显著，基层群众累计超过11.2亿人次享受到了文化共享工程的服务。一是覆盖全国城乡的公共文化信息服务网络基本建成。依托省、市、

到2011年年底，数字资源建设总量累计达到136.4TB，包括艺术欣赏、农业科技、文化教育、知识讲座、少儿动漫等视频类资源。图为福建省南安市蓉中村村民在老师的指导下利用文化信息资源共享工程浏览网上信息。

县图书馆，乡镇（街道）综合文化站，村（社区）文化室等公共文化设施，建立了1个国家中心，33个省级分中心，333个地市级分中心，2840个县级支中心，28595个乡镇基层服务点，与全国农村党员干部现代远程教育合作共建村级基层服务点75万个，基本覆盖了全国所有行政村和城市社区。二是全国公共文化数字资源形成建设规模。至2011年年底，数字资源建设总量累计达到136.4TB^①，包括艺术欣赏、农业科技、文化教育、知识讲座、少儿动漫等视频类资源34809部、21964小时，少数民族语言资源1956小时。2011年11月，以文化信息资源共享工程为主干的公共数字文化服务体系建设顺利启动，重点实施文化共享工程、数字图书馆推广工程和公共电子阅览室建设计划三大工程。三是全国文化信息资源供给和服务提供的公共技术平台基本建成。工程的国家中心建立了技术可靠、保障有力的运行管理系统、资源管理系统、中心网站系统，各省级分中心建立了分中心网站系统、资源整合系统和分发服务系统，形成了互联网、卫星网、有线（数字）电视网、移动通讯网、国家电子政务外网、移动硬盘（光盘）的多形式共用、多网络结合的资源传输渠道，实现了电脑、电视、手机、投影等各种终端服务设备的综合运用。四是多部门多渠道文化信息资源共建共享的机制日益完善。工程与中组部全国农村党员干部现代远程教育、教育部全国农村中小学远程教育以及信息产业、农业、广电、部队等系统在基层服务网络设施、服务内容等方面开展有效整合，使系统资源、平台设施、服务提供得到了共建共享、集约利用。

三、乡镇综合文化站建设工程

乡镇综合文化站是文化建设的重要基层阵地，承担着宣传党的方针政策、丰富农村文化生活、促进农村经济社会协调发展的重要职责。文化部、国家发改委按照中央统一部署，针对全国乡镇综合文

① 一个TB相当于1500个小时视频。

站改善基础设施、提升服务能力的迫切需求，不断加大投入，在全国实施"乡镇综合文化站建设工程"。2005年11月，中央明确要求乡镇组建集图书阅读、广播影视、宣传教育、文艺演出、科技推广、科普培训、体育和青少年活动等于一体的综合性文化站，并配备专人管理。2007年起，国家发改委、文化部共同制定实施《"十一五"全国乡镇综合文化站建设规划》。2009年9月，文化部对乡镇综合文化站从规划和建设、职能和服务、人员和经费、检查和考核作出具体规定。

　　"十一五"期间，工程按照每个乡镇文化站300平方米的标准，新建和扩建2.67万个农村乡镇综合文化站。截至2011年年底，全国共有农村乡镇综合文化站34139个，基本实现"乡乡有综合文化站"的建设目标。乡镇综合文化站日常经费保障渠道初步建立。2011年开始，依托公益性文化设施、机构的免费开放，农村乡镇综合文化站日常经费保障渠道已初步确立，日常基本公共文化服务得以正常开展。乡镇综合文化站制度建设得到加强。中宣部、中组部、中编办等五部委联合下发的《关于加强地方县级和城乡基层宣传文化队伍建设的若干意见》，对配备好乡镇综合文化站专职工作人员作了专门规定，明确每个乡镇综合文化站（中心）至少应有1至2个编制，比较大的乡镇适当增加编制。文化部制订《乡镇综合文化站管理办法》，明确了

图为2009年6月正式投入使用的成都市龙泉驿区西河镇综合文化站，站内设有电子阅览室、图书阅览室、儿童娱乐室等功能区。

乡镇综合文化站的性质、职能、任务，并从设施建设、设备配置、人员队伍、经费保障、管理运行等方面为乡镇综合文化站的建设运行提供了政策依据。乡镇综合文化站在农村基层文化建设中的作用得到较好发挥。近年来，各地农村乡镇综合文化站主动发挥组织、指导、创作、培训、协调功能，结合乡村节庆活动及特色文化资源，积极开展形式多样的文化活动，培育基层群众自发的文化团队，帮助群众自创自办、自编自演、自娱自乐。各地乡镇综合文化站还主动发挥资源集合、渠道整合、共建共享的功能作用，紧密结合基层群众生产生活实际需求，开展党员学习、宣传教育、科普普法、农技培训等服务，丰富了广大基层百姓的精神文化生活，提升了农民群众的综合素质和发展能力。

四、农村电影放映工程

农村电影放映工程，是为解决农民看电影难的问题，由中央统一部署、广电总局会同有关部门具体实施的一项文化惠民工程。由于现阶段农村电影产业发展的基础依然薄弱，农村群众收入不高、消费能力有限，农村电影放映在一定程度上仍具有较强的公益性，属于政府公共文化服务的重要组成部分。2005年11月，中央在部署农村文化建设工作时，要求把包括农村电影放映工程在内的农村文化建设纳入各级党委和政府的重要议事日程，纳入经济和社会发展规划，纳入财政支出预算，纳入扶贫攻坚计划，纳入干部晋升考核指标。2007年5月，国务院要求各级人民政府高度重视农村电影工作，将其纳入当地国民经济和社会发展规划、纳入文化体制改革统筹考虑，加快农村电影改革发展，努力让广大农村群众看到、看好电影。

　　工程实施以来，按照企业经营、市场运作、政府购买、农民受惠的思路，重塑农村电影放映主体，创新农村电影服务方式，加强农村电影院更新改造，加快推进数字化放映，灵活采取固定放映和流动放映的办法，2011年全国农村放映电影812万场，观影人次18亿，基本实现了"一村一月放一场电影"的公益目标。一是遍布全国农村的电影数字放映网络已经形成。截至2011年年底，全国农村数字电影院线

农村电影放映工程实现了每个行政村每月免费放映一场电影的目标任务。图为2011年4月15日，新疆和田墨玉县沙依巴格乡巴格达提村村民们在村委会大院席地而坐观看电影。

达到246条，数字放映队47692支，地面卫星接收中心站201个，数字电影播放服务器48141套，农村电影银幕超过5万块，全国41636个乡镇61万个行政村都已能看上数字电影。二是农村电影放映资源供给能力大幅提升。广电总局电影数字节目管理中心作为农村数字电影服务平台建成影片数字母版库，可供影片达3970部，片源大幅拓展，主流影片和科教片比重增加，进一步满足了广大农牧民的需求。2011年共有1614部影片进入农村电影市场，总场次突破810万场，继续保持稳定增长。三是带动农村题材电影创作走向繁荣。国家每年资助20部农村题材故事片、30部农村实用科教片的生产，并对面向农村发行放映的影片给予适当补贴。2008年7月，长影（中国）农村题材电影创作基地在长影集团成立，成为我国首家为农村题材电影设立专门的创作生产基地。农村电影放映主体创作生产的自制剧受到欢迎，河南省周口市农村电影院线等拍摄的《农家媳妇》、《农村信息化常识》、《别人的城市》影片均位列排行榜前列。四是形成了政府主导、社会参与、市场运作的良性格局。放开农村影片的发行权和经营权，鼓励国有、民办和个体参与放映，鼓励企业、社会和有条件的群众在市场上自主选购包场放映及售票放映，一批以乡村流动放映为重点的专业化、规模化农村数字电影放映公司，成为农村电影新的市场主体。农村电影放映工程实现从事业主体向企业主体过渡、从行政机制向市场机制过渡、由政府直接提供向政府间接提供过渡，走上企业经营、市场运作、政府购买、群众受惠的农村电影新道路。各级财政对农村电影公益放映补贴扶持资金比例不断提高，由每场100元提高到200元。据不完全统计，"十一五"期间中央财政和地方财政投入农村电影的资金超过了50亿元，其中地方各级财政配套资金约24亿元。农村数字电影流动放映服务监管平台更加完善，实现了影片交易平台订购系统和卫星传输系统的完善升级，研发了流动数字放映回传系统和GPS/GPRS管理系统，影片传输与监管技术进一步提高，为农村电影放映工程提供了有效技术保障。

五、农家书屋建设工程

农家书屋建设工程，是为重点解决农民"买书难、借书难、读书难"而实施的一项文化惠民工程。工程按照政府资助建设、鼓励社会捐助、农民自主管理的要求，在农村普遍建设实用、高效的农家书屋。2005年，新闻出版总署开始在甘肃、贵州等西部地区试点建设农家书屋。2007年3月，新闻出版总署等八部门联合发文在全国全面推进

截至2012年8月，农家书屋已覆盖全国所有具备条件的行政村。图为广东省梅县横坊村村民在农家书屋阅读。

农家书屋工程，明确政府给予每个农家书屋配备的标准是：图书品种不少于1200种，册数不少于1500册，报刊不少于20种，音像制品和电子出版物不少于100种。2009年，在保证质量、坚持标准的前提下，农家书屋建设全面提速。

截至2012年8月，累计投入各类资金180多亿元，建成农家书屋60多万家，已覆盖全国所有具备条件的行政村，提前三年完成了"农家书屋村村有"的目标。共计配送图书9.4亿册、报刊5.4亿份、音像制品

1.2亿张、影视放映设备和阅读设施60多万套，农民人均图书拥有量比之前增长了十几倍。农家书屋是农村有效的文化阵地，丰富了农村文化资源，大大改善了农民看书学习的条件，有效提高了农民科学文化素质，培养造就了一大批"有文化、懂技术、会经营"的新型农民，帮助农民解决了在生产生活中的实际困难，农民高兴地称之为"改变命运的知识库，学习致富的黄金屋"。农家书屋建设工程还带动了社区书屋、职工书屋、农民工书屋、连队书屋的建设。到目前为止，基层书屋也达到 9 万多家，缓解了基层群众读书难、看报难的矛盾。

　　此外，各有关部门还实施了一系列服务基层群众，特别是针对革命老区、民族地区、边疆地区、贫困地区的公共文化工程项目。文化部、广电总局等部门实施流动文化车工程，为县、乡配备流动舞台服务车、流动电影放映车，开展集影视放映、文化演出、图片展览、图书销售和借阅、科技宣传为一体的流动服务。"十一五"时期，国家发改委安排专项资金6亿元，为中西部地区农村（含东部少量贫困地区）配备电影流动放映车919辆，数字电影放映设备17669套。从2000年10月开始，国家发改委会同财政部、广电总局实施以扩大西藏、新疆等边疆民族地区广播电视覆盖和加强少数民族语言节目译制制作能力为重点的广播影视西新工程，添置了藏语、维语、蒙语、哈语、朝语、柯语、彝语、壮语、苗语、哈尼语、西傣语、傣语、景颇语、傈僳语等少数民族语言广播电视节目译制制作设备，推动少数民族语言译制节目上星。2009年四川康巴藏语卫视频道上星并使用康巴语播出，采用卫星直播方式直接覆盖四川、西藏、云南、青海、甘肃等西部五省区。新闻出版总署实施扶持民族地区民族语言出版的东风工程，一期投入资金3.7亿元，二期落实资金15亿元，民族地区群众看书难看报难问题逐步得到解决。西新工程、东风工程的实施，使广大少数民族地区群众在"听到看到读到"的基础上，进一步"听懂看懂读懂"、"爱听爱看爱读"，切实起到了增进民族团结、促进民族地区经济社会繁荣发展作用。新闻出版总署还实施了提升国民素质的全民阅读工程，在基层兴起读书热潮，全国每年有6至7亿人参加全民阅读活动。

第三节
推进公共文化服务城乡一体化发展

加快城乡文化一体化发展，是破除城乡二元结构，公平保障人民群众基本文化权益的重要举措。各地各有关部门着力加强农村文化建设，推动城乡基层公共文化设施互联互通、共建共享，丰富农民工文化生活，加强少数民族和民族地区公共文化服务，有效缩小了城乡文化差距。

一、加强农村文化建设

长期以来，由于经济社会发展长期处于城乡二元结构状态，农村文化基础设施落后，文化产品和服务供给不足，文化活动相对贫乏，城乡文化发展水平差距较大。党的十六大以来，中央高度重视农村文化建设。2005年11月，中央专门印发《关于进一步加强农村文化建设的意见》，明确要求"加大政府投入，调整资源配置，深化体制改革，加强文化基础设施建设，构建公共文化服务体系，实现和保障农民群众的基本文化权益。"党的十七大报告强调，要"坚持把发展公益性文化事业作为保障人民基本文化权益的主要途径，加大投入力度，加强社区和乡村文化设施建设。"

各地各有关部门认真贯彻中央部署，把农村文化建设摆到重要位置，采取有力措施，推动农村文化建设取得长足进展。建立健全农村文化基础设施网络，全面实现县有文化馆和图书馆、乡镇有综合文化站、行政村有文化活动室和农家书屋。浙江省嘉兴市、江苏省苏州市推动城乡图书馆（室）互联互通，实现地级市中心馆、县级市总馆、乡镇分馆、村（社区）图书室体系化全覆盖，全市书刊借阅"一卡通"，全面建成城乡公共图书馆总分馆服务体系。组织开展文化科技卫生"三下乡"、科教文体法律卫生"四进社区"、"送欢乐下基层"、"心连心"艺术团慰问演出，免费向中西部地区农村党支部赠阅《人民日报》，向西藏和四川省藏区免费赠阅《人民日报》（藏文版）。中宣部近年来累计向25个省区市782个贫困县、民族县、重灾县及新增的连片贫困地区所属贫困县配送宣传工作用车970辆和各类办公设备954套，2011年分两批给四川藏区牧民赠送5万台太阳能卫星直播电视，并向西藏、新疆赠送了移动电视。按照业余自愿、形式多样、健康有益、便捷长效原则，鼓励各地广泛开展群众文化活动。山西晋城等地将全市贫困村、享受城乡最低生活保障的贫困人口、农民工确定为文化扶贫对象，实行"文化低保"，最近四年，由市县两级财共列支1547万元，免费提供最基本的公共文化服务，有50多万群众从"文化低保"中受益。加强文明村镇、文明户创建，引导农民

山西晋城泽州上党梆子剧团在农村演出。

群众崇尚科学，破除迷信，抵制腐朽文化，提高思想道德水平和科学文化素质，形成文明健康的生活方式和社会风尚。农村特色文化得到重视和扶持。加强对农村优秀民族民间文化资源的系统发掘、整理和保护，授予秉承传统、技艺精湛的民间艺人"民间艺术大师"、"民间工艺大师"等称号，开展"民间艺术之乡"、"特色艺术之乡"命名活动。积极开发具有民族传统和地域特色的剪纸、绘画、陶瓷、泥塑、雕刻、编织等民间工艺项目，戏曲、杂技、花灯、龙舟、舞狮舞龙等民间艺术和民俗表演项目，古镇游、生态游、农家乐等民俗旅游项目。支持农民群众自筹资金、自己组织、自负盈亏、自我管理，兴办了一大批文化大院、文化中心户、文化室、图书室、电影放映队和剧团，丰富和活跃了农民文化生活。

二、推动城乡基层公共文化设施互联互通、共建共享

推动城乡基层公共文化设施互联互通、共建共享，实施以市带县、以城带乡、以镇带村，能够优化城乡文化资源配置，增加农村文化服务总量。不少地方着眼于提高基层公共文化设施的使用效能，探索推进城乡基层公共文化设施共建共享的体制机制，形成了一些各具特色的共建共享模式。北京市成立由市委宣传部作为牵头部门，市财政局、市委农工委等多个部门为成员单位的村级公共文化服务设施共建共享工作领导小组，由各有关部门分别配置设备，由村级公共文化中心统一使用和管理，推动农村有线电视、电子政务、有线广播、图书信息服务、文化信息资源共享工程、数字电影、党员教育和远程教育"八网"合一，使村民不出村就能满足多种需求。重庆市建立由市委组织部牵头，市委宣传部、市发改委、市财政局等20个部门参加的联席会议制度，推动建立集办公会议、教育培训、文体娱乐、医疗计卫、农资商贸"五大功能"和教育、服务"两大体系"于一体的村级公共服务中心建设。陕西由省发展改革委牵头统筹全省农村村级社会

事业公共设施建设工作，按每村4万元的标准为村级公共服务中心统一采购和配送相应的图书、计算机和电视机设备、文娱体育活动器材。广西来宾市成立以市委书记和市长为组长、各有关部门和区县主要负责人为成员的推进农村文化建设创建文明新农村活动领导小组，采取"争取上级支持解决一点、市县财政解决一点、帮扶联系部门解决一点、社会捐助和群众自筹一点"的办法，统筹村级公共文化服务中心建设。深圳借助现代科技，通过"自助图书馆"，市民可享受自助申办借书证、自助借书、自助还书、自助预借、自助查询5大自助服务，凭一张身份证、100元押金，借书、还书如在ＡＴＭ机上存取款一样方便，花了不到2分钟就很轻松完成了还书和重新借书的全过程，成为深圳市民"永不关闭的书房"。四川省成都市龙泉驿区整合文化馆、图书馆直接面向基层乡村的免费服务项目，创办"市民艺术培训学校"，成为惠及基层百姓的新型多功能文化载体。贵州省遵义市实施"学在农家、富在农家、乐在农家、美在农家"工程，把公共文化服务与帮助农民学习本领、兴业致富、快乐活动和美化生活有机结合。结合文化馆（站）、图书馆、博物馆、美术馆等公益性文化场地设施免费开放，不少地方积极鼓励公益性文化机构面向农村、面向农民，创新服务方式、拓展服务领域。江苏省张家港市以街道社区、镇村基层文化设施为依托，合理划分基层公共文化服务网格，建立"网格文化服务员"志愿者队伍，实现市、镇、社区、网格四级公共文化服务网络无盲点均衡覆盖。这些探索实践，都取得很好成效。

三、把农民工纳入城市公共文化服务体系

保障好来自乡村、在城市生活工作的广大农民工的基本文化权益，是推进公共文化服务城乡一体化发展的重要方面。进入新世纪以来，随着我国工业化、城镇化进程的不断加快，农民工总量持续增长，2011年全国农民工总量达25278万人，农民工群体已成为现阶段推动我国经济社会发展的重要力量。但同时，农民工精神文化生活贫乏的问题也十分突出。加强农民工文化工作，建设农民工精神家园，保障农民工享有与城市居民同等的文化权益，是提升农民工文化素质和道德素养、实现农民工城市融入的必然要求，对于提升城镇化水平和质量、统筹城乡发展、维护社会公平正义、保持社会和谐稳定具有重要意义。

党的十六大以来，中央出台一系列关心和保障农民工权益的政策措施，各级政府制定和实施了一系列保障农民工文化权益的政策措施。2006年3月，国务院专门就解决农民工问题出台文件，强调要"完善社区公共服务和文化设施，城市公共文化设施要向农民工开放，有条件的企业要设立农民工活动场所，开展多种形式的业余文化活动，丰富农民工的精神生活。"党的十七届六中全会明确要求"引导企业、社区积极开展面向农民工的公益性文化活动，尽快把农民工纳入城市公共文化服务体系"。在发改委、住建部共同印发的公共图书馆、文化馆建设标准中，除城镇固定人口外，将居住半年以上的暂住人口也纳入服务人口计算范围，以服务人口作为公共文化设施设置、

2011年12月28日，慰问全国农民工春节晚会"温暖之春"在北京举行。

建设的基本依据。各地农民工文化工作的组织保障、经费保障、政策保障明显加强。浙江省东阳市率先把在农民工租住聚集地建设"农民工文化活动中心"纳入城市经济社会发展规划。江苏省苏州市结合农民工生活工作特点，全面规划建设"新苏州人"、"新昆山人"、"新张家港人"等特色文化服务点。各地的公益性文化事业单位发挥设施、资源、人才优势，创造出了许多适应农民工需求的服务项目和服务方式。北京市朝阳区文化馆每年为农民工放电影5000多场，上海市依托东方社区信息苑文化服务平台成立公益性网络培训学校，深圳市龙华新区建立大浪青工文化乐园，杭州市下城区东新街道建立农民工文化家园，西藏自治区拉萨市"远大集团"长年举办农民工艺术团等，都深受农民工欢迎。

四、保障少年儿童、老年人、残疾人等特殊群体的文化权益

保障好少年儿童、老年人、残疾人等特殊群体的文化权益是各方面应当关注、支持和积极参与的一件大事，也是衡量公共文化服务均等化发展水平的重要尺度。党的十六大以来，各地把保障少年儿童、老年人、残疾人等特殊群体文化权益纳入政府的基本职责，纳入了当地经济社会发展规划，纳入当地公共财政经常性支出预算，特别是在公共文化服务体系的建设布局、项目安排、资源建设、设施配备和服务提供等方面，注意体现特殊群体的工作、生活特点和基本文化需求。文化、广电、新闻出版等部门也按照各自职责分工，为青少年营造绿色上网空间，开设少儿电视剧频道，为困难群体免费送书，为低收入家庭提供优惠有线电视接入，保证基本公共电视频道免费收看等，使特殊群体能够便利享受与普通居民基本均等的公共文化服务，并专门发文总结推介这方面的典型经验。乡村学校少年宫等课外活动场所建设得到加强，印发《关于进一步加强未成年人校外活动场所建设和管理工作的意见》，"十二五"期间，利用中央专项彩票公益金

24.5亿元支持在全国乡镇建设8000所乡村学校少年宫，2011年已建成1600所，2012年将建设1800所，同时各地采取多种形式自建乡村学校少年宫1.6万所，直接惠及上千万农村未成年人。为了更好地满足我国1700万盲人日益迫切而特殊的精神文化需求，党和政府进一步明确了盲文出版和盲人文化服务的公益属性，在政策、资金和宣传舆论等各方面都给予了特别支持。近年来，盲文、大字本和有声等多种形态的盲人读物出版实现跨越式发展，盲人数字出版和盲用辅助技术研发实现历史性突破，全社会多方参与和推动的公益性助盲助学活动蓬勃开展，以有声读物、口述影像制作和接送盲人为特点的志愿者服务工作成效突出，设施先进、服务周全的中国盲文图书馆建成并向全国盲人开展综合性、公益性、示范性、便利性公共文化服务，分层次、多样化的盲人阅读推广工作扎实推进，全国城乡越来越多的盲人得以在更广领域、更深层次上共享社会主义文化大发展大繁荣成果，参与文化活动、创造社会财富，成为构建社会主义和谐社会的重要力量。少年儿童、老年人、残疾人等特殊群体文化事业的发展，突出彰显了我国公共文化服务体系以人为本的本质特征。

第四节
创新公共文化服务运行机制

在社会主义市场经济条件下，公共文化也有一个投入与使用效益问题。创新公共文化服务运行机制，是提高公共文化服务体系建设、管理、运行质量和效益的必然选择。

一、改进投入方式

党的十六大以来，公共财政对公共文化服务体系建设的投入方式不断改进和创新。中央和省级财政切实保障实施重大公共文化惠民工程、购买重要公共文化产品、开展重要公共文化活动所必需的资金。中央财政还通过转移支付重点支持中西部地区、边疆民族地区、革命老区、农村贫困地区公益性文化事业的发展，专门安排资金确保实施了韶山、井冈山、延安纪念馆红色"一号工程"，推动全国红色旅游经典景区基础设施建设，以重大革命文化设施建设、资源整合为切入点，集中保护、传承、传播革命历史文化，带动红色旅游加快发展，进而全面带动了老区经济社会发展。2011年，红色旅游接待游客5.4亿人次，占国内旅游人数的20.5%，成为一项名副其实的政治工程、经济工程、文化工程和富民工程。对公共财政投入的重大公共文化工程项目、政府提供资金保障的公益性文化设施和事业机构运行，进行绩效评估考核。完善相关经济政策，引导民间资本及各种社会力量进入公共文化服务领域，鼓励投资兴办公益性文化实体、建设公益性文化设施、提供公益性文化服务，推动形成以政府投入为主、社会力量积极参与的公共文化服务多元化投入机制。

二、推进公共文化服务机构免费开放

公共文化服务机构免费开放是近年来公共文化服务运行机制创新的一项重要举措。为了充分发挥各级各类公益性文化设施、机构的服务功能，更好地保障和实现人民群众的基本文化权益，中央有关部门积极推动公共文化设施的免费开放。2004年3月南京大屠杀遇难同胞纪念馆在全国率先实现免费开放，其他有条件的地方也进行了积极探索。2008年全国省级以上公共博物馆（含纪念馆）率先实现免费开放，中央财政从2008年到2012年总共累计投入了112亿元。从2011年开始，党中央、国务院又陆续部署对图书馆、美术馆逐步向观众免费开放，为此投入了将近40亿元。目前，全国文化文物部门归口管理的博物馆、纪念馆和爱国主义教育基地全部实行免费开放，全国美术馆、公共图书馆、文化馆（站）免费开放工作全面实施，北京、安徽、江苏、湖南、陕西、广东、江西、山东、新疆等地已率先实现

侵华日军南京大屠杀遇难同胞纪念馆年均参观人数超500万，最多一天超10万人次，3年超过过去20年接待量总和。

"三馆一站"免费开放。免费开放吸引了广大人民群众积极参与，提高了设施设备运行效率和机构服务能力，南京大屠杀遇难同胞纪念馆

据不完全统计，全国登记注册的3000多个博物馆中，民间博物馆约占1/10。图为宁波市鄞州区支持社会力量兴办的民间博物馆紫林坊。

改扩建后，2007年年底免费向社会开放，三年共接待游客1500多万，超过以往20年的总和，最多的一天观众超过10万人。

三、促进公共文化服务的社会化、多元化

引导和鼓励社会力量参与公共文化服务，有利于拓宽社会力量参与公共文化服务的领域和渠道，公平公正地引导和鼓励社会力量参与公共文化服务，形成政府主导、全社会共同参与公共文化服务体系建设的良好格局。近年来，宣传文化战线通过工程招标、项目委托、资源采购等渠道，吸引了一大批企业和社会组织参与到广播电视村村通、文化信息资源共享、农家书屋建设、农村电影放映、数字图书馆推广、公共电子阅览室建设、文化志愿者边疆行以及文化科技卫生"三下乡"等工程项目的平台搭建、资源建设、设备提供、技术研发、活动开展、人员培训等重要环节，极大地提升了重大文化惠民工程的服务质量和运行效益。

各地根据公共文化服务体系建设的实际需要，统筹规划、合理布局，积极有效地引导和鼓励社会力量捐赠、兴办公益性文化事业，一大批民办图书馆、博物馆、美术馆、文化中心、读书社、书画社、乡村文艺俱乐部、文化大院、群众文艺团队、社区文化服务组织、民间文艺协会迅速兴起，初步形成了全社会共同参与公共文化服务体系建设的生动局面。浙江省宁波市鄞州区专门出台扶持政策，按公益类用地价格支持民办博物馆建造，按参观人数补助民办博物馆免费开放，民办的11座博物馆已经成为当地公共文化服务一支生力军。江苏省苏州市吴江区采取冠名赞助方式，广泛吸引企业、机构等社会力量参与"区域文化联动"，帮助农村、社区基层百姓共享文化艺术活动成果。上海市卢湾区打浦桥街道采取委托管理方式，引进社会力量兴办的专业社区文化服务机构管理社区文化中心，得到社区百姓的好评。湖南省长

上海卢湾区打浦桥社区文化活动中心开展丰富多彩的群众活动。

沙市引导社会力量兴办传统工艺研究和创新基地、非物质文化遗产传承和保护基地等，鼓励这类基地开展公益展示、工艺创新、新品创作、传承培训等。

　　公共文化设施建成后，如何持续高效运行，需要在实践中不断探

索。作为上海世博会"一轴四馆"四大永久性建筑之一，上海世博文化中心创新经营管理理念，采取出售场馆冠名权等方式，引入东方明珠集团等专业运营管理公司，优势互补，形成了国际化、市场化、专业化的运营机制，开创了公共文化场馆投入、管理、运营的新模式。北京保利剧院管理有限公司立足北京、面向全国，以现代企业制度和先进质量管理标准，参与北京、上海、河南、深圳、东莞、温州、烟台、合肥等大中城市剧院进行管理。西安曲江新区运用产业运作的方式开发、保护、利用传统文化资源，打造了大慈恩寺遗址公园、大唐芙蓉园、陕西民俗大观园等一批城市公共文化景区，实现了文物保护、产业发展、城市建设、公共服务的共赢。

第五节
保护和传承优秀传统文化

一、充分认识保护和传承优秀传统文化的重要意义

保护文物和非物质文化遗产，保护和传承优秀传统文化，维护民族文化基本元素，是加强公益性文化事业建设的一个重要方面。优秀传统文化凝聚着中华民族自强不息的精神追求和历久弥新的精神财富，是发展社会主义先进文化的深厚基础，是建设中华民族共有精神家园的重要支撑。党的十七届六中会《决定》明确提出，要全面认识祖国传统文化，加强对优秀传统文化思想价值的挖掘和阐发，加强国家重大文化和自然遗产地、重点文物保护单位、历史文化名城名镇名村保护建设，抓好非物质文化遗产保护传承，广泛开展优秀传统文化教育普及活动，建设优秀传统文化传承体系，使优秀传统文化成为新时代鼓舞人民前进的精神力量。

1. 保护和传承优秀传统文化，是保护中华民族赖以生存发展的文化根基的需要。任何一个国家的文化，都有其既有的传统、固有的根基。抛弃传统、丢掉根基，就等于割断了自己的文化命脉，就会丧失国家或民族的特质。中华民族优秀的传统文化精神，几千年始终延续发展，成为维系民族和睦的心理纽带，成为振奋民族精神的力量源泉，成为中华民族延绵不绝的精神支柱。对于当今中国来说，深厚的民族传统文化是我们文化安身立命的重要根基，只有以对民族、对历

史、对社会高度负责的精神，把传承优秀传统文化作为义不容辞的责任，才能更好地用优秀传统文化滋养民族生命力、激发民族创造力、铸造民族凝聚力，建设好中华民族共有精神家园。

2. 保护和传承优秀传统文化，是立足时代实践、顺应时代潮流不断进行新的文化创造的需要。文化的发展是一个历史的、连续的过程，是在既有传统基础上进行的文化传承、变革和创新。优秀传统文化是我们文化发展的母体，是进行文化创造的深厚土壤，不仅铸就了历史的辉煌，而且在今天仍然闪耀着时代的光芒。优秀传统文化是实现中华民族伟大复兴取之不尽、用之不竭的思想源泉。

3. 保护和传承优秀传统文化，是吸纳融汇外来优秀文化成果、在与世界文化对话交流中丰富发展的需要。任何一种文化都不可能与世隔绝，都需要从其他文化中汲取养分。中华文化之所以生生不息、经久不衰，就在于它具有海纳百川、有容乃大的胸襟，具有博采众长、兼收并蓄的传统。中华文化要始终立于世界文化发展的潮头，就必须坚持以我为主、为我所用，始终保持自己民族文化的主体性和独立性，把有益外来文化同优秀传统文化结合起来，融入中国文化元素，打上中华文化烙印，形成中国气派、中国风格、中国特色，保持文化发展活力。

山东省临沂市郯城县民间艺人走进马头镇中心中学，向学生传授国家级非物质文化遗产"鲁南五大调"的民间曲艺表演形式。

2002年至2011年，全国财政文物支出累计905亿元，年均增长26%。

二、切实加强文化遗产保护和传承工作

中华民族五千年文明史传承和积累了极为丰富的文化遗产，既有文物、典籍等物质形态的文化遗产，也有口头文学、传统艺术、节庆礼仪、民俗活动、民间工艺等以非物质形态存在的非物质文化遗产。这些文化遗产刻录着中华民族在长期历史进程中形成的价值观念和审美理念，是民族悠久历史的稀世物证，是文化延续和传承的重要载体。必须全面认识祖国传统文化，取其精华、去其糟粕，古为今用、推陈出新，坚持保护利用、普及弘扬并重，切实加强对文化遗产的保护和传承。十年来，按照中央要求，各地各有关部门加强文化典籍整理和出版工作，加强国家重大文化和自然遗产地、重点文物保护单位、历史文化名城名镇名村保护建设，抓好非物质文化遗产保护传承，广泛开展优秀传统文化教育普及活动，开展少数民族特色文化保护工作，取得了长足进展。全国重点文物保护单位总数达到2352处，世界遗产总数达到42项，公布了3批1219项国家级非物质文化遗产名录，确定了1488名代表性传承人名录，优秀民族传统文化得到进一步弘扬。

1. 提高文物保护水平。贯彻保护为主、抢救第一、合理利用、加

强管理的方针，科学规划，保障投入，加大力度，切实保护好中华民族的文化瑰宝。实施重点文物保护工程，采取有力措施抢救濒危文物古迹，重视重要革命文物的收集和革命历史遗迹的保护，完善重大建设工程中的文物保护制度，做好基本建设中抢救性文物保护和考古挖掘工作，加大馆藏文物、水下文物的保护力度。开展第三次全国文物普查、中国海外流失文物调查和民间收藏文物调查，编制国家珍贵文物名录，推进文物保护法制化和标准化建设，利用信息技术提升文物科学研究水平和技术创新支撑能力。加强文物保护基础设施建设，强化文物安全防范设施，提高文物安全防范能力。

2. 加强非物质文化遗产保护传承。健全非物质文化遗产普查、建档制度和代表性传承人认定制度，完善非物质文化遗产名录体系，编制非物质文化遗产资源图谱，制定非物质文化遗产项目分类保护标准和规划，建设覆盖全国的数字化保护系统和平台。对濒危非物质文化遗产项目和年老体弱的代表性传承人实施抢救性保护，对具有一定市场前景的非物质文化遗产项目实施生产性保护，对非物质文化遗产集聚区实施整体性保护。统筹国家级文化生态保护区建设，加大西部地区和少数民族非物质文化遗产保护力度，建立长效传承机制。建设非物质文化遗产保护利用设施，不断推进非物质文化遗产的科学保护。

3. 加强中华古籍保护与出版。实施文化典籍编纂出版重大工程，推进文化典籍资源数字化。完善《国家珍贵古籍名录》，推进清史纂修工作，推进《中华医藏》和新版古籍基本丛书出版，编纂《中国少数民族古籍总目提要》，系统整理散失海外的中华古籍珍本。改善古籍保管条件，开展古籍修复工作。

4. 拓展文化遗产传承利用途径。正确处理保护与利用、传承与发展的关系，促进文化遗产资源在与产业和市场的结合中实现传承和可持续发展。鼓励各地积极发展依托文化遗产的旅游及相关产业，发展特色文化服务，打造特色民族文化活动品牌。鼓励对工业遗产、文化景观、考古遗址公园进行综合开发利用。推动文化遗产教育与国民教育紧密结合，充分利用民族传统节日和"文化遗产日"开展文化遗产保护宣传展示活动，增强全社会文化遗产保护自觉性。参与文化遗产保护国际交流与合作，宣传我国文化遗产保护成果。

三、繁荣发展少数民族文化事业、开展少数民族特色文化保护工作

繁荣发展少数民族文化事业，开展少数民族特色文化保护工作，加强民族地区公共文化服务体系建设，保障各少数民族群众基本文化权益，是发展我国文化事业的重要组成部分，也是现阶段公共文化服务体系建设的重点工作。党和国家历来高度重视和关心少数民族文化事业，新中国成立以来特别是改革开放以来，少数民族文化事业取得了历史性的重大成就，少数民族文化工作体系不断完善，少数民族语言文字得到保护和发展，少数民族优秀传统文化得到传承和弘扬，少数民族文学艺术日益繁荣。但是，必须充分认识繁荣发展少数民族文化事业的长期性和特殊性，必须着力解决民族地区公共文化服务体系建设仍然面临的文化基础设施条件相对落后、公益性文化机构不够健全、基层文化人才相对缺乏、公共文化产品和服务供给能力不强等问题。党的十六大以来，加强少数民族公共文化服务提到了前所未有的高度，中央《关于加强公共文化服务体系建设的若干意见》强调，加大对公益性文化事业的扶持力度，支持少数民族公益性文化事业的发展，国务院《关于进一步繁荣发展少数民族文化事业的若干意见》，也明确要求以完善公共文化服务体系为重点促进少数民族文化建设。

近年来，少数民族地区公共文化服务体系建设力度大、进展快、效果好。具体表现在：一是少数民族和民族地区公共文化基础设施建设快速推进。民族地区市县级图书馆文化馆、乡镇综合文化站和村文化室等设施普遍得到改善，广播电视村村通、农村电影放映、农家书屋、文化信息资源共享等文化惠民工程全面覆盖民族地区，面向地广人稀民族地区的流动文化服务网络运转良好，公共数字文化服务及时推广应用到民族地区，有效提升了民族地区公共文化服务能力。二是

面向少数民族的公共文化产品和服务供给不断丰富。中央和地方加大了对少数民族文字出版的财政补贴，少数民族语言文字翻译出版工作得到加强，优秀汉文、外文出版物和优秀少数民族文字出版物双向翻译出版的数量和质量明显提高，少数民族文字报纸、图书、网站和新兴传播载体等有序发展。三是对少数民族文艺院团和博物馆建设的扶持力度逐步加强。体现民族特色和国家水准的少数民族文艺院团、民族地区服务世居少数民族的文艺院团允许保留事业体制，以财政支持为主；大力扶持一批民族自治地方民族博物馆或民俗博物馆。四是少数民族文化、艺术和活动健康发展。具有民族特色的文化展演、体育活动、传统节庆、群众文化活动得到各级政府和文化部门的引导和支持，各族群众在文化建设中的主体作用得到发挥，少数民族的饮食习惯、衣着服饰、建筑风格、生产方式、技术技艺、文学艺术、宗教信仰、节日风俗等得到切实尊重、保护和传承。少数民族优秀传统文化得到有效保护和传承。少数民族和民族地区公共文化服务所取得的成就，在改善少数民族和民族地区文化民生、增强各民族团结、提高中华民族凝聚力和创造力中起到了突出作用。

第一节 深化文化事业单位改革的重要意义和主要要求

第二节 图书馆、博物馆、文化馆等公益性文化事业单位的改革

第三节 一般时政类报刊社、公益性出版社、代表民族特色和国
家水准文艺院团的改革

第四节 重点新闻媒体改革

第四章
深化文化事业单位改革

文化事业单位承担着提供公共文化产品和服务的重要职责，对弘扬和培育民族精神，提高全社会文明程度，满足人民群众基本文化需求具有重要意义。文化事业单位改革是我国事业单位改革的重要组成部分，也是文化体制改革的重要内容。党的十六大以来，各地各部门按照国家推进事业单位改革的总体要求和深化文化体制改革的工作部署，积极推动文化事业单位改革，不断创新体制机制，文化事业单位提供公益服务总量不断扩大，服务水平逐步提高，为经济社会发展和满足人民群众需要提供了有力支撑。

第一节
深化文化事业单位改革的重要意义和主要要求

一、深化文化事业单位改革的重要意义

文化事业单位作为我国社会主义文化建设的重要力量，为促进我国文化事业发展、满足人民群众基本文化需求作出了重要贡献。但随着我国经济社会持续快速发展和人民群众精神文化需求日益增长，一些文化单位的运行机制还停留在"计划经济"时代，政事不分、事企不分，功能定位不清，内部机制不活，服务效率不高，严重影响了文化事业单位功能作用的有效发挥，深化文化事业单位改革已迫在眉睫、势在必行。

1. 深化文化事业单位改革是适应经济社会发展、满足人民群众精神文化需求的需要。改革开放以来，我国经济建设取得了举世瞩目的伟大成就，人民生活水平、综合国力、国际地位大幅提升，各项社会事业也取得明显进展。但要看到，包括文化在内的各项社会事业发展总体上相对滞后，公共文化服务供给总量不足、质量效率不高，是我们发展中的一条"短板"。特别是随着经济社会的进一步发展，人民群众需求结构不断升级，居民消费逐步由生存型、温饱型向小康型、享受型转变，人民精神文化需求呈"井喷"之势迅速增长，文化领域已成为我国少数几个总供给不能满足总需求的领域之一。这迫切要求我们加快推进文化体制改革，分类推进公益性文化单位和经营性文化单位改革，大力发展文化事业和文化产业，既最大限度地保障人民基本文化权益，又最大限度地满足人们日益增长的精神文化需求。可以说，文化事业单位改革的成效如何，关系文化体制改革的成败，关系人民基本文化权益的实现。

2. 深化文化事业单位改革是激发文化事业单位活力、不断提高公共文化服务质量和水平的需要。在传统的计划经济体制下，经营性文化产业和公益性文化事业混为一体，重编制、讲职级，对公益性文化服务缺乏科学的绩效评估和管理考核，本来就并不充裕的公共文化资源时常处于闲置状况，有的还热衷于搞经营创收，严重影响了事业单位功能作用的有效发挥。只有深化公益性文化事业单位内部人事、收入分配和社会保障制度改革，创新运行机制，改进服务方式，完善考核体系，才能有效解决文化事业单位干多干少一个样、干与不干一个样的状况，推动公益性文化单位多提供符合人民群众需求、优质有效的文化产品和服务，提升公共文化服务质量和水平。

3. 深化文化事业单位改革是进一步理顺政府与事业单位关系，加快推进文化宏观管理体制改革的需要。文化事业单位与文化行政管理部门职能不同，在公益性文化事业发展方面承担着不同的职责。在原有体制下，政府包揽所有文化建设，政事不分，职责不清，造成文化事业单位缺乏自身的积极性。深化文化事业单位改革，一个重要方面，就是理顺政府与事业单位之间的关系，推进政事分开，把政府不该管的微观事务交给事业单位，这本身就是深化行政管理体制改革、转变政府职能的重要任务。只有通过改革，进一步明确文化事业单位的功能定位，强化公益属性，促使文化事业单位在完善公共文化服务方面发挥更大作用，才能更好地实现政府的公共服务目标，才能推动政府把更多的精力和资源投到公益性文化事业发展上，加强对公益性文化事业的政策引导、总体规划和有效监管。深化文化事业单位改革，是深化文化宏观管理体制改革，加快政府职能转变的内在要求。

二、深化文化事业单位改革的主要要求

1. 深化文化事业单位改革的有关部署。党的十六大明确要求，按照政事分开原则，改革事业单位管理体制。党的十七大提出，要进一步深化事业单位的分类改革。为探索改革经验，2008年国务院开始在山西、上海、浙江、广东、重庆等地开展分类推进事业单位改革的综合试点。在取得初步成效、积累重要经验的基础上，2011年3月《中共中央、国务院关于分类推进事业单位改革的指导意见》出台，这是指导我国事业单位改革的纲领性文件，对包括文化事业单位在内的各类事业单位改革作出全面部署，相关配套政策逐步出台，事业单位改革步伐明显加快。

作为事业单位改革的重要组成部分，中央高度重视文化事业单位改革，在推进文化体制改革过程中，对深化文化事业单位改革作出一系列重要部署。2003年《中宣部、文化部、国家广电总局、新闻出版总署关于文化体制改革试点工作的意见》指出，党报党刊、电台、电视台等重要新闻媒体和重要出版社，图书馆、博物馆、文化馆（站）、代表民族特色和国家水准的重点艺术院团等，实行事业体制，以增加投入、转换机制、增强活力、改善服务为重点推进改革。2005年《中共中央、国务院关于深化文化体制改革的若干意见》对文化事业单位改革作出专门部署，要求根据现有文化事业单位的性质和功能，区别对待、分类指导，明确不同的改革要求。2007年《中共中央办公厅、国务院办公厅关于加强公共文化服务体系建设的若干意见》再次强调，要创新公共文化服务运行机制，推进公益性文化事业单位改革。2011年《中共中央关于深化文化体制改革推动社会主义文化大发展大繁荣若干重大问题的决定》明确指出，要着眼于突出公益

属性、强化服务功能、增强发展活力，全面推进文化事业单位人事、收入分配、社会保障制度改革，明确服务规范，加强绩效评估考核。推动党报党刊、电台电视台进一步完善管理和运行机制。推动一般时政类报刊社、公益性出版社、代表民族特色和国家水准的文艺院团等事业单位实行企业化管理，增强面向市场、面向群众提供服务能力。党的十七届六中全会作出的决定为深化文化事业单位改革进一步指明了方向、提供了基本遵循。

2. 深化文化事业单位改革的基本思路。按照政事分开、事企分开和管办分离的要求，以促进公益文化事业发展为目的，以科学分类为基础，以理顺体制、完善机制、健全制度为重点，总体设计、分类指导、因地制宜、先行试点、稳步推进，充分调动广大文化者的积极性、主动性、创造性，进一步增强文化事业单位生机和活力，不断提高公益服务水平和效率，切实为人民群众提供更加优质高效的公益服务。

3. 深化文化事业单位改革的基本要求。一是强化公益属性，在科学界定保留事业体制文化单位范围的基础上，明确文化事业单位功能定位，进一步理顺政府与事业单位、事业单位与所属企业之间的关系，增强文化事业单位活力，提高公共文化产品和服务供给能力，不断满足人民群众对文化公益服务的需求。二是坚持分类指导，根据不同文化事业单位的特点，实施不同的改革要求。对国家兴办的图书馆、博物馆、文化馆（站）等单位以深化人事、收入分配和社会保障制度改革为重点，建立健全事业单位法人治理结构。对党报党刊和电台电视台要在坚持正确导向的前提下，深入探索"宣传与经营相对分开"的有效途径，进一步完善管理和运行机制。对一般时政类报刊社、公益性出版社、代表民族特色和国家水准的文艺院团等单位，探索实行事业单位企业化管理的办法。三是鼓励开拓创新，破除影响公益文化事业发展的体制机制障碍，充分发挥政府主导、社会力量参与和市场机制的作用，鼓励进行多种形式的探索和实践。

第二节

图书馆、博物馆、文化馆等
公益性文化事业单位的改革

**增加投入
转换机制
增强活力
改善服务**

　　图书馆、博物馆、文化馆等公益性文化事业单位是开展公共文化服务的重要场所，是保障人民群众基本文化权益的重要阵地。近年来，按照"增加投入，转换机制，增强活力，改善服务"的改革要求，图书馆、博物馆、文化馆等公益性文化事业单位着力深化内部人事、收入分配和社会保障制度改革，积极拓宽服务领域、创新服务方式，建立健全以群众满意度为重要标准的公共文化服务绩效考评机制，努力形成责任明确、行为规范、富有效率、服务优良的运行机制，服务质量和效率显著提高。

一、深化内部人事、收入分配和社会保障制度改革

　　人事、收入分配和社会保障制度是激发单位内在活力、提高单位服务水平的重要保障。近年来，各地各有关部门出台一系列指导文件和配套政策，深化文化事业单位内部机制改革。2003年，中组部、中宣部、人事部、文化部联合出台《关于深化文化事业单位人事制度改革的实施意见》，提出对主要依靠政府财政保障的图书资料、群众文化、文物、博物等公益性文化事业单位，要按照"精简、高效"的原

则，加强机构编制管理，控制人员总量规模，科学合理地设定岗位，搞活内部用人机制。2007年，人事部与文化部出台《关于文化事业单位岗位设置管理的指导意见》，对文化艺术系统的事业单位岗位设置作出明确规定。2011至2012年期间，中央共印发了分类推进事业单位改革的11个配套文件，为进一步深化文化事业单位人事、收入分配和社会保障制度改革提供了遵循。

各级图书馆、博物馆、文化馆等事业单位按照要求，积极稳妥地推进内部人事、收入分配和社会保障"三项制度"改革。在人事制度改革方面，以转换用人机制和搞活用人制度为核心，以健全聘用制度和岗位管理制度为重点，逐步实现由身份管理向岗位管理转变，由固定用人向合同用人转变，建立权责清晰、分类科学、机制灵活、监管有力的人事管理制度。在收入分配制度改革方面，以完善工资分配激励约束机制为核心，在执行国家统一工资制度和工资政策的基础上，实行绩效工资制，按岗定酬、按任务定酬、按业绩定酬，加强监管，合理调节收入分配，特别是对特殊岗位和高、精、尖专业人才采用更为灵活的分配办法，建立健全符合文化事业单位特点、体现岗位绩效和分级分类管理要求的工作人员收入分配制度。在社会保障制度改革方面，推进职工依法参加基本养老、基本医疗、失业、工伤等社会保险，建立多渠道、多层次、社会化的社会保险体系，基本养老保险实行社会统筹和个人账户相结合，养老保险费由单位和个人共同负担，个人缴费全部记入个人账户，有效保障职工的合法权益。截至2011年年底，全国各级文化馆、博物馆、图书馆基本完成内部"三项制度"改革，管理水平和服务效率显著提高。

一些单位和地区结合各自实际，大胆创新，在"三项制度"改革方面推出更加有力、更具操作性的改革措施，取得了显著成效，积累了宝贵经验。国家图书馆积极推行"事企分开"，突出公益属性，强化服务职能。将馆属企业从22家调整为6家，通过加强监管，特别是落实风险制约机制，现在6家馆属企业给馆方的回报，比原来22家还要多，馆属企业中的国有资产实现了保值增值。中国文化遗产研究院建立以业绩考核为主要内容的岗位绩效考核制度，制订实施了《绩效工资考核分配办法（试行）》，突出量化考核、按绩取酬，激励导向作用进一步加强，充分调动了广大职工的积极性主动性创造性。北京朝阳区文化馆引入与工作效益挂钩的可调节性分配机制，实行按岗定酬、按任务定酬、按业绩定酬的岗位工资制度，将职工的工资收入与岗位职责、工作业绩、实际贡献以及成果转化中产生的社会效益和经济效益直接挂钩的分配办法。通过转换机制，朝阳区文化馆基本形成职工能进能出、收入能高能低的比较灵活的用人和分配机制，实现社会效益和经济效益的最佳结合。吉林省图书馆以人事、收入分配制度改革为突破口，建立科学的岗位管理体系，将个人工资收入与岗位绩效挂钩，对不同性质的岗位实行不同的分配方式，并向重点岗位和服务窗口适当倾斜，实行岗位补贴制度。湖南省文化厅直属的图书馆、博物馆、文化馆等7家事业单位工作人员2010年在政策允许范围内，均参加了医疗保险、失业保险、生育保险和工伤保险，并加入了住房公积金体系，职工合法权益得到有效保障。

二、拓展服务领域、创新服务方式

拓展服务领域、创新公共文化服务方式是文化事业单位改革的重要内容，有利于推动公共文化服务体系建设，保障文化成果惠及全体人民。党的十六大以来，各级图书馆、博物馆、文化馆等文化事业单位在深化内部机制改革的基础上，以群众需求为导向，积极创新服务方式、不断拓展服务范围，服务质量显著提高。

在拓展服务领域、创新服务方式方面，这些单位采取的措施主要有：一是实行定点服务与流动服务相结合，有条件的城市图书馆采用通借通还等现代服务方式，推动公共文化服务向社区和农村延伸。二是建立健全公共文化设施服务公示制度，公开服务时间、内容和程序，在窗口接待、场所引导、资料提供以及内容讲解等方面，创造良好的服务环境，进一步增强公共文化机构的吸引力。三是促进数字和

2011年3月6日，扬州市图书馆向社区居民推荐全国"知识工程"百部优秀图书，100个社区首先获赠2000张市图书馆数字资源图书使用卡。

网络技术在公共文化服务领域的应用，各地公共文化服务机构建成了一批网上图书馆、网上博物馆、网上剧场和群众文化活动远程指导网络，促进公共文化资源的共享利用。

各级图书馆、博物馆、文化馆等单位充分挖掘和利用现有资源优势，进行了各具特色的服务创新。国家博物馆为应对免费开放的新情况，不断改进在窗口接待、内容讲解等方面的服务，近年来有计划

2011年3月27日，中国国家博物馆开始免费向公众开放。图为当日参观者在国家博物馆青铜器大厅参观《古代中国》陈列中的"后母戊"青铜鼎。

读者在国家图书馆新馆暨中国国家数字图书馆读书。

地进行专职讲解员的选拔和培训工作，建立起了专职讲解队伍，累计为观众提供讲解服务近3万小时。内蒙古博物院以突出草原文化传播为目标，充分发挥爱国主义教育、民族团结教育基地的作用，通过系列化、常态化、品牌化、规范化的运作，开展"欢乐大课堂知识竞赛"、"博苑讲坛"等活动，进一步拓展公共服务空间，提高服务能力与水平。重庆市打破过去文博行业条块分割、各自为战的局面，以红岩革命纪念馆和歌乐山革命纪念馆为核心，整合和联线各区县和周边地区的革命文化资源，成立红岩联线，实现资源共享、优势互补，为革命文化资源的深度开发利用提供了崭新平台。国家图书馆以数字图书馆建设、文化典籍整理、立法决策服务、社会教育为抓手，全面提升服务品质。2010全年共接待到馆读者533万人次，与1998年全年接待到馆读者170万人次相比，增加了2倍；2010年全馆流通书刊达2826万册次，创历史新高，与1998年761万流通册次相比，增加了2.7倍；2010年国图网站读者访问量达8.3亿次。吉林省以省图书馆为龙头，成立吉林省图书馆联盟，推动公共、高校、科研三大图书馆系统打破行业壁垒，21所高校图书馆与24所公共图书馆结成共建单位，合作开放、服务基层，使图书资源优势互补、充分利用，实现了图书借阅服务从"有啥看啥"到"看啥有啥"的飞跃和提升。天津图书馆以社区为依托，通过开设社区及行业性分馆、发展汽车流动图书馆、推出电子文献网上阅览"一码通"服务等方式，把公共文化服务的触角向行业、社区延伸，进一步扩大了文化服务的覆盖面和服务功能。浙江省嘉兴市推行图书馆总分馆制，将市、区县、乡镇的图书馆（室）和农家书屋以及全国文化信息资源共享工程网点等，有机地结合起来，让农民也能方便地看到市中心图书馆的图书。部分旅游景区景点也免费对社会公众开放，如杭州西湖景区等，对满足广大人民群众的精神文化需求具有积极的作用。

广大县级文化馆、图书馆和乡镇综合文化站等单位，认真贯彻2005年11月《中共中央办公厅、国务院办公厅关于进一步加强农村文化建设的意见》，按照"不得企业化或变相企业化，不得以拍卖、租赁等任何形式，改变其文化设施的用途"的要求，进一步强化公益属性，主动面向农村、面向基层，明确服务规范，改进服务方式，制订年度农村公益性文化项目实施计划，开展流动文化服务，加强对农村文化骨干和文化中心户的免费培训辅导等，不断提高公共服务水平。广东省佛山市南海区文化馆强化公益属性，展览厅、舞蹈排练室、练琴室、美术书法室、剧场等9个功能场室免费对外开放，同时开展语言艺术、舞蹈、

2011年10月13日，福建省艺术扶贫工程走进福安市康厝畲族自治乡小学，学生们在排练畲族舞蹈。

器乐、美术书法等一系列面向社会免费开放的公益性群众艺术培训，把文化惠民服务落到实处。山东省东营市垦利县文化馆将工作重心下沉，创新开展了"村村唱戏村村舞"活动，在全县333个行政村组建100余支文艺演出队伍，每年演出1000场，带动全县80%以上的群众参与到活动中来。

三、完善事业单位绩效考评制度

科学的绩效考评制度，能有效调动单位员工的积极性，使单位充满生机和活力。党的十六大以来，以设立科学的绩效考评制度为重点，积极探索多元评价方法，强化考评结果作为确定预算、负责人奖惩与收入分配等的重要依据，有效促进了文化事业单位整体效能的提升。

各地各部门加强公共文化服务指标体系和绩效考核办法的研究，制定了各类公共文化服务绩效考核体系，明确各类公共文化服务的标准和规范。文化部制定完善了省、市、县公共图书馆和文化馆评估标准、定级必备条件，国家文物局制定了全国博物馆评估标准和办法，考核内容涉及办馆条件、基础业务、公众服务等方方面面，定期对全国县级以上公共图书馆、文化馆、博物馆进行全面评估。上海市制定了包括资源指标、管理指标、服务指标、绩效指标和可持续发展等指标在内的社区文化活动中心运行绩效评估指标体系，在此基础上委托第三方对社区文化活动中心开展绩效评估，强化上级部门、同行专家和服务对象在绩效评价体系中的作用，从而达到绩效考评制度改革促管理、出效益的初衷。

各级图书馆、博物馆、文化馆等单位加快建立健全内部绩效考评制度，将绩效考核的内容逐步扩展到职工品德、工作能力、工作态度和工作业绩等各个方面，实行可量化的目标管理。吉林省长春市宽城区文化馆通过实施项目制，每人负责一个（或两个）文化项目或者文化团队，总体负责项目的调研、活动的策划与开展，团队的管理等，采取量化管理的方式，对团队人数、活动次数、作品数量等进行量化考核，作为个人业绩与评优、晋级等挂钩。浙江省杭州市江干区图书馆将职工的工作职责及权限进行细化和量化，将图书错架率、服务态度评价、书箱整理是否及时等均列入读者服务部考核范围，每月对各个岗位的馆员进行一次考核，并记录备案，作为年终考核依据。

第三节
一般时政类报刊社、公益性出版社、代表民族特色和国家水准文艺院团的改革

政府扶持
转换机制
面向市场
增强活力

　　一般时政类报刊社、公益性出版社、代表民族特色和国家水准文艺院团等文化事业单位，是重要思想文化阵地，在传播先进文化，为人民群众提供优秀精神食粮方面发挥着重要作用。党的十六大以来，这一类文化事业单位按照"政府扶持、转换机制、面向市场、增强活力"的要求，深化内部改革，在面向群众、面向市场的过程中不断发展壮大。

　　一、科学界定保留事业性质的一般时政类报刊社、公益性出版社、代表民族特色和国家水准的文艺院团的范围

　　根据区别对待、分类指导的原则，科学分类是深化改革的基础和前提，也是改革的重要内容。我国新闻出版单位和文艺院团数量庞大、类别繁多、情况复杂，如何界定保留事业性质的一般时政类报刊社、公益性出版社、代表民族特色和国家水准的文艺院团的范围，是顺利推进此类事业单位改革的第一步，也是关键一环，具有重要意义。

　　在中央文化体制改革和发展工作领导小组指导下，中央有关部

门根据不同单位的性质和特点，科学界定保留事业性质的一般时政类报刊社、公益性出版社、代表民族特色和国家水准的文艺院团等单位范围。一般时政类报刊社包括党报、党刊和其他以刊登时政新闻为主的报刊出版单位。公益性出版社指那些少数承担政治性、公益性出版任务，肩负重要思想文化阵地建设、社会舆论引导和公共文化服务职责的出版单位，目前主要包括各级人民出版社、中国盲文出版社、民族出版社、中国藏学出版社，以及符合资质的以少数民族文字、宗教事务出版为主业的出版单位。代表民族特色和国家水准的文艺院团范围主要包括国家重点扶持的京剧和昆曲院团，作为独立法人的交响乐团、芭蕾舞团、歌剧团、民乐团，地方代表性戏曲院团，民族地区服务世居少数民族的文艺院团，列入非物质文化遗产的文艺院团等。这些院团需要开展经营演出、但目前还不具备完全走向市场的条件，需要保留事业体制。2011年5月，中宣部、文化部制定出台的《关于加快国有文艺院团体制改革的通知》公布了全国保留事业单位性质的131家地方国有文艺院团名单。同时，鼓励条件成熟、已列入名单的院团转企改制，明确今后原则上不再新设或恢复事业单位性质的文艺院团。

二、推动一般时政类报刊社、公益性出版社、代表民族特色和国家水准的文艺院团积极面向市场、面向群众，转换机制、增强活力

近年来，国家对一般时政类报刊社、公益性出版社、代表民族特色和国家水准的文艺院团等单位的投入力度逐年加大，不断创新财政扶持方式，为此类文化事业单位进一步发挥公益性创造了良好的发展环境。中央和省级财政专门设立宣传文化事业发展专项资金，通过专项拨款和专项贴息相结合的方式加大财政补贴，促进保留事业体制的文化单位提升技术水平、加强项目建设；设立少数民族文字出版基金，通过中央财政对少数民族地区的专项转移支付，加大对少数民族文字出版工作的财政投入力度。实行宣传文化税收优惠政策，加大政府购买服务力度，提高一般时政类报刊社、公益性出版社、代表民族特色和国家水准

的文艺院团等文化单位的市场竞争力,促进其可持续发展。

一般时政类报刊社、公益性出版社在坚持党管媒体、党管干部、确保正确舆论导向的前提下,深化内部改革,在面向群众、面向市场的过程中不断发展壮大。人民日报社着眼于建设国际一流媒体,既遵循新闻传播规律,又按照市场发展要求,将报纸相应扩版,新设立新闻协调部统筹报社新闻报道,新设立技术部整合报社技术力量,进一步理顺报社的新闻生产和管理机制,报纸的影响力传播力显著提升。人民出版社坚持以向广大人民群众提供高质量的公益性产品和服务为目标,大力调整出版方向,优化出版布局,加大公共产品服务力度,先后出版"中国政府白皮书"系列、"理论热点面对面"系列等,每年为党和国家大局服务的政治类公益性读物占出书品种的一半,取得了良好的社会效益和经济效益。目前,人民出版社的出书品种达 1300 多种,是 2002 年的 6 倍多,2011 年销售码洋达到 10 亿元,是 2003 年的 10 倍。民族出版社坚持为少数民族和民族地区服务的宗旨,加大民文图书选题策划和民族文字整合出版力度,把出版的重心向民族文字转移,同时打破常规出版模式,多方协调汉文样稿与多民族语言的翻译工作,不断缩短各类少数民族语言的政治读物与汉文图书的出版时间,把党的方针、政策在最短的时间内传达给少数民族读者。盲文出版社大力实施精品战略、创新战略和人才战略,全面拓展盲人文化出版业务,形成以盲文书刊、盲人有声读物、低视力盲人大字版读物、盲用信息化学习辅具、盲人用品用具、普通文字图书六大类产品和全国盲人读物免费借阅、教育培训、文化科技研究等三大服务为主体的业务发展格局,盲人文化出版规模实现历史性突破,目前年出版 1200 种盲文书刊,采集和制作 1 万小时盲人有声读物,200 种低视力盲人大字版教材教辅和各类社会读物,较好地满足了广大盲人文化教育急需。

保留事业体制的国有文艺院团积极深化内部改革,不断完善面向市场、面向观众的剧目生产经营机制,发展活力和竞争力显著增强。中央芭蕾舞团实行全员聘任制、全员年薪制,转变传统考核办法,采取专家与观众共同参与的开放性考核形式,将考核结果作为演员续聘、解聘或调整岗位、升降级、职称评聘、选拔培养的依据。中国儿童艺术剧院创新分配机制、实行分类管理，对管理人员、艺术专业人员、营销人员、特殊高端人才实行有区别的分配办法，根据岗位责任、工作数量和质量确定管理津贴、专业技术津贴、奖励金等，进一步向业绩和贡献倾斜，体现"多劳多得，少劳少得，不劳不得"，充分调动广大演职员的创作和演出积极性。中国交响乐团将北京音乐厅转制为剧院管理有限公司，组建全国音乐厅院线联盟，并建立了符合交响乐团职业特点和规律的现代化管理体系。国家话剧院遵循"注重市场需求、坚持主流定位、兼顾叫好叫座"的剧目创作原则，创作演出了《四世同堂》、《向上走、向下走》、《红玫瑰与白玫瑰》等一批观众喜闻乐见的主流戏剧作品，同时建立"国家话剧院北京演出院线"，形成"长时段、多剧目、多场次、多场点"的国话演出新模式，演出收入一路攀升，2011年度剧院演出总收入已达到2124万元。

第四节
重点新闻媒体改革

党报党刊、电台电视台等重点新闻媒体是传播社会主义先进文化的重要阵地，肩负着引导社会、影响舆论、弘扬正气、凝聚人心的重要职责。近年来，重点新闻媒体积极适应改革开放新形势和社会主义市场经济新要求，加快改革发展步伐，积极推进内容创新，探索实行采编业务与经营业务"两分开"，将经营性部分剥离转制，整体实力和传播力影响力不断增强。

一、推动党报党刊和电台电视台创新内部运行机制、增强舆论引导能力

根据中央关于推进重点新闻媒体改革的工作部署，各级党报党刊和电台电视台在实行岗位管理、建立健全激励竞争机制、推行全员聘用制度的同时，积极探索将广告、印刷、传输等经营性业务、资产从事业体制中剥离出来，转制组建经营性公司，进行市场运作，实现了采编业务与经营业务"两分开"、"两加强"。对于宣传主业，则坚持贴近实际、贴近生活、贴近群众，不断创新宣传内容、方法、手段和形式，改进重大突发性事件报道、会议报道以及领导同志活动报道，加强和改进舆论监督、热点引导和典型报道，着力打造一系列品

牌节目、栏目，着力增强新闻宣传的吸引力、感染力、影响力明显，提高舆论引导的水平。各级党报党刊加强对重大新闻的深度解读，积极回应社会和民生关切，在社会上引起强烈反响。各级电台电视台强化导向立台、新闻立台，积极推进频道频率专业化、品牌化发展，加强了重大活动、重要事件的现场直播，广播电视新闻节目的数量质量、针对性、时效性和亲和力、公信力、影响力都明显增强。中央人民广播电台、中央电视台以及一大批地方电台电视台强化频率频道定位和品牌建设，推动频道频率建设更加注重提高质量和品质，强化特色，打造品牌，走内涵式的科学发展之路，形成了综合或新闻综合频道频率为主、各专业频道频率协调发展的格局。中央人民广播电台不断拓宽公共服务领域，加快推进现代传播覆盖体系建设，先后开播了老年之声、藏语广播、维吾尔语广播、娱乐广播、香港之声、中国高速公路交通广播，频率类型进一步丰富。特别是各级党报党刊和电台电视台，深入开展"走基层、转作风、改文风"活动，自觉组织广大新闻工作者奔赴基层，了解体察民生民情民意，把版面、话筒和镜头对准基层、对准群众，推出了一大批生动鲜活、感人至深的栏目、节目，极大地强化了新闻宣传的效果，各方面反响强烈。

二、推进党报发行体制改革

推进党报发行体制改革是提升党报及其所属报刊发行量和市场占有率的有效途径，是降低发行成本、提高党报整体竞争力的必然选择。近年来，各级中央党报党刊以增强舆论影响力和信息传播能力为目的，积极探索报刊发行的新体制、新模式，发行效率和传播效果明显增强。

各级党报党刊将发行业务从事业体制中剥离出来，组建独立的报业经营公司，进行市场化运作，负责党报党刊发行、物流配送等业务。目前，全国承担改革任务的38家党报党刊发行单位已全部完成转

读者在天津日报
新报亭购买报刊。

企改制。安徽日报剥离发行业务，组建安徽报业发行公司，实现全省
自办发行；16个省辖市党报分别采取自办、加盟、合作等方式，相继
成立8家报刊发行公司。湖南日报社2007年成立湖南日报发行有限公
司，建成延伸到县的信息处理平台，搭建起覆盖全省14个市州、123
个县市区、2100多个乡镇（街道）的三级发行网络，实现了客户、物
流、征订等各个环节的无缝对接，显著提高了湖南日报投递时效、市
场覆盖率。北京青年报社成立小红帽发行股份有限公司，建立先进的
综合信息管理系统，精心策划各类读者活动，成为报刊发行领域的知
名品牌。辽沈晚报社成立红马甲发行公司，不断提高发行服务水平，

精心打造发行品牌，有效提高了报刊的产品附加值，提升了读者的忠诚度。

同时，各级党报党刊在完善营销网络基础上，推动新组建的发行公司以资源、资本、业务为纽带，积极与邮政部门、出版物发行企业或物流企业开展战略合作，整合区域内的图书、音像、报刊等出版物发行、配送、快运、快递等市场流通资源，进一步扩大了党报党刊的覆盖范围，取得了良好的社会效益和经济效益。天津日报以自己的品牌和报刊发行权吸引一些大企业出资，联合成立每日新传媒发展有限公司，组建报刊连锁发行销售网络，不仅结束了10年发行亏损，安置了2000多名下岗职工，更重要的是使《天津日报》以及代理发行的《人民日报》等党报党刊走进了600多个"天津日报新报亭"、400多家超市便利店、200多个社区和高校，变单纯机关和国有单位订阅为订阅与市场零售并举，扩大了党报的社会影响。

三、推进电视剧等制播分离

以电视剧为重点的制播分离是电台电视台改革的重要内容，对于电台电视台降低节目成本、提高节目质量，转换运营机制、增强发展活力，对于充分调动社会力量，发展壮大节目内容生产能力，提高规模化、集约化生产水平，具有十分重要的意义。近年来，中央和各省级、副省级电台电视台按照广电总局印发的《关于认真做好广播电视制播分离改革的意见》，积极稳妥推进以电视剧为重点的制播分离改革，组建面向市场的影视节目制作公司，形成了一批具有较强市场竞争力的国有或国有控股的影视节目提供商。

目前，全国57家广电系统所属国有电视剧制作机构已全面完成转企改制或剥离转制工作。中央电视台先后将青少节目中心原动画部和中国电视剧制作中心剥离转制，推出了《小鲤鱼历险记》、《少年狄仁杰》等一批原创优秀影视节目。江苏省广播电视台将电视剧部、专

2009年12月，中国电视剧制作中心转制为有限责任公司。

题片部转企改制，整合台属天地纵横影视公司、众望纪录片公司等六个公司和相关部门资源，成立幸福蓝海影视文化集团有限责任公司，将全台电视剧、专题片、电影、动漫等节目制作的投资、策划、生产、发行等业务以及新媒体业务，全部进行企业化、市场化运作，延伸了产业链。天津电台、电视台将相声和交通节目制作、电视剧制作中心等剥离转制，组建节目制作公司，提升了节目制作的实力和竞争力。上海广播电视台将影视剧、动画、少儿、综艺、体育、生活、科技等类节目制作业务同可经营性资产合并，组建了台属、台控、台管的上海东方传媒集团有限责任公司，形成了面向多主体、多渠道的节目订购采购、择优播出机制，公信力、传播力和影响力进一步提高。

影视节目的制播分离推动了节目制作市场主体的建立，制作机构的生机与活力进一步焕发，内容生产能力不断提升，节目数量快速增长。到2011年年底，我国电视剧产量达到14942集，位列全球第一。影视佳作不断涌现，社会效益显著增强，以《亮剑》、《闯关东》、《五星红旗迎风飘扬》等为代表的优秀电视剧不断涌现。

四、推进电台电视台合并

推进电台电视台合并，是科学规划和配置广播电视资源，加快资源整合，促进广播电视优势互补、融合发展的重要举措。2006年、2010年广电总局分别制定下发有关规范广播电台、电视台两台合并的意见，要求各地有序规范推进两台合并。截至2012年9月，全国大部分省区市和地级市完成本级电台、电视台合并，成立了广播电视台，不仅有效地加强了广播电视媒体的管理，提升了整体效益，又切实推进了广电事业的建设与发展。上海、江苏、辽宁等地积极探索符合自身特点的工作方式，率先推进省级电台电视台合并。2009年12月，辽宁省合并辽宁人民广播电台、辽宁电视台、辽宁教育电视台，组建了辽宁广播电视台，统一机构建制、统一呼号和频率频道资源、统一服务管理、统一产业经营、统一规划投入，在管理运行机制上实现了"化学反应"，使合并后的广播电视台真正拧成一股绳，而不是简单的"1+1"。2010年6月，北京市整合原北京北广传媒集团、北京人民广播电台、北京电视台，新成立北京广播电视台。

第一节　推进经营性文化事业单位转企改制的重要意义和主要要求

第二节　国有出版发行单位转企改制情况

第三节　影视领域国有经营性文化单位转企改制情况

第四节　国有文艺院团改革情况

第五节　非时政类报刊单位转企改制情况

第六节　重点新闻网站转企改制情况

第五章 推进国有经营性文化事业单位转企改制

国有经营性文化事业单位转企改制，是文化体制改革的中心环节，是衡量改革是否取得实质性进展的重要标志，也是文化体制改革工作的重点和难点，直接关系到有关单位的生存与发展，关系到广大职工的切身利益，更关系到文化产业的发展和文化体制改革的成效。近年来，宣传思想文化战线充分认识经营性文化事业单位转企改制的重要意义，把推动经营性文化单位转企改制、培育合格文化市场主体作为文化体制改革工作的重中之重，坚持分类指导，严格标准、规范程序、真转真改，全面推进经营性文化事业单位走向市场、增强活力，取得显著成效。据不完全统计，截至2012年9月10日，全国共注销经营性文化事业单位法人6950家，核销事业编制近29.4万个。转制后国有文化单位的活力和竞争力普遍增强，成为文化产业发展的主力军和文化市场的主导力量。

第一节

推进经营性文化事业单位转企改制的重要意义和主要要求

一、推进经营性文化事业单位转企改制的重要意义

推进出版发行、影视制作发行放映、一般文艺院团、非时政类报刊社、重点新闻网站等国有经营性文化事业单位转企改制，是文化体制改革的中心环节，影响深远，意义重大。

1. 有利于提升经营性文化单位面向市场的活力和竞争力。在传统计划体制下，国有经营性文化单位大都属于事业体制，政企不分、政事不分和管办不分，缺乏科学有效的竞争和激励机制。经营性文化单位与市场脱节，缺乏活力，既不能为市场提供适销对路的文化产品，也无法为自身发展壮大积累资本，更无法为人才创造施展才华的平台，吸引力、凝聚力不强，一些单位的员工热衷"走穴"，甚至出现了"穷庙富和尚"的现象。只有推动经营性文化事业单位转企改制，进入市场、开展竞争，才能有效解决体制不顺、机制不活、动力不足、活力不够、效率不高、人才不稳以及资金瓶颈、技术创新运用缺乏等问题，优胜劣汰，做大做强。

2. 有利于培育合格市场主体，发展壮大以国有或国有控股文化企业为主体的文化产业。培育合格文化市场主体，是发展文化产业的前提。在传统体制下，虽然也开展各种文化经营活动，但作为经营活动

主体的国有文化单位主要是事业体制，尚没有形成具有独立法人地位的现代文化市场主体，文化产业的主体定位、指标体系、政府扶持、管理规范等也无法在国家政策的层面上予以明确，文化经营活动的拓展受到各种制约，根本无法参与市场竞争，无法做大做强，难以在整个国民经济中培育形成真正意义上的文化产业。大量充满活力的民营文化企业如雨后春笋迅速发展，外资企业纷纷进入抢占市场，文化市场面临激烈竞争和巨大压力。只有推动国有经营性文化事业单位转企改制、培育合格文化市场主体，才能为加快发展文化产业提供基础条件。

3. 有利于繁荣文化市场，更好满足人民群众日益增长的多样化精神文化需求。随着社会主义市场经济体制的建立健全，人民群众越来越多地通过市场来选择和消费文化产品。在传统体制下，作为文化产品供给主体的国有文化单位主要是事业体制，缺乏面向市场的动力、经验和自觉，许多文化产品与市场变化和群众需求脱节，出现"政府和单位是投资主体、领导和专家是基本观众、评奖和展示是主要目的、仓库和资料是最终归宿"的现象，文化工作者积极性创造性难以充分发挥，文化产品供需的"结构性短缺"问题凸显，创作生产的产品群众看不到、用不上，广大群众期待的文化产品又不足、也买不到，切实满足广大人民群众文化消费需求的压力很大。只有全面推进经营性文化单位转企改制，才能有力推动文化市场的繁荣健康发展，更好地满足人民群众快速增长的多样化、多层次、多方面的精神文化需求。

4. 有利于政府明确职能定位，综合运用经济、法律等手段既保证重点扶持公益性文化事业，又有效引导推动经营性文化产业发展。在传统体制下，国有文化单位由政府统包统揽，大量财政经费用于具有自我发展能力的经营性文化单位，严重挤占公共文化建设的经费投入，尤其是在市场经济条件下，不少经营性文化单位出现严重亏损，占有大量较好的文化资源，却发挥不了作用，甚至难以为继，需要政府扶持，造成本该由政府主导、财政支撑的公共文化建设投入严重不足。而担负公共文化服务职能的文化单位经费得不到保障，不得不忙于创收，影响其公共文化服务职能的履行。只有坚持公益性文化事业和经营性文化产业区别对待、分类指导，大力推动经营性文化事业单位转企改制，才能更好地保障公益性文化单位的公共文化服务主体地位，更好地做到两手抓、两加强。

5. 有利于更好地参与国际文化市场竞争，推动中华文化走出去。当今世界，越来越多的国家和地区借助文化交流和文化贸易，参与国际文化市场竞争，推动本国文化走出去。在传统体制下，国有文化单位大多是事业体制，没有独立的文化市场法人地位，在运用国际通行规则参与国际文化市场竞争方面受到各种限制。一方面，我国缺乏能够同跨国集团相抗衡的骨干文化企业，文化产业的国际竞争力不强，文化产品和服务的进出口逆差较为严重。另一方面，以政府和事业单位为主体推进国际文化贸易，运营规则和考评机制完全不同，往往还容易被境外贴上意识形态的标签，进行各种限制。面对一个更加开放的内外部环境，壮大国内文化市场，推动中华文化走出去，必须加快推进经营性文化事业单位转企改制，培育合格文化市场主体，促进文化企业做大做强做优，在激烈的国际竞争中赢得市场、占据主动。

二、推进经营性文化事业单位转企改制的主要要求

1. 推进经营性文化事业单位转企改制的有关部署。2005年《中共中央、国务院关于深化文化体制改革的若干意见》明确提出：一般文艺院团、一般出版单位和文化、艺术、生活、科普类等报刊社，以及新华书店、电影制片厂、影剧院、电视剧制作单位和文化经营中介机构，党政部门、人民团体、行业组织所属事业编制的影视制作和销售单位要逐步转制为企业。

2. 推进经营性文化事业单位转企改制的基本思路。按照"创新

体制、转换机制、面向市场、壮大实力"的要求，积极推进出版社、新华书店、电影制片厂、电影放映单位、一般文艺院团、重点新闻网站、非时政类报刊社等逐步转制为企业；党报党刊推动发行体制改革，将发行等经营部分资产剥离转制，电台电视台推动制播分离，将电视剧制作等经营性资产剥离转制，打造独立的电视剧内容提供商。在具体实施中，坚持试点先行，不同行业、不同地区明确不同的改革进度。首先推动市场发育和竞争比较充分的省新华书店、地方出版社和电影制作发行单位等率先转企改制、积累经验；在此基础上，再逐步明确中央各部门各单位出版社、非时政类报刊社、一般文艺院团、重点新闻网站等的改革要求和时间进度，全面推开改革。同时，从实际出发，注重实效，不搞"一刀切"。明确人民、盲文、藏学、民族出版社，民族地区市县新华书店，代表国家水准和民族特色的少数文艺院团等保留事业体制。

注重把好市场准入关，根据意识形态属性的强弱和管理需要实行不同的资本准入政策，坚持区别对待、规范管理。比如，出版物印刷、发行，新闻出版单位的广告、发行，电影制作发行放映、电视剧制作等领域，非公有资本可以进入，也可参与国有经营性文化事业单位转企改制，但在经营性文化单位转企改制中，国有资本必须控股51％以上；演艺、动漫、网络游戏、广告、电影院、书报刊分销零售等领域，非公有资本可以完全进入。

3. 推进经营性文化事业单位转企改制的基本要求。坚持真改真转，严格按照确定的标准和程序。最初关注转企改制单位是否进行企业工商登记注册，后来随着改革的深入，因势利导，进一步明确和规范了转企改制的基本标准，要求经营性文化事业单位在转制过程中，明确产权关系，核销事业编制，注销事业单位法人，进行企业工商登记注册，与在职职工签订劳动合同，按照企业办法参加社会保险，建立健全有文化企业特点的现代企业制度，使之成为合格的文化市场主体。同时，切实维护和保障职工在转企改制过程中的合法权益。

第二节
国有出版发行单位转企改制情况

按照中央关于深化文化体制改革的要求，着力推动各省区市新华书店、出版社，高等院校出版社和中央各部门各单位出版社转制为企业，再进行公司制或股份制改造，建立现代企业制度、完善法人治理结构，培育真正的文化市场主体。截至2012年9月，全国承担改革任务的580家出版社、3000家新华书店等已经全部完成转企改制。

截至2012年9月，全国承担改革任务的580家出版社、147家中央各部门各单位所属出版社、3000家新华书店完成转企改制。

一、推进出版物发行领域改革

党的十六大以前，各地各有关部门对出版物发行体制改革进行了积极探索。但总的看，出版发行布局分散、结构趋同、条块分割，产业集中度低、规模小、实力弱、竞争力不强。与此同时，民营书店随着市场经济的建立应运而生，充满活力，对国有书店造成竞争压力。2003年10月，新闻出版总署出台《新闻出版体制改革试点工作实施方案》，确定江苏新华发行集团等6家发行单位先行试点，并在两年内顺利完成了试点任务。2006年7月下发《关于深化出版发行体制改革工作实施方案》，抓住推动股份制改造，鼓励上市和跨地区重组，大力发展连锁经营、物流配送、电子商务等关键环节，有计划、有步骤地在全国推开发行体制改革，重塑市场主体。截至2008年，全国有改革任务的省级新华书店系统全面完成转企改制工作，20多个省区市成立了发行集团，建立了现代企业制度。

以国有新华书店系统转企改制为标志，出版物发行体制实现深刻变革，催生出一大批增长快、后劲足的具有成熟管理理念和经营模式的文化市场主体，初步形成以大中城市为主、周边城镇配套、向广大城乡辐射的发行服务新格局，并在打破行政区划、实行跨地区、跨行业整合及业务重组方面取得突破。江苏凤凰新华书业股份有限公司同海南新华书店实现战略重组，成为国内第一家跨地区业务整合的发行企业；辽宁出版集团北方出版物配送有限公司与内蒙古新华书店集团签订连锁经营协议，实现跨区域配送；四川新华文轩出版传媒股份有限公司上市后，以股权收购方式整合出版发行资源，重组四川出版集团出版业务。上海新华传媒、四川新华文轩、安徽皖新传媒、湖南中南传媒、江苏凤凰传媒等多家企业成功上市，充分利用资本市场，推动跨越式发展，改变了传统发行企业的发展模式。

二、推进各省区市出版社、高等院校出版社改革

按照先试后推、先易后难的原则，出版社改革首先在各地先行推开，在取得积极成效和有益经验的基础上，再启动高校出版社改革。

2003年出台的《新闻出版体制改革试点工作实施方案》，确定了多家省区市出版社先行试点。随后下发的《关于高等院校出版社体制改革试点工作的若干意见》，明确选择基础较好的高等院校出版社先行转企改制。经过一年多时间的积极推进，顺利完成了试点任务。

2005年至2008年，是全面深入推进各省区市出版社和高等院校出版社改革的攻坚时期。新闻出版总署先后出台《关于深化出版发行体制改革工作实施方案》、《高等院校出版体制改革工作实施方案》、《关于进一步推进新闻出版体制改革的指导意见》、《关于下发音像（电子）出版业体制改革实施方案的通知》、《关于加快推进经营性图书、音像和电子出版单位转制工作的通知》等文件，明确了各省区市和高等院校等经营性出版社转制的"路线图"和"时间表"。中央有关部门召开专题会议进行部署，指导各省区市制定改革工作方案，加强督促检查，及时掌握情况、研究问题，对改革进度落后的地区适时通报，并注意逐一跟进面对面指导。针对高等院校出版社情况复杂的特点，在中央文化体制改革工作领导小组的统一领导和推动下，新闻出版总署和教育部建立了联席会议制度，明确任务职责，定期沟通情况，研究解决问题，并分成三个批次推进高校出版社转制工作。第一批确定了清华大学出版社、北京师范大学出版社等18家高等院校出版社作为试点，先行进行转企改制，积累改革经验；第二批在总结第一批试点经验的基础上，扩大范围，继续选择具备条件、发展态势良好、改革意愿强烈的高等院校出版社进行转企改制；第三批则将全部高等院校出版社纳入转企改制范围，全面推开。截至2009年年底，370多家各省区市出版社、104家高等院校出版社全面完成了转企改制任务，其所属的音像电子出版社和报刊社也随出版社一并进行了转企改制。

三、推进中央各部门各单位出版社改革

中央各部门各单位出版社在我国出版业具有重要影响，涉及中央

和国家机关众多部委、众多干部，是出版领域改革的重点和难点。在全面完成出版物发行单位、各省区市出版社和高等院校出版社转企改制任务后，启动了中央各部门各单位出版社体制改革的攻坚战。

2009年年初，中央政治局常委会专门研究审议了《关于深化中央各部门各单位出版社体制改革的意见》，并于2009年4月正式以中办、国办名义下发。《意见》明确要求除人民出版社、民族出版社、中国盲文出版社、中国藏学出版社保留事业体制外，中央各部门各单位所属的其他148家出版社，按照做强做优一批、整合重组一批、停办退出一批的要求，全部转制为企业，于2010年年底完成转企改制任务。中央专门成立了由中宣部、新闻出版总署牵头的中央各部门各单位出版社体制改革工作领导小组，刘云山任组长，中纪委、中组部、中编办、中央直属机关工委、中央国家机关工委、财政部、人社部、审计署、国家税务总局、国家工商总局等部门为成员单位，下设办公室，负责具体工作。2009年5月，召开由148家中央各部门各单位出版社及其主管部门参加的中央各部门各单位出版社体制改革工作会议，对体制改革工作进行了全面的动员和部署，并下发《中央各部门各单位出版社体制改革工作实施方案》，明确148家中央各部门各单位出版社分两批完成改革任务，其中第一批101家，第二批47家。

会后，中央各部门各单位出版社体制改革工作领导小组办公室协调有关部门下发了《中央各部门各单位出版社转制工作基本规程》、《关于中央各部门各单位转制出版社办理法人登记有关问题的通知》、《关于明确中央各部门各单位出版社企业登记相关问题的函》和《关于中央各部门各单位转制出版社办理工商登记等有关问题的通知》等文件，明确完成转企改制的工作环节和操作步骤，包括成立出版社体制改革工作领导小组，制定转制工作方案，清产核资、财务审计和资产评估，人员安置和劳动关系调整，国有资产管理，建立法人治理结构，注销事业法人与进行企业工商注册，完成转制后备案等。严格按照核销事业编制、注销事业单位法人、进行企业工商登记注册、与在职职工全

规范推进转制的要求
核销事业编制
注销事业单位法人
进行企业工商登记注册
与在职职工全部签订劳动合同并按照企业办法参加社会保险

2004年4月，中国出版集团转制为中国出版集团公司。2011年，集团公司图书年出版总量达到12901种，较转制前增幅达176%。

部签订劳动合同并按照企业办法参加社会保险四条标准规范推进转企改制。编写《中央各部门各单位出版社转制操作手册》和《中央各部门各单位出版社体制改革政策解读》，并先后举办7期政策培训班，2600多人次接受了培训。针对出版社转企改制后的出资人和职工参加社会保险、享受税收优惠政策等问题，出台《关于发布中央各部门各单位出版社出资人名单的通知》和《关于中央各部门各单位出版社转制后参加北京市养老保险有关问题的通知》、《关于转制文化企业名单及认定问题的通知》等文件，解除了出版社的后顾之忧，大大加快了改革的进程。据不完全统计，截至2010年年底，完成转企改制的中央各部门各单位出版社共计减免税达3亿多元，北京市为参加北京市企业社保的出版社职工免予补缴养老保险费用达20亿元。

中央各部门各单位出版社转企改制工作已圆满完成，148家应转企改制的出版社中，除中国档案出版社停办外，其余147家出版社全部转企改制，核销事业编制14369名，加上之前核销的16家出版社改革试点单位3910名事业编制，共计核销事业编制1.8万个。中国出版集团转企改制后，市场竞争力和品牌影响力全国领先，图书年出版总量达到12901种，增幅176%，始终以7%的市场占有率在全国图书零售市场名列第一名，经济总量实现大幅度增长，综合实力显著增强，销售收入达到59.34亿元，增幅144%；利润总额达到4.16亿元，增幅154%；资产总额达到96.29亿元，增幅109%；所有者权益达到36.87亿元，增幅183%；集团公司还重组了中国民主法制出版社和华文出版社。

在转企改制过程中，积极推进出版资源跨地区跨部门战略性重组。继中国出版集团公司后，又成功组建了中国教育出版传媒集团公司和中国科技出版传媒集团公司等一批骨干文化企业。中华工商联合出版社、中国和平出版社、中国民主与建设出版社和中国致公出版社分别与吉林出版集团、江西出版集团、中南传媒和湖北知音集团实现了重组；读者出版集团完成了对新星出版社的增资扩股；红旗出版社与浙江日报报业集团资产重组设立了红旗出版社有限责任公司。

出版发行体制改革，极大地解放和发展了出版生产力。2011年，全国共出版图书37万种，较2002年增长了180%；长篇小说3500余种，较2002年增长了250%。图书、报纸出版发行都居世界第一位，电子出版居世界第二位，印刷业居世界第三位。

第三节
影视领域国有经营性文化单位转企改制情况

广电系统积极推进经营性单位转企改制，国有电影制片厂、电影公司、电影院线和有线电视网络公司等相继完成转企改制，有力促进了广播影视业的繁荣发展。

一、推进国有电影制片厂改革

改革前，一些国有电影制片发行放映单位虽然也进行了工商企业注册，但实际上其人员、资产、财务管理等各方面都是按照事业单位的办法运行。随着市场经济体制的不断完善，制约电影业繁荣发展的体制性障碍日益凸显，电影业改革发展作为文化体制改革的重要内容被摆上日程。按照中央的部署和要求，国家广电总局印发《关于加快电影产业发展的若干意见》，把推动国有电影制片单位转企改制列为广播影视改革重点，要求国有电影制片厂包括产、供、销三个领域的国有电影企业，转换体制和机制，加快成为发展电影产业的市场主体、主力军、战略投资者。明确要求全国38家国有电影制片厂，除3家（中国农业影视中心、八一电影制片厂、天山电影制片厂）经中央批

我国电影业进入跨越式发展的快车道，2011年电影票房131亿元，过亿元的国产电影20部，保持世界第三大电影生产国地位，国产电影票房占国内票房总额的53.6%。

准保留事业体制外，其余均须按时完成转企改制任务，不完成转企改制的制片单位，将被吊销《摄制电影许可证》。

截至2011年年底，35家应转企改制的电影制片厂已全部完成改革。中影、上影、长影、西影等六大新型电影集团公司，在市场竞争中重新焕发出新的生机与活力。中国电影集团公司通过业务重组、资产整合和产权制度改革，形成了影视创作生产、发行放映、境内外合拍影片管理、院线经营管理、数字影院的建设与管理、洗印加工、后电影产品开发等主业突出、多种产业门类共同发展的经营模式，生产规模、经营实力和融资能力不断增强，并以其巨大的有形和无形资产吸引社会资本和境外资本，投资主体更趋多元化，生产制作大投资影片的能力也大大增强，先后推出《赤壁》、《杜拉拉升职记》、《建国大业》、《建党伟业》等一系列思想性艺术性观赏性有机统一的优秀影片，取得了很好的商业回报。长影电影集团公司通过转企改制，大大增强了自身的造血功能和抗风险能力，集团公司实现了影视一体化的发展格局，还投资建立了长影世纪电影城、农村电影制作基地，形成了制、发、放一条龙的产业链条，改变了过去单一制片的局面，形成了以制片业为龙头，向电视业、旅游业、发行放映业拓展的产业发展格局。国内电影票房由2003年的票房10亿元上升到2011年的131亿元，连续9年保持25%以上的增长幅度，排名上升至世界第三。

国内电影票房2003年至2011年增长情况。

二、推进电影发行放映领域改革发展

一是严格按照中央有关要求，推动全国范围内886家电影公司、电影院完成转企改制。二是调整进口影片的供片机制，实行影片进口与发行分离。组建中影集团影片进出口公司，受委托承担对外国及港澳台影片的统一进口，同时履行选片、初审、送审、合同洽谈、报关缴税、支付结算、影片供应、票房统计及市场监管等部分管理职能。原来由中影集团独家享有的进口影片"引进权、发行权"，变成由中影集团负责进口片的引进，中影集团和华影公司竞争发行。三是减少发行层次，实行以院线为主的发行放映机制。改变按行政区域计划供片模式，变单一的多层次发行为以院线为主的一级发行，发行公司和制片单位直接向院线公司供片。四是以资本或供片为纽带，加快结构调整，推进院线组建。通过改革，促进了影院建设的进一步提速，从2002年的35条电影院线、872家影院、1581块银幕，发展到2011年的

39条、2800余家、9286块，仅2011年就增加3000多块银幕，我国电影呈现出健康快速的发展态势，正在进入"万块银幕"时代。

目前，全国电影院线经过资产重组、整合，其经营主体已经呈现出多元化发展格局，展现了旺盛的发展活力和广阔的市场空间。到2011年年底，北京万达、中影星美、上海联和、深圳中影南方新干线等4条院线的年票房收入均超过10亿元，一条院线的票房收入就超过了2002年全国所有院线的票房收入。排名第一的北京万达院线定位于抢占大中城市的高端市场，充分满足观众观影体验，现有IMAX银幕47块，2011年票房收入达到17.84亿元，连续第3年居全国第一，约占全国15%的市场份额。

三、推进广播电视传输网络改革发展

推进广电网络整合前，各地在管辖范围内以模拟信号技术为基础形成了各自的小范围网络，台网合一、事企不分，网与网之间相互隔离，省内形不成统一的大网，广电网络的功能无法充分发挥。2009年7月，广电总局印发《关于加快广播电视有线网络发展的若干意见》的通知，强调要抓住国家支持数字电视产业发展的有利契机，进一步深化文化体制改革，加快推进有线电视数字化整体转换工作。制定了有线电视数字化整体转换的规划和时间表，明确到2010年，直辖市和东、中部地区地市以上城市要实现有线电视数字化，东、中部地区县级城市和西部地区大部分县级以上城市，要基本完成有线电视数字化；到2015年，所有县级以上城市要基本完成有线电视数字化。2012年4月，广电总局下发《关于进一步加快有线电视网络整合和数字化、双向化改造工作的通知》，明确提出完成一省一网整合的目标：全省形成一个统一运营的市场主体，实现省、市、县三级贯通、互联互通；以资本为纽带实现资产、资本层面的整合，实现人、财、物的统一，实现政企分开；实现全省有线电视网络统一规划、统一建设、统

一运营、统一管理的目标。

各地加快推进有线电视网络整合，截至2012年9月，除西藏外，各省区市基本实现省、市、县三级贯通和统一规划、统一建设、统一运营、统一管理，为全国网络整合、实现互联互通打下了良好基础。同时，积极推进广播电视数字化双向化改造和三网融合，广播电视传输渠道和方式更加多样，服务范围、效率和质量跃上新台阶，实现了由小网向大网、模拟向数字、单向向双向、看电视向用电视的转变。一是大力推进有线电视网络数字化双向化改造和业务开发，截至2011年底，全国有线网络用户突破2亿户，有线电视数字化渗透率从2004年的不到1%，提高到56.7%，其中有1.1亿有线电视用户实现数字化，双向覆盖用户超过6600万、实际用户达到1600万，广播电视传输网络实现从模拟单向向数字化、网络化、交互化、全覆盖演进。二是积极筹备开办3D电视，组织研发相关技术标准，制定具体实施方案，培训相关技术人才，中央电视台等6家播出机构联合开办的3D试验频道于2012年1月1日顺利试播，2012年中央电视台春节联欢晚会、伦敦奥运会都尝试3D播出，取得非常好的社会效果。三是加快发展网络广播电视，全国共批准开办18家网络广播电视台、619家互联网视听节目服务单位，同时推动成立了中国网络视听节目服务协会。四是加快发展移动多媒体广播电视，目前已基本覆盖全国330多个地级以上城市，终端用户超过4500万，付费用户达到2000万。五是规范发展IPTV、手机电视、互联网电视等新业务，中央电视台已完成IPTV、手机电视集成播控平台建设，三网融合试点地区广电播出机构完成了IPTV集成播控分平台建设。 六是稳步推进下一代广播电视网（NGB）建设进程。广电总局牵头成立了16个NGB工作组，开展关键技术和系统的研发，计划在30个大中城市建设基于有线网络的下一代广播电视网示范工程。上海市作为首批NGB示范城市，截至2012年上半年已完成约300万用户的NGB网络改造，发展了近100万NGB高清交互用户，其中近30万用户开通了NGB宽带业务。同时，北京、杭州、重庆、南京、深圳、合肥、武汉、海南等8个城市也开展了NGB示范，发展了近500万NGB交互用户。七是大力推进三网融合进程。为贯彻国务院三网融合工作统一部署，广电有线网络加快基础设施升级改造，推进相关系统建设，努力提升数字双向化水平和业务承载能力，目前，第一批试点城市双向进入业务许可已经发放。第二批试点城市的有线网络积极制定试点实施方案，加快基础建设，为开展三网融合工作奠定基础。

第四节
国有文艺院团改革情况

文化系统积极探索、攻坚克难，推进一般国有文艺院团体制改革取得重大进展，为繁荣演艺市场奠定了坚实基础。

一、国有文艺院团改革的特殊性复杂性

长期以来，戏曲艺术在与市场结合、与观众互动、院团互唱对台戏的过程中，产生了丰富多彩的种类和流派。从京剧的发展来看，徽班进京200多年，先后形成了很多流派，包括广为人知的梅派、程派、马派等。这些特色鲜明、各有千秋的戏曲流派，都不是人为指定或主观设计出来的，而是各个剧团靠积极开发市场、与观众互动闯出来的，靠名角之间唱对台戏唱出来的。这样的发展过程，既揭示了院团兴旺发达的规律，也体现了戏曲繁荣发展的规律。但近几十年来，后继乏人、难以为继，局面尴尬，根子就在于把舞台艺术和市场、观众割裂开来的体制。

国有文艺院团改革是深化文化体制改革的难点之一，有自身的特殊性和复杂性。一是大部分文艺院团底子薄、体量小、包袱重。院团经费自给率长期徘徊在30%左右，70%的支出靠政府扶持，院团的年均演出收入不到30万元。演员演艺生命周期短，转岗再就业困难，经

营管理人才少，离退休人员较多，人员结构不合理。演出基础设施条件差，相当一部分设施陈旧，缺乏必要的演出条件。演出市场建设滞后，2005年前尚未形成全国性的演出院线。二是演艺市场发育不平衡，院团收入差距较大。从区域看，东部地区文艺院团年均演出收入是西部地区的40倍。从行政层级看，中央属院团年均演出收入是地方的16倍。从行业领域看，杂技、歌舞、话剧和部分地方戏曲有较好的市场需求，交响乐、歌剧、芭蕾舞以及一些地方剧曲种市场较小，难以形成有效的市场需求。三是受传统计划经济体制影响，国有文艺院团长期躺在政府怀里，大都缺乏市场意识，对转企改制大家顾虑较多，担心今后自身的利益得不到保障，等、靠、要的思想在一定范围内普遍存在。有的认为改革是因为政府"没有钱、养不起"，转企改制就是"政府卸包袱、推责任"；有的提出国有文艺院团尤其是承担非物质文化遗产保护任务的院团，一旦进入市场，势必会对文化遗产保护工作有所弱化，导致大量传统戏曲、曲艺消亡；有的担心一旦国有文艺院团变成企业，就会片面迎合市场，降低了艺术品质，对转企改制顾虑重重。在改革试点初期，文艺院团普遍存在"不想改、不敢改、不会改"的情况。

二、国有文艺院团改革的工作部署

根据中央的要求和部署，文化系统深入推进国有文艺院团体制改革工作，主要经历了三个阶段：一是试点探索阶段（2003年6月至2009年7月）。2003年6月，中央召开文化体制改革试点工作会议，研究部署了文化体制改革试点工作，全国国有文艺院团体制改革试点工作正式启动。2005年，中央正式下发《中共中央、国务院关于深化文化体制改革的若干意见》，强调除体现民族特色和国家水准的国有院团实行事业体制、由国家重点扶持，其他院团要逐步转制为企业。北京儿童艺术剧院等一批国有文艺院团先行先试，为改革工作的全面推开提供了新鲜经验。二是扩大试点阶段（2009年7月至2011年5月）。2009年7月，中宣部、文化部联合下发《关于深化国有文艺演出院团体制改革的若干意见》，明确提出把转企改制作为国有院团体制改革的中心环节，除新疆、西藏外，各省、自治区、直辖市和计划单列市、省会城市2009年年底前都要至少完成一家直属院团整体转企改制。2009年8月，在全国文化体制改革经验交流会上，进一步明确了文艺院团改革的"路线图"、"时间表"、"任务书"，为进一步统一思想，提高认识，深入推进国有文艺院团体制改革指明了方向。改革逐步向纵深发展，向面上展开。三是全面推开阶段（2011年5月至2012年6月）。2011年5月，经广泛调研摸底，中宣部、文化部理清了改革的基本思路，就是强调区别对待、分类指导。一方面，对国家重点扶持的京剧、昆曲院团，具有独立法人的交响乐团、芭蕾舞团、歌剧团、民乐团，民族地区服务世居少数民族的文艺院团等三类，一开始就提出允许保留事业体制。在研究磋商过程中，地方文化厅局也提出，希望列入非物质文化遗产的文艺院团和地方代表性戏曲院团也可保留事业体制。经过慎重研究，最终确定以上五类院团，可以保留事业体制，主要是深化内部改革，增强面向市场、服务群众的能力。另一方面，对其他地方国有一般文艺院团，明确提出要"转制一批、整合一批、撤销一批、划转一批"，在2012年上半年之前完成改革任务。为此，中宣部、文化部联合下发《关于加快国有文艺院团体制改革的通知》，改革进入攻坚克难、全面推进新阶段。2012年6月27日，文化部召开全国国有文艺院团体制改革工作座谈会，国有文艺院团体制改革阶段性任务基本完成，改革进入深化改革、加快发展的新阶段，提出转变思路，强化改革队伍、完善政策扶持，做好检查验收，做好总结表彰等工作要求。

三、国有文艺院团改革政策保障

针对文艺院团底子薄、包袱重、演艺市场发育不足等实际情况，为确保院团改革顺利推进，在中央文化体制改革工作领导小组的协调推动下，各地各部门遵循演艺业发展规律，积极借鉴国际上的一些有益做法，出台了一系列支持院团转企改制的政策措施：一是原有正常事业经费在一定期限内继续拨付，目前没有提出明确的期限，拨付的方式由原来的养人头变为养事业养项目；二是通过文化产业发展专项资金、宣传文化发展专项资金、政府采购、演出场次补贴、配备演出设备和场所、免征企业所得税等扶持院团发展；三是转制时在职职工按国家规定的连续工龄视同缴费年限，不再补缴基本养老保险费；四是通过建立企业年金、加发养老金补贴、补充医疗保险等多种方式解决转制人员退休待遇差；五是由财政为转制企业注入补足注册资本金，鼓励为转制院团配备演出场所，实行"一团一场"；六是坚持分流不下岗，为分流人员拓宽转岗途径，加强转岗培训等；七是鼓励艺术名家和其他演职员工以个人持股的方式参与转制院团的股份制改造等。

四、国有文艺院团改革的进展和成效

经过十年来特别是近三年的改革深化，文化系统思想观念不断解

一般国有文艺院团（不含保留事业体制院团）改革进展和演出收入增长情况。

河北大厂评剧歌舞团整体转制为国有独资公司后，始终不忘为广大农民提供健康、免费的精神食粮。图为2010年7月，公司文化惠民巡回演出现场。

放，进一步增强了改革创新意识和科学发展意识，国有文艺院团焕发出勃勃生机与活力，呈现欣欣向荣的繁荣景象。

1. 院团转企改制取得重大突破，重塑了演艺业体制新格局。截至2012年10月，全国文化系统一般国有文艺院团改革任务已基本完成。29个省区市2103家承担改革任务的国有文艺院团（不含保留事业体制院团）中，2102家已完成；其中，转企改制的占61.3%，撤销的占20.9%，划转的占17.8%。杂技、话剧、歌舞类院团基本实现全行业转企改制。与此同时，民营院团发展迅速，全国注册民营院团近9000家。经过多年努力，我国一般国有文艺院团初步建立起了与社会主义

2009年11月12日，中国东方演艺集团有限公司、中国文化传媒集团有限公司、中国动漫集团有限公司由经营性文化事业单位转制为国有独资公司。

市场经济体制相适应、有利于演艺业科学发展的体制机制。

2. 院团资源整合取得实质进展，促进了演艺发展方式的转变。演艺业向规模化、集约化、专业化发展，整体实力和市场竞争力显著提高。一方面，演艺企业资源整合力度加大，演艺院线发展迅速，国有骨干演艺企业不断涌现。目前已形成中演演出院线、保利院线两大全国性院线，北方剧院联盟、西部演出联盟、东部剧院联盟、长三角演艺联盟、珠三角演艺联盟五大省际联盟。中国东方演艺集团有限公司和北京、辽宁、江苏、上海等14个省（区、市）组建的省级演艺集团公司，成为演艺市场中坚力量。其中，北京、安徽、湖北省的演艺集团注册资本超亿元，中国东方演艺集团和北京、江苏演艺集团年收入超亿元。另一方面，演艺与旅游等相关产业的融合力度加大，推动了产业结构的转型升级。从1982年的《仿唐乐舞》起，以2004年推出

2003年，江苏演艺集团5名竞争主演《窦娥冤》的青年昆剧演员在比赛结束后一起交流。

的《印象刘三姐》为代表，到目前已经形成了《丽水金沙》、《时空之旅》、《梦幻腾冲》等旅游演艺剧目品牌，并取得了广泛的社会认可。以《宋城千古情》为例，每年有200多万海内外游客观看，年直接

经济效益达2亿多元。

3. 演艺产品评价激励机制日益健全，演艺创作生产取得社会效益和经济效益双丰收。把群众评价、专家评价和市场检验统一起来，形成科学合理的评价标准。修改文华奖评奖规则，明确除昆曲、歌剧、舞剧外，其他类别的剧目均需演出百场以上才有资格参与评选，演员也必须年均演出场次百场以上才有资格参与评选。出台《关于鼓励民营文艺表演艺术院团意见》，提出民营演出团体在全国性文艺评奖、文艺调演表彰活动中与国有文艺院团享受同等待遇。在新型评价激励机制的引导下，涌现出《复兴之路》、《1699·桃花扇》、《梦回长安》、《花木兰》、《月上贺兰》、《苦乐村官》、《红河谷》等一大批市场欢迎、群众喜爱的优秀作品。2011年全国文艺院团演出场次达155万场次，比2008年增加了64.5万场次，增长71.2%；演出收入达52.8亿元，比2008年增加了32.3亿元，增长157%。北京市演出市场发展迅猛，各类营业性演出由2006年不到1万场增加到2011年的2.1万场、观众人次由500万增加到1026万、总收入由4亿元增加到14亿元。

第五节
非时政类报刊单位转企改制情况

非时政类报刊出版单位体制改革，是中央各部门各单位出版单位体制改革顺利完成后，出版发行领域中央部署的又一重大改革任务。各地各有关部门紧紧围绕做大做强主流媒体这一重点，统筹规划、分类指导、突出重点，积极稳妥地推进非时政类报刊社转企改制，取得显著成效。

一、非时政类报刊单位转企改制的特殊性复杂性

非时政类报刊出版单位体制改革工作涉及面广、主管主办和资产管理情况复杂。长期以来，广大非时政类报刊出版单位自身的体制性障碍越来越突出："小、散、滥"普遍存在，资源分散、规模过小，整体实力不强；大多数报刊出版单位市场意识弱，部分单位甚至长期靠行政摊派、买卖报刊号维持生存，直接制约舆论引导力和影响力的增强；非时政类报刊数量庞大，出版单位性质多样，既分科技期刊、学术类期刊、财经类、都市类、生活类报刊，又有独立法人单位，还有相当一部分非独立法人编辑部，情况复杂；少数报刊主管主办单位不能很好履行管理职责，造成报刊内部管理松懈、出版导向有差错、从业人员缺乏职业精神和道德，有的报刊甚至成为部门和单位的"小

金库"，助长了不正之风。这些问题的长期存在，势必影响报刊业又好又快发展，不利于报刊出版传播能力的增强，非时政类报刊出版单位体制改革势在必行。相对于其他经营性文化单位，非时政类报刊具有更为鲜明的意识形态属性，这就决定了非时政类报刊改革有其特殊性复杂性，必须坚持统筹规划、分类指导、突出重点、稳步推进、分批实施，牢牢把握正确的改革方向，确保改革积极稳妥、有序进行。

二、推进非时政类报刊单位转企改制的工作部署

中央高度重视非时政类报刊出版单位体制改革工作。2009年11月，根据中央领导同志指示，中宣部改革办会同有关方面启动对非时政类报刊出版单位体制改革有关问题的研究。经过中宣部、新闻出版总署一年多的深入研究、反复修改，形成了非时政类报刊出版单位体制改革的意见送审稿报中央领导批准。2011年5月，中办、国办下发《关于深化非时政类报刊出版单位体制改革的意见》，明确了改革的目标任务、实施办法、政策保障和组织领导，成立由中宣部、新闻出版总署牵头，中纪委、中组部、中编办、中央直属机关工委、中央国家机关工委、财政部、人社部、审计署、国家税务总局、国家工商总局等部门为成员单位的非时政类报刊出版单位体制改革工作联席会议制度及办公室，指导推动该项工作。2011年6月，非时政类报刊出版单位体制改革工作联席会议召开第一次全体会议和非时政类报刊出版单位体制改革工作电视电话会议，对中央及地方的非时政类报刊出版单位体制改革工作进行了全面的动员和部署，要求定性已经明确、形成广泛共识的文化、艺术、生活、科普等类报刊要抓紧推进改革，专业技术性较强的行业报刊和隶属于企业法人的非时政类报刊，中央和省级、副省级、省会城市党报党刊所属的非时政类报刊，率先转企改制；本着积极稳妥的原则，晚报、都市类报刊暂不转制，财经类报刊改革方案须报中宣部、新闻出版总署批准；对于学术类、科技类报

刊，另行制定改革办法。同年7月，制订《关于非时政类报刊出版单位体制改革实施方案》，对改革总体思路、分批组织实施及转企改制的具体要求和工作步骤作了明确规定。2011年8月，确定了中央各部门各单位首批转企改制的非时政类报刊出版单位名单，并对地方首批非时政类报刊出版单位体制改革工作也做了相应部署；2012年上半年，草拟了第二批中央各部门各单位转企改制的非时政类报刊出版单位名单，要求各地方适时展开第二批非时政类报刊出版单位体制改革工作。同时，制定了《中央各部门各单位非时政类报刊出版单位转制工作基本规程》，确定了完成转企改制所需的工作环节和操作步骤；下发《关于规范地方报送非时政类报刊出版单位体制改革实施方案有关问题的通知》，制定了《中央各部门各单位非时政类报刊出版单位体制改革实施方案审批工作流程》、《关于报刊编辑部体制改革的实施办法》等文件。为使报刊出版单位能真正理解政策、吃透政策、用好政策，确实了解改革工作程序，有关部门编发了《中央各部门各单位非时政类报刊出版单位体制改革操作手册》和《中央各部门各单位非时政类报刊出版单位体制改革政策解读》，并举办了多期中央各部门各单位非时政类报刊出版单位体制改革政策培训班，及时宣讲政策，介绍改革工作流程和操作步骤，确保改革平稳有序。

三、非时政类报刊单位转企改制的进展与成效

截至2012年9月，全国3388种应转企改制的非时政类报刊已有3271种完成改革任务，占总数的96.5%，已基本完成中央确定的改革任务。为确保改革积极稳妥推进，各地加大督查力度，狠抓任务落实。安徽建立非时政类报刊出版单位联席会议办公室负责同志联系走访制度，并建立转制工作台账，每周通过电话、上门走访等形式，开展地毯式督查，重点督查进展较慢的单位，确保改革按既定要求、规定时间积极稳妥推进。吉林将包括非时政类报刊出版单位体制改革在

内的文化体制改革任务完成情况纳入政府绩效考核评价体系，实行评优一票否决制。同时，各地在充分用好中央有关政策的同时，结合实际出台一系列优惠措施。大部分省区市举办了非时政类报刊出版单位转制政策培训班，就财政税收、养老保险、工商注册等改革相关方面的政策进行宣讲。河北、黑龙江、江西明确提出，非时政类报刊改革参照国有文艺院团改革政策标准，转制时在编人员转制后平均工资水平不减，退休后事企待遇差由财政根据具体情况给予适当补贴。

各非时政类报刊社转企改制后，成效日益显现。读者杂志社转制为读者出版传媒股份有限公司后，年出版图书1900多种、期刊过亿册，核心产品《读者》月均发行量730万册。湖北知音传媒集团完成整体改制后，成为一家以期刊业为核心，集动漫、图书发行、教育、印刷等多元化经营为一体的国有文化企业，总资产11.2亿元、净资产9.7亿元、年经营收入5.4亿元、净利润近1亿元，经济规模居全国期刊企业前列，其主办的杂志《知音》、《知音漫客》、《新周报》月发行量均过百万，社会影响力日增。山西《英语周报》转企改制为有限公司后，基本形成了主业突出、集群发展的框架，产业规模逐步扩大，成为全国英语教辅类报刊中的品牌企业。

针对非时政类报刊数量过多、资源分散的突出问题，各地把行政推动和市场运作结合起来，积极推进报刊资源重组和结构调整，优化了报业结构，提高了报业集中度。山西整合现有优势报刊出版资源，在党报、出版、教材教辅、科技、医药等领域整合43家报刊，组建成立5家大型报刊传媒集团，同时，整合30家报刊组建成立8家专、精、特、新的现代报刊传媒企业，形成富有活力、差异化竞争的优势报刊产业群。四川整合非时政类报刊资源，组建了四川期刊传媒（集团）股份有限公司。江苏、浙江、云南等地鼓励和推动无独立法人资格、不能单独转企改制的非时政类报刊，整合进入省市党委机关报或出版集团。重庆、辽宁等地对报刊综合质量进行评估，对评估结果较差的报刊实行退出，并将调整出来的刊号用于改办社会经济文化发展亟需的报刊。

第六节
重点新闻网站转企改制情况

重点新闻网站是党和国家的重要宣传阵地、参与国际舆论竞争的重要力量、繁荣发展中国特色网络文化的重要平台。近年来，重点新闻网站以改革创新为动力，坚持以先进技术传播先进文化，以正确导向引领网上舆论，以多种手段提供优质服务，不断扩大在海内外的影响，为我国改革开放和现代化建设营造了良好的舆论氛围。

一、重点新闻网站转企改制的重要性紧迫性

当今世界，互联网对政治、经济、文化、社会的影响越来越大，各种社会思潮不断在网上汇聚，各种思想文化交流、交融、交锋更加频繁，面对错综复杂的网上形势，迫切需要打造导向正确、影响广泛的网上舆论阵地，进一步发挥重点新闻网站在网上舆论引导中的主导作用。我国互联网正处在新的发展转型期，新技术、新业务、新应用层出不穷。国内商业网站凭借灵活的市场机制、融资机制和用人机制，规模和影响越来越大。境外大型互联网企业凭借人才、技术、资金等优势，通过各种方式抢占中国市场。重点新闻网站面临着更加激烈的市场竞争和巨大的生存压力。同时，我国重点新闻网站建设初期

多采取事业单位企业化运作的方式，凭借新闻单位的信息资源和人力资源获得了巨大发展，但原有体制机制日益不适应发展需要，技术应用落后、竞争意识缺乏、资金投入不足等成为制约重点新闻网站发展的主要瓶颈。必须克服体制、机制上的弊端，进一步增强重点新闻网站的活力，提升网站的综合实力。加快重点新闻网站转企改制，关系到能否在互联网新技术应用层出不穷和互联网激烈竞争的大潮中获得更大的发展，关系到能否进一步巩固和壮大网上宣传思想文化阵地，关系到能否形成与我国经济社会发展水平和国际地位相称的媒体传播能力，是一项十分重要和紧迫的任务。

二、重点新闻网站转企改制的工作部署

2008年4月召开的全国文化体制改革工作会议提出，抓紧研究制定重点新闻网站改革方案，选择几家单位进行转企改制试点，为下一步改革积累经验。2009年中央要求积极推动人民网、新华网、央视网等重点新闻网站转企改制，通过资本运作等方式迅速壮大实力。2012年出台的《国家"十二五"时期文化改革发展规划纲要》强调要循序渐进、逐步推开，推进新闻网站转企改制。

在中央文化体制改革工作领导小组领导下，在中央外宣办的推动下，重点新闻网站转企改制大致分三个阶段。从2007年11月到2009年8月为酝酿准备阶段，中央外宣办成立工作小组专项研究重点新闻网站转企改制，拟选择一批经营效益好、有发展潜力的重点新闻网站作为转企改制试点备选单位。从2009年9月到2011年4月为试点工作阶段，着力推进人民网、新华网、央视网等3家中央重点新闻网站和北京千龙网、上海东方网、天津北方网、山东大众网、四川新闻网、湖南华声在线、浙江在线等7家地方重点新闻网站转企改制。2011年4月以后为全面推开阶段，中央外宣办印发了全面推进新闻网站转企改制的

意见，明确用一至两年时间，完成中央和省属新闻网站的转企改制工作，进一步推动新闻网站做大做强做优，积极吸纳国有或国有控股企业投资入股新闻网站，积极扶持和推动新闻网站在国内上市，鼓励新闻网站通过兼并等方式实现跨越式发展。

三、重点新闻网站转企改制取得积极成效

截至2012年9月，中央和全国29个省区市（不包括新疆、西藏）应转企改制的重点新闻网站中，80%以上已完成和基本完成改革任

人民网转企改制后，连续3年营业收入年增长率超过30%，2011年的净利润是2008年的10倍。

务，其他网站将按计划完成全部改革任务。

转企改制使重点新闻网站成为独立的市场主体，发展活力明显增强。人民网转企改制后，连续3年营业收入年增长率超过30%，2011年的净利润是2008年的10倍。2012年4月27日，人民网股份有限公司在上海证交所成功上市，成为第一家在国内A股上市的新闻网站。新华网在2010年营业收入大幅度增长到1.9亿元的基础上，2011年营业收入同比增长超过40%。上海东方网2011年实现营业收入2.63亿元，税后净

利润8000万元，同比都增长了50％以上。华声在线2008年的营业收入仅为2000多万元，利润约300万元，转企改制后连续两年实现营业收入翻番，2011年营业收入2.13亿元，利润超过4700万元。山东大众网2011年实现收入4500万，比改制前的2009年增加近4000万。

转企改制后，各重点新闻网站积极推进内容创新，围绕主业开展多元经营，影响力和竞争力不断提升。人民网积极开拓地方频道、舆情监测、多媒体视频以及全媒体数据库等新的业务领域，打造新的业务增长点。新华网大力拓展和培育移动互联网产业链，新推出的新媒体产品和一批频道获得社会效益和经济效益双丰收，支撑了广告收入的85％。大众网手机报收费订阅用户达230万，"掌上大众网"上线后呈现出强劲的发展态势。华声在线通过新建的户外新媒体、呼叫中心及基于报网融合互动的购物平台，逐步向相关领域拓展，营利能力大幅提升。

第一节　加快发展文化产业的重要意义和主要要求

第二节　构建现代文化产业体系

第三节　推进文化产业所有制结构调整

第四节　加快推进文化科技创新

第五节　培育现代文化市场体系

第六章
加快文化产业发展

　　加快发展文化产业，是新世纪新阶段中央作出的一项重大战略决策。中央先后作出了一系列重要论断和部署，明确了加快发展文化产业的重要意义、总体思路、目标任务和原则要求，充分体现了我们党坚持在改革中总结探索、在实践中发展创新的文化自觉。十年来，随着文化体制改革的深入推进，我国文化产业的发展环境不断优化，总体规模和实力不断壮大，呈现出健康向上、蓬勃发展的良好态势，正在逐步推动成为国民经济支柱性产业，有力推动了社会主义先进文化的繁荣发展。

第一节
加快发展文化产业的重要意义和主要要求

一、加快发展文化产业的重要意义

1. 加快文化产业发展，有利于满足人民群众多样化、多层次、多方面的精神文化需求。满足人民群众日益增长的精神文化需求，是文化建设的根本任务。人民群众的文化需求可以分为两部分，一部分是体现人民群众文化权益的基本文化需求，另一部分是多样化、多层次、多方面的文化需求。长期以来，受传统体制机制和观念的影响，人民群众的精神文化需求主要靠政府及其所办的文化事业单位来提

河南民权县王公庄被誉为"中国画虎第一村"。

供，文化产业和文化市场发育程度低，不能很好地满足人民群众日益增长的多样化、多层次、多方面的精神文化需求。随着经济条件的宽裕、教育水平的提高、闲暇时间的增多，人民群众的消费正由生存型、温饱型向小康型、享受型转变，但从总体上看，我们能够提供的文化产品和服务还不适应人民群众的文化消费和精神需求数量快速增长、层次不断提高的新特点，这就要求在加快发展公益性文化事业的同时，必须大力发展经营性文化产业，创作生产更多更好的文化产品，切实解决文化产品供需矛盾和"结构性短缺"突出问题。

2. 加快文化产业发展，有利于更好地尊重市场经济规律、通过市场竞争激发文化发展活力。随着社会主义市场经济体制的不断完善，文化的发展越来越离不开市场，文化与市场的接轨已经成为文化发展的必然趋势。长期以来，我们习惯于用计划经济的手段办文化，严重抑制了文化发展的活力。只有加快发展文化产业，建立健全现代文化市场体系，让文化生产要素在市场中高效流通和配置，充分发挥市场在文化资源配置中的积极作用，才能形成强大的产业优势和发展活力；让经营性文化单位成为合格的市场主体参与市场竞争，才能更好地利用丰富的市场资源做大做强；让文化产品真正成为市场上的商品，变为广大群众的消费，才有可能最大限度地实现产品的文化功能，实现社会效益和经济效益的有机统一。运用符合市场经济的思路、办法、手段来推动文化发展，借助市场的力量生产制作优秀文化产品、扩大先进文化的影响，迫切需要加快发展文化产业。

3. 加快文化产业发展，有利于更好地促进文化与科技融合、积极占领文化发展的制高点。近年来，以信息技术为核心的高新科技在文化领域的应用越来越广泛，越来越成为撬动文化发展的强大杠杆和重要引擎。文化产业处在市场竞争与科技创新的前沿，在运用最新科技成果发展文化和推动文化科技创新方面具有天然的敏感和优势。能不能抓住科技发展进步的难得机遇、加快推进文化与科技的融合，关键是要加快发展文化产业，集成资源、集聚优势，切实提高产业的集中度，建立健全以企业为主体、市场为导向、产学研相结合的文化创新体系，不断提升文化与科技融合的效率，用先进技术改造提升传统文化产业，大力发展新兴文化业态，形成新的文化创造力和竞争力，让文化借助科技的翅膀飞得更高更远。

4. 加快文化产业发展，有利于调整经济结构、转变经济发展方式。文化产业是文化与经济相互交融的集中体现，文化的经济功能很大程度上通过文化产业体现。文化产业具有优结构、扩消费、增就业、促跨越、可持续的独特优势和突出特点，是一个朝阳产业、绿色产业，对促进经济增长、提升经济发展质量、推动经济发展方式转变发挥着重要作用。在调整经济结构方面，文化产业是现代服务业的重要组成部分，既为生活服务，又为生产服务，是经济结构调整的重要支点。抓住文化产业，就抓住了经济结构和产业结构调整的突破口。在扩大内需方面，文化产业与物质生产和服务业相融合，可以有效提高物质产品和服务业的文化含量与创意附加值，促进消费升级；同时，对文化自身的需求也是内需的重要方面，文化产品和服务可以形成新的消费需求和消费热点，直接拉动消费的增长，挖掘文化消费潜力、拓展文化消费空间，已成为扩大内需的重要引擎。按国际经验测算，我国每年文化消费可达4万亿元，但实际消费只有1万多亿元，巨大的文化消费潜力和产业发展空间有待挖掘。在可持续发展方面，文化产业资源消耗低、环境污染小、科技含量高、发展潜力大，市场需求强、消费空间大，开发价值高、投资机会多，对建设资源节约型、环境友好型社会的作用日益凸显。推动经济社会科学发展、加快转变经济发展方式，开辟发展的新途径新空间，迫切需要文化产业有一个更大发展。

5. 加快文化产业发展，有利于推动中华文化走出去。文化产业承载着一个国家的文化理念、文化价值和文化追求，反映着一个国家的文化软实力。当今世界思想文化交流交融交锋趋势更加明显，一些西方发达国家更加注重通过文化产业、借助文化产品，输出其价值观念和生活方式。近年来，美国一直控制着世界主要的电视和广播节目制作，每年向国外发行的电视节目总量达3万小时，并占有世界2/3的电影市场总票房。我们要在激烈的国际竞争中赢得主动，扭转文化贸易逆差，维护国家文化安全，就必须加快发展文化产业，增强我国文化的整体实力和国际影响力。与此同时，随着我国综合国力的不断增强和国际影响的日益提升，国际社会对中国发展道路和发展模式更加关注，了解中华文化和我国科学发展的愿望更加强烈，我国所承载的国际期待和国际责任明显加重，迫切需要我们加快发展文化产业，统筹国际国内两个市场、两种资源，积极探索市场化、产业化的运作手段，以企业为主体、以文化贸易为主要方式，推动更多的文化产品和服务走出去，参与国际竞争、形成特色品牌，不断扩大中华文化影响力，增强国家文化软实力。

二、加快发展文化产业的主要要求

1. 关于文化产业概念。世界各国和国际组织根据自身实际及发展重点，对文化产业的概念有着不同的提法和理解，比较有代表性的有以下四种：一是文化产业。联合国教科文组织文化统计框架将文化产业定义为"包含创作、生产、销售'内容'的产业"，一般包括印刷、出版、多媒体、视听、录音和电影制品、手工艺品和工艺设计等行业。芬兰、韩国、加拿大等国使用这一概念。二是创意产业。英国将创意产业定义为："源于个人创造性、技能与才干，通过开发和运用知识产权，具有创造财富和就业潜力的行业。"具体包括广告、建筑、艺术品与古董市场、工艺、设计、流行设计与时尚、电影及录像带、休闲软件与游戏、音乐、表演艺术、出版、软件及计算机服务、广播电视等行业。新西兰、新加坡等国也使用这一概念。三是文化创意产业。我国香港特区政府将"创意产业"称为"文化及创意产业"，强调要通过设计、包装、形象和广告等手段，提升产品和服务的附加值。我国台湾地区也提出发展文化创意产业，具体包括视觉艺术、音乐与表演艺术、电影、广播电视、出版、广告、数字休闲娱乐、创意生活、建筑设计等13类。四是版权产业。美国国际知识产权联盟使用这个概念来计算该产业对美国经济的贡献，包括核心版权产业、部分版权产业、边缘版权产业和交叉版权产业四类。总的看，世界主要国家和国际组织对文化及相关产业的定义各有不同，使用范围宽窄不一，尚未形成完全统一的严格标准。

改革开放特别是党的十四大以后，随着社会主义市场经济的发展，我国文化领域经营活动越来越多，为了适应市场经济管理要求、合法依规开展经营活动，许多经营性文化单位进行了企业注册，实行事业单位企业化管理，但其体制并未根本改变，仍按事业管理，具有双重属性的特点。同时，业界开始围绕"文化艺术生产"、"文化经济"、"文化产业"等问题进行研讨，少数地方开始使用文化产业概念。总体上看，这一时期关于文化产业的主体定位、具体范围、指标体系、财税政策、管理规范等，还没有在国家政策的层面上予以明确，在整个国民经济发展中并没有确定真正意义上的文化产业。2000年，党的十五届五中全会在研究制定"十五"经济社会发展规划时，认真吸收有关调研成果及宣传文化部门的建议，第一次在党的中央全会文件中使用文化产业概念，提出要推动有关文化产业发展。中宣部等有关部门在深入调研、综合各方面意见基础上，提出推动文化产业发展的一系列思路举措，文化产业逐步引起社会各方面的关注，有了较大的发展。

2002年，党的十六大在部署文化体制改革时，第一次科学划分了文化事业和文化产业，明确阐述了二者既相互联系又相互区别的辩证关系，强调一手抓公益性文化事业、一手抓经营性文化产业，把文化产业作为文化建设发展的重要方面突出出来，实现了文化建设思路上的重大突破，在文化产业发展历程中具有里程碑意义。2003年至2004年，中宣部会同国家统计局等有关部门组织开展文化产业统计课题调研，从经济社会发展全局的角度，第一次明确将文化产业定义为"为社会公众提供文化、娱乐产品和服务的活动，以及与这些有关联的活动的集合"，确定了文化产业的三个层别："核心层"主要包括新闻服务、出版发行和版权服务、广播电影电视服务以及文化艺术服务等；"外围层"主要包括以互联网信息为主的网络文化服务，以旅游、娱乐为主的文化休闲娱乐服务和以广告、会展、文化商务代理为主要内容的其他文化服务等；"相关层"主要包括文化用品、设备及相关文化产品的生产和销售活动。随着文化改革发展的深入推进和高新科技对文化生产生活的巨大影响，文化产业的具体内涵也不断丰富和调整。2006年《国家"十一五"时期文化发展规划纲要》提出要重点发展九大文化产业，2009年《文化产业振兴规划》进一步将九大文化产业调整为：文化创意、影视制作、出版发行、印刷复制、广告、演艺娱乐、文化会展、数字内容和动漫等产业。2012年《国家"十二五"时期文化改革发展规划纲要》明确提出，要发展壮大出版发行、影视制作、印刷、广告、演艺、娱乐、会展等七大传统文化产业，加快发展文化创意、数字出版、移动多媒体、动漫游戏等四大新兴文化产业。在调研、论证基础上，2012年国家统计局印发《文化及相关产业分类（2012）》，将文化及相关产业定义为"为社会公众提供文化产品和文化相关产品的生产活动的集合"，主要包括新闻出版发行服务、广播电视电影服务、文化艺术服务、文化信息传输服务、文化创意和设计服务、文化休闲娱乐服务、工艺美术品的生产、文化产品生产的辅助生产、文化用品的生产、文化专用设备的生产等十个大类。为规范统计口径，保持政策的稳定性、持续性和发展的协调性、科学性，国家相关部门经认真听取有关方面意见，明确今后正式文件、正式活动中将统一使用这一文化产业概念。

2. 加快文化产业发展的有关部署。党的十六大明确区分文化事业和文化产业，强调"两手抓"、"两加强"，对文化产业发展具有里程碑的意义。2005年，中央出台《中共中央、国务院关于深化文化体制改革的若干意见》，把形成以公有制为主体多种所有制共同发展的文化产业格局作为改革的一项重点任务。同年，国务院下发《关于非

新兴出版传媒产业快速增长，出版业的数字化、信息化建设取得长足进步。图为中国移动手机阅读基地。

公有资本进入文化产业的若干决定》，鼓励和引导非公资本进入文化产业领域。2006年，中央发布《国家"十一五"时期文化发展规划纲要》，明确了"十一五"时期文化产业发展的重点任务、重大工程和重要举措。党的十七大从增强国家文化软实力、兴起社会主义文化建设新高潮、推动社会主义文化大发展大繁荣的战略高度，强调要大力发展文化产业。2009年，结合应对国际金融危机的严峻形势，继十大产业振兴规划后，国务院颁布了《文化产业振兴规划》，这是我国第一部指导文化产业发展的专项规划。2010年3月，中办、国办转发《中央宣传部关于党的十六大以来文化体制改革及文化事业文化产业发展情况和下一步工作意见》，强调加快推进文化产业发展，把文化产业培育成为推动我国经济发展方式转变的战略性新兴产业。2010年10月，党的十七届五中全会第一次明确提出，要推动文化产业成为国民经济支柱性产业。2011年10月，党的十七届六中全会对当前和今后一段时期文化产业发展进行了安排部署，为在新的历史起点上推动文化产业又好又快发展指明了方向、提供了遵循。

推动文化产业成为国民经济支柱性产业

为落实中央的工作部署，各有关部门出台了一系列推动文化产业发展的文件。文化部于2003年9月印发《关于支持和促进文化产业发展的若干意见》，2005年10月印发《关于鼓励、支持和引导非公有制经济发展文化产业的意见》，2008年8月印发《关于扶持我国动漫产业发展的若干意见》，2009年6月印发《关于促进民营文艺表演团体发展的若干意见》，2009年8月会同国家旅游局印发《关于促进文化与旅游结合发展的指导意见》，2009年9月印发《关于加快文化产业发展的指导意见》，2011年4月印发《关于推进文化企业境内上市有关工作的通知》，2012年2月印发《文化部"十二五"时期文化产业倍增计划》，2012年6月会同有关部门印发《关于鼓励和引导民间资本进入文化领域的实施意见》。广电总局2003年12月印发《关于促进广播影视产业发展的意见》，2004年1月印发《关于加快电影产业发展的若干意见》，2004年4月印发《关于发展我国影视动画产业的若干意见》，2005年4月印发《关于推进广播电视有线数字付费频道运营产业化的意见》，2009年8月印发《关于加快广播电视有线网络发展的若干意见》。2010年初，国务院下发《关于促进电影产业繁荣发展的指导意见》。新闻出版总署2009年印发《关于进一步推进新闻出版体制改革的指导意见》，2010年印发《关于进一步推动新闻出版产业发展的指导意见》、《关于发展电子书产业的意见》、《关于加快我国数字出版产业发展的若干意见》，2012年2月印发《关于加快出版传媒集团改革发展的指导意见》。2010年4月，中宣部、财政部、中国人民银行、文化部等部门联合下发了《关于金融支持文化产业振兴和发展繁荣的指导意见》。2012年5月，科技部、中宣部等部门联合下发《文化科技创新工程纲要》。这些文件都对引导、支持和规范文化产业发展起到了很好的推动作用，在实践中取得了较好的效果。

3. 加快发展文化产业的基本思路。高举中国特色社会主义伟大旗帜，以科学发展观为指导，牢牢把握社会主义先进文化前进方向，紧紧围绕科学发展主题和加快转变发展方式主线，以企业为主体，以市场为导向，以改革创新和科技进步为动力，以壮大实力、提高竞争力为核心，以满足人民群众多样化多层次多方面精神文化需求为目标，加大改革力度、加快发展步伐、提高质量效益，构建结构合理、门类齐全、科技含量高、富有创意、竞争力强的现代文化产业体系，努力推动文化产业成为国民经济支柱性产业。

4. 加快发展文化产业的基本要求。文化产业既具有一般产业属性、更具有意识形态属性，既离不开市场、又不能完全依靠市场。加快发展文化产业绝不是只注重市场规律而不遵循文化发展规律，更不能把文化产业的发展随意夸大或简单理解为文化产业化或文化市场化，切不可以文化产业替代整个文化发展，也不可将文化产业与文化事业完全割裂开来。在发展实践中，始终把握以下五条：一是坚持以社会主义先进文化为引领，大力传播社会主义先进文化，把社会效益放在首位、社会效益和经济效益相统一，自觉践行社会主义核心价值体系，改革完善文化产品评价体系，有效引导创作生产，牢牢把握文化产业发展整体方向。二是坚持把科学发展观的要求贯穿到文化产业发展的各个方面，改变不符合科学发展要求的思想观念、体制机制和做法，坚持统筹兼顾，统筹城乡、区域文化发展，统筹国内国际两个大局，积极开拓国内国际文化市场，使文化产业发展真正做到结构好布局好效益好。三是坚持内容为王，大力实施文化精品战略，继续推进文化内容创新，推动内容产业与相关产业融合发展，丰富内容产业发展内涵外延，提升内容产品的品牌价值和附加值，加强推广营销力度和知识产权保护力度，通过加快发展内容产业切实增强我国文化产业的核心竞争力。四是坚持因地制宜，从实际出发，科学制定文化产业发展战略，以特色化、差异化为突破口，学习借鉴世界优秀文化，积极推动中华民族文化繁荣发展，走中国特色文化产业发展道路。五是坚持以体制改革和科技创新为动力，继续推进体制机制创新，解决制约文化产业发展的深层次矛盾和问题，着力破除制约文化产业科学发展的体制性障碍，不断增强文化产业发展活力；深入实施科技带动战略，大力推进文化与科技融合，继续推动文化科技创新，增强文化产业的科技含量和自主创新能力，抢占文化发展制高点，形成新的文化创造力和竞争力，实现文化产业跨越式发展。

第二节
构建现代文化产业体系

推动文化产业跨越式发展，现代文化产业体系是重要支撑。各地各部门积极发展传统文化产业，加快发展新兴文化产业，不断提高文化产业规模化、集约化、专业化水平，推动文化产业与其他产业融合发展，初步形成了现代文化产业体系，有力提升了文化产业的整体规模和实力。2004年以来，文化产业年均增长20%以上，高于全国经济增速。2011年我国文化及相关产业法人单位增加值为13479亿元，占国内生产总值GDP的比重达2.85%；文化产业法人单位增加值占GDP比重从2004年的2.1%增至2011年的2.85%，展现出成长为国民经济支柱性产业的巨大潜力。

2004—2011年我国文化产业增加值测算情况。

注：2004—2008年的测算范围包括法人单位、产业活动单位和个体户，从2009年以后测算文化产业单位增加值。

一、推动传统文化产业升级发展

传统文化产业包括出版发行、影视制作、印刷、广告、演艺、娱乐、会展等，是文化产业的基础和主干。各部门研究制定和出台了一批政策文件，确定了重点发展的文化产业门类，推动实施一批具有战略性、引导性和带动性的重大文化产业项目，有力地推动了传统文化产业升级发展。

1. 推动出版发行业结构调整和优化升级。贯彻落实《关于进一步推动新闻出版产业发展的指导意见》，重点发展连锁经营、现代物流和网络书店等现代出版物流通系统，发展高新技术印刷、特色印刷和光盘复制业。经过十年的发展，我国已经成为世界出版大国，图书、期刊、报纸等纸介质传统出版物印数连创历史新高，发展空间仍在拓展。2011年，全国共出版图书37万种，较2010年增加4.1万种，增长12.5%，达到历史最高水平，较2002年增长了180%；全国期刊总印数32.9亿册，较2010年增加0.7亿册，增长2.2%，较2002年增长了11.5%，期刊结构得到明显优化，14种期刊平均期印数超过100万册；全国报纸总印数467.4亿份，较2010年增加15.3亿份，增长3.4%，较2002年增长27%，26种报纸平均期印数超过100万份，其中党报及其子报占到半数以上。其中，图书、报纸出版发行居世界第一位，电子出版居世界第二位，印刷业居世界第三位。2011年出版产业总产出达到14568.6亿元。

2. 推动影视内容产业加快发展。按照国务院《关于促进电影产业繁荣发展的指导意见》，着力提升电视剧、非新闻类电视节目和电影、动画片生产能力，扩大影视制作、发行、播映和后产品开发，增加数量、提高质量。经过十年的发展，我国已经成为影视大国。电影故事片产量从2002年的不足百部上升到2011年的558部，较2002年增长458%；票房131亿元，较2002年增长13.5倍，过亿元的国产电影 20 部，保持世界第三大电影生产国地位，国产电影票房占国内票房总额 53.6%。持有《广播电视节目制作许可证》机构从 2002 年的 886 家增长到 2011 年的 4678 家。影视动画产量从 2005 年的 4.2 万分钟增加到 2010 年的 22 万分钟，增长 4 倍以上，较 2002 年增长 18.3 倍；电视剧产量达 1.4 万集，居世界第一，较 2002 年增长 15%。"十一五"期间广播电视收入年均增长 20%，2010 年达到 2238 亿元，较 2002 年增长 335%。城市影院从 2005 年的 2600 多块银幕增加到 2010 年的 6500 多块，增长 150%。

3. 推动演艺、娱乐、艺术品交易、广告业转型发展。认真贯彻落实《关于支持和促进文化产业发展的若干意见》、《关于鼓励、支持和引导非公有制经济发展文化产业的意见》以及《文化部"十二五"时期文化产业倍增计划》等，重点推进营业性演出单位资产重组，发展演艺经纪商，加强演出协作网络建设；鼓励连锁娱乐企业的发展，运用高新技术改造传统娱乐设施，发展电子娱乐业，创新娱乐业态。经过十年的发展，演艺、娱乐、艺术品等传统文化产业在转型中焕发出新的生机与活力。2011 年，中国演出市场共实现演出场次 113.8 万场，并产生了 239.8 亿元的产业价值。2011 年，全国娱乐市场规模达 566 亿元，较 2002 年增长 177.4%，大众化消费特征逐步显现，人民群众参与程度日渐普遍。艺术品市场发展迅猛，2011 年我国艺术品市场交易总额为 1959 亿元，成为世界最大的艺术品交易市场之一，较 2002 年增长 415 倍。发挥各类媒体的作用，积极促进广告业健康发展，广告营业总额保持较快增长势头。

4. 推动文化会展业健康有序发展。重点支持覆盖全国并具有国际影响的文化会展，使文化会展业成为促进我国文化产业发展的重要平台。创办中国（深圳）国际文化产业博览交易会、中国国际广播影视博览会、中国国际广播电视信息网络展览会、北京国际图书博览会、全国图书交易博览会、上海国际电影电视节、中国国际动漫游戏博览会、中国西部文化产业博览会等博览会。完善办展机制，加大海外招

2012年5月18日，第八届中国（深圳）国际文化产业博览交易会在深圳国际会展中心开幕。

商力度，鼓励境内外优质文化企业参展，中国（深圳）国际文化产业博览交易会逐步成长为国家级、综合性、具有国际影响力的文化交易平台，参与企业数量从2004年首届的700余家，增加到2012年的1928家，成交额从2004年的356.9亿元，提高到2012年的1435.51亿元。办好2008年北京奥运会、2010年上海世博会的相关文化活动及会展。

　　5. 积极推动文化与旅游、休闲等产业融合发展。适应文化与其

文化与旅游结合，为山东台儿庄古城转型打开了一扇窗。

他产业相互交融的新形势，积极推动文化产业与旅游、休闲等产业融合发展。2005—2010年文化旅游业累计直接就业91.2万人、间接就业371.1万人，综合收入超过4000亿元。2011年，红色旅游接待游客5.4亿人次，占国内旅游人数的20.5%，成为一项名副其实的政治工程、经济工程、文化工程和富民工程。2010年10月，文化部与国家旅游局联合举办首届中国国际文化旅游节；2012年8月举办中国国际文化休闲周。推动文化与旅游交融对接，与体育、信息、物流、建筑等产业融合发展，既有效化解了文化企业担保融资难、文化产品评估质押难、文化产权估值认定难问题，拓展了文化产业的发展空间，也为这些相关产业带来新的利润增长点。

二、加快发展新兴文化产业

新兴文化产业与现代科技发展紧密相关，是文化产业中最具潜力的部分，也是我国文化产业发挥后发优势、实现赶超的关键所在。各地各部门加快推动文化产业结构调整，着力推进文化资源、生产、传播数字化，大力发展文化创意、数字出版、移动多媒体、动漫游戏，不断提升新兴文化业态的比重，增强文化产业的核心竞争力。

1. 加快构建现代数字出版产业新格局。 十年来，我国数字出版业始终保持快速增长态势，新形态、新产品和新服务不断涌现，形成了包括电子图书、数字报纸、数字期刊、原创网络文学、网络教育出版物、网络地图、数字音乐、网络动漫、网络游戏、手机出版物以及基于各种移动终端的数字出版物等在内的较为完备的数字出版体系。

陕西广电网络传媒股份有限公司形成视频、数据、信息三位一体的产业价值链。

数字出版产业总产值从 2006 年的 213 亿元，增长到 2011 年的 1378 亿元，年均增幅接近 50%。其中手机出版、网络游戏出版和互联网广告三项产值占数字出版总产值的 90% 以上。2011 年数字出版总产出占新闻出版业总产出比例接近 10%，已成为新闻出版产业重要的经济增长点。

2. 加快发展广播电视和移动多媒体产业。十年来，广播电视（CMMB）已完成 330 多个地级以上城市的基础覆盖网络建设，城市信号覆盖率达到 98.22%，形成了庞大的网络覆盖。手机电视、网络电视、IP 电视正在成为人民群众收看电视的新途径。电影数字化在制作、存储、发行、放映领域实现了全面突破，数字拍摄影片超过总量的 2/3，多层次数字电影发行放映体系进一步完善，数字放映成为发展主流。

3. 加快发展动漫和网络游戏产业。十年来，我国动漫和网络游戏产业迅速崛起，动漫产业总产值从"十五"期末不足 100 亿元，到"十一五"期末达 470.84 亿元。2007 年至 2010 年，动漫产业产值年均增速达到 48.25%，漫画出版物从 8200 万册增长到 3.47 亿册，电视动画从 82300 分钟增长到 26 万分钟，比 2002 年增长 21.8 倍，跃居世界前列。"十一五"期间，动画电影从 12 部增长到 27 部，新媒体动漫从不到 2 万件增长到十几万件，国产原创动漫产品已经占据国内市场主导，涌现了"四大名著"系列漫画、《兔侠传奇》、《三国演义》、"喜羊羊与灰太狼"等优秀品牌，受到了群众的喜爱和市场的认可。2011年，网络游戏（包括互联网游戏和移动网游戏）市场规模为 468.5 亿元；全国网吧 14.6 万家，市场规模为 619 亿元；网络音乐相关企业 452 家，市场规模为 309 亿元。

4. 加快推动文化创意产业发展。十年来，我国大力推进广告产业发展，加快推进多媒体、动漫游戏等软件开发服务，推进房屋建筑工程、室内装饰设计、风景园林工程设计等建筑设计服务，推进平面设计、服饰设计等专业化设计服务，创意能力和水平大幅提升。实施中国广告业企业资质认定工作，网络广告等新兴广告媒体发展迅猛，涌现出一批知名广告内容提供商，广告业整体发展水平得到极大提升。2011年全国广告经营单位达到29万余户、广告从业人员167万多人、广告经营额3125亿元，分别比上年同期增长21.80%、13.03%、33.54%。

三、提高文化产业规模化、集约化、专业化水平

文化产业的规模化、集约化、专业化程度，直接关系文化产业发展的质量和效益。各地各有关部门坚持从实际出发，加强规划指导，推进资源整合，优化布局和结构，初步探索走出一条文化产业规模化、集约化、专业化发展的路子。

1. 加快推进文化领域集团化建设。把国有经营性文化单位转企改制与资源重组、股份制改造结合起来，把加快发展国有文化企业与积极发展民营文化企业结合起来，以优质企业为龙头，加快推进行业和系统内资源整合，组建了一大批专业性文化企业集团，初步解决了文化企业布局不合理、集约化程度低、发展同质化，总体上"散、小、弱"的问题。在演艺领域，组建了中国对外文化集团公司、中国东方演艺集团有限公司、江苏演艺集团有限公司等20多家中央和省级国有或国有控股演艺集团。在影视领域，组建了中影和长影、上影、西影、峨影等一批国有或国有控股电影集团公司，组建了30家省级广电网络传输网络公司，组建了246条农村数字电影院线、40条城市电影院线，其中年票房超过亿元的城市电影院线有24条。在出版发行领域，组建各类新闻出版传媒集团119家，其中出版集团33家、报刊集团47家、发行集团27家、印刷集团12家。2011年，各类出版发行集团共实现主营业务收入2094.6亿元，占全国出版发行全行业主营业务收入的57.5%；拥有资产总额3680.1亿元，占全国出版发行全行业资产总额的73.4%；实现利润总额173.4亿元，占全国出版发行全行业利润总额的43.2%。

2. 加强文化产业园区和基地规划建设。统筹建设文化产业园区或基地，对于孵化中小型文化企业、推动集约化经营、延伸产业链具有重要作用。国家有关部门先后命名了一批文化产业园区或示范基地。文化部从 2004 年开始，先后命名了 5 批 269 家文化产业示范基地、4 批 8 家文化产业示范园区和 2 批 7 家文化产业试验园区。广电总局批准建设横店影视产业实验区等一批影视、动画产业基地以及亚洲规模最大的国家中影数字制作基地。新闻出版领域建成新闻出版产业基地（园区）27 家。据测算，2010 年国家有关部门批准设立的园区、基地总收入为 2500 亿元，总利润为 365.2 亿元。这些园区、基地收入年平均增长率在 40% 以上。与此同时，这些文化产业示范园区和基地的孵化功能和科技创新能力显著提升。"十一五"期间，园区和集聚类基地投入的孵化资金从 2005 年的 7.38 亿增加到 2010 年的 22.38 亿，增长 3 倍；孵化文化企业数从 2005 年的 697 家增加到 2010 年的 8960 家，增长近 12 倍。

3. 促进区域文化产业协调发展。根据区域布局特点，鼓励各地从实际出发，发挥各自优势，发掘各类文化资源，发展特色文化产业，走差异化发展道路。鼓励东部地区率先发展文化产业，中部地区加快文化产业崛起，西部地区增强文化产业自我发展能力，初步形成东中西部优势互补、良性互动的区域文化产业协调发展新格局。加强长三角、珠三角、环渤海等文化产业区块或重点文化产业带建设，积极发展民族边疆地区文化产业，形成了一批具有鲜明地域或民族特色的文化产业群。

第三节
推进文化产业所有制结构调整

毫不动摇地支持和
壮大国有或国有控
股企业
毫不动摇地鼓励和
引导各种非公有制
文化企业健康发展

把我国的基本经济制度与文化改革发展的结构调整战略有机结合起来，毫不动摇地支持和壮大国有或国有控股企业，毫不动摇地鼓励和引导各种非公有制文化企业健康发展，基本形成以公有制为主体、多种所有制共同发展的文化产业格局。

一、积极培育国有或国有控股骨干文化企业

骨干文化企业是文化产业发展的重要载体，也是引领行业整体跨越式发展的重要引擎。2009年国务院颁布《文化产业振兴规划》，明确提出要着力培育一批有实力、有竞争力的骨干文化企业，增强我国文化产业的整体实力和国际竞争力。党的十七届六中全会提出，要培育一批核心竞争力强的国有或国有控股大型文化企业或企业集团，在发展产业和繁荣市场方面发挥主导作用。2011年，中央发布《国家"十二五"时期文化改革发展规划纲要》，部署实施骨干文化企业培育工程，选择部分实力较强、影响力较大的文化企业予以重点扶持。各地各部门认真落实中央决策部署，在积极推进经营性文化事业单位转企改制基础上，坚持政府引导、市场运作，科学规划、合理布局，在重点文化产业中选择一批成长性好、竞争力强的文化企业或企业集团，加大政策扶持力

度，推动跨地区、跨行业联合或重组，尽快壮大企业规模，提高集约化经营水平，促进文化领域资源整合和结构调整，取得显著成效。

中国教育出版集团参加2012年6月在银川举办的第22届全国图书交易博览会

1. 把股份制改造与兼并重组结合起来，着力推动中央文化企业做大做强做优。中国出版集团公司作为最早建立的国家层面的出版集团，整合旗下出版发行主营业务资产，联合中国联合网络通信集团有

2011年7月，中国科技出版传媒集团成立大会会场。

限公司、中国文化产业投资基金、学习出版社等，发起设立中国出版传媒股份有限公司，并于2010年完成对黄河出版社传媒集团有限公司的联合重组。中影集团联合中国国际电视总公司、长影集团有限责任公司、江苏省广播电视集团有限公司等7家单位发起设立中国电影股份有限公司。人民教育出版社、高等教育出版社、语文出版社等单位整合组建成立中国教育出版传媒集团有限公司。中国科学出版集团有限责任公司、人民邮电出版社、电子工业出版社等单位联合成立中国科技出版传媒集团有限公司。中国录音录像出版总社在转企改制基础上，引进北京首都创业集团有限公司组建中国数字文化集团有限公司。在文化部所属经营性文化事业单位转企改制基础上，组建了中国动漫集团公司、中国文化传媒集团公司。

2. 推动文化企业开展跨地域、跨行业经营，促进资源整合、集约发展。辽宁北方联合出版传媒公司与天津出版传媒集团有限公司、内蒙古新华发行集团股份有限公司签署股权合作协议，进行跨地区资本合作。安徽新华传媒股份有限公司与中国外文局所属新世界出版社签订战略合作框架协议。江西出版集团重组和平出版社。江苏、海南两省新华书店集团共同出资组建海南凤凰新华发行有限责任公司。截至2011年，全国整合成立演艺企业集团公司46家，江苏演艺集团公司、北京演艺集团公司等区域性龙头演艺企业逐步发展壮大。保利剧院公司经营管理北京、上海、深圳、武汉、重庆、郑州、合肥等地剧院数量达到24家。

3. 骨干文化企业总体实力不断增强，发展势头持续强劲。自2008年开始，光明日报社和经济日报社连续四届发布中国"文化企业30强"，累计有56家文化企业入选，其中大部分为国有经营性文化事业单位转企改制组建，并且其中1/3已成功上市。从2012年发布的第四届中国"文化企业30强"名单看，国有或国有控股文化企业有24家，占总数的80%。其中，江苏凤凰出版传媒集团有限公司、上海东方传媒集团有限公司等企业的总资产和总销售收入达到或接近"双百亿"

2012年5月18日，光明日报社和经济日报社联合发布了第四届中国"文化企业30强"名单。

元。这些说明国有或国有控股文化企业总体实力不断增强，已经成为我国文化产业的主力军，成为推动文化产业成为国民经济支柱性产业的核心力量。

二、积极引导和鼓励非公有制文化企业发展

近年来，中央在大力发展国有文化企业的同时，制定了一系列鼓励、支持和引导非公有资本进入文化产业的政策措施，明确了国家鼓励和支持非公有资本进入演艺娱乐、展览、互联网上网服务营业场所、艺术教育培训、文化艺术中介、旅游文化服务、艺术品经营、动漫和网络游戏、广告、影视制作发行、广播影视技术开发运用、电影院和电影院线、农村电影放映、书报刊和音像制品分销零售、包装装潢印刷品印刷等产业领域。各地各部门积极引导社会资本以多种形式投资文化产业，参与国有经营性文化单位转企改制，参与重大文化产业项目实施和文化产业园区建设，并在投资核准、信用贷款、土地使用、税收优惠、上市融资、发行债券、对外贸易和申请专项资金等方

民营企业在印刷复制企业中占有绝大多数。图为雅昌企业（集团）承担的一些国家重大印制项目。

面给予支持，营造公平参与市场竞争、同等受到法律保护的体制和法制环境，实质性地推动了民营文化产业发展。

1. 民间投资文化产业的热情高涨，非公有制文化市场主体显著增加。截至2012年6月，在全国工商行政管理部门登记注册的文化市场主体中，非公有制文化市场主体由2003年年底的58.6万户，发展到215.79万户，占文化市场主体总量97%，增长了268.23%。其中，个体工商户、微型企业为103.8万户。文化演艺领域，2012年全国有民营

2009年7月8日，山西清徐嫦娥文化艺术有限公司编排的晋剧《龙兴晋阳》剧照。

文艺院团8000多家，安徽再芬黄梅艺术股份有限公司、上海萧雅文化艺术公司等由名角领衔，山西清徐嫦娥文化艺术有限公司、河南小皇后艺术团有限公司等一批民营文艺院团展现出巨大活力。影视制作领域，2011年持有《广播电视节目制作经营许可证》的机构4678家，其中非公有制企业超过3800家，占总量的81.2%，参与电影创作生产投资的制片机构超过600家，其中民营公司达500多家，占80%以上。电影放映领域，2011年新增加的803座影院（3030多个影厅），其中有80%以上有民营资本参与投资建设，万达院线等民营企业成为国内重要的电影院线之一。出版发行复制领域，2011年企业法人单位共15.3万家，其中民营企业占81.2%。

2. 涌现出一批具有较强实力和竞争力的民营文化企业，成为文化产业发展不可或缺的重要力量。民营动漫游戏、印刷发行、影视制作、文化旅游、工艺美术等行业快速发展。2011年，民间资本投资制作动画片从2004年的1.26万分钟增长到的 24.2万分钟。印刷复制业中民营企业营业收入占86.3%，增加值占85.4%，利润总额占86.5%。出版物发行企业中民营企业营业收入占62.9%，增加值占67.6%，利润总额占68.7%。第四届中国"文化企业30强"中，民营企业有6家，占1/5。其中，演艺类企业包括杭州宋城旅游发展股份有限公司、本山传

杭州宋城集团推出大型歌舞演出《宋城千古情》。

媒集团有限公司，新业态类企业包括上海盛大网络发展有限公司、完美世界（北京）网络技术有限公司、上海征途信息技术有限公司、深圳华强文化科技集团股份有限公司等，这些企业在各自业务领域都有较强的影响力。截至2012年8月，拓维信息、奥飞动漫、华谊兄弟、华策影视、宋城股份、光线传媒、天舟文化、掌趣科技、美盛文化等民营文化企业已经通过首次公开发行股票（IPO）成功上市。

3. 积极参与国有经营性文化事业单位转企改制，为深化文化体制改革提供了新的经验和路径。根据政策要求，支持民营资本参与经营性文化事业单位转企改制、股份制改造和兼并重组，一般性国有文艺院团、演出剧院等可以由民营资本控股；出版物印刷、发行，新闻出版单位的广告、发行，电影制作发行放映、有线电视接收端数字化改造等领域国有文化企业的股份制改造，在国有资本控股51%以上的前提下，允许民营资本投资参股。各地按照中央有关政策要求，在推动经营性文化事业单位股份制改造方面进行了积极探索。中国木偶剧院在转企改制中，引入北京永庄文化传媒有限公司，由民营资本控股，改制以来演出场次增长5倍，观众人数增长10倍，总收入增长近6倍。安徽再芬艺术剧院等演艺企业在转制过程中，实行名家领衔制度，有效调动了演职人员的积极性，取得很好的效果。

第四节
加快推进文化科技创新

科学技术是经济社会发展的重要动力源泉，也是文化改革创新的重要引擎。党的十六大以来，中央始终把推进文化科技创新摆在非常突出的位置，作出一系列重要部署，强调积极采用数字、网络等高新技术和现代生产方式，丰富表现形式，拓展传播方式，改造传统产业，延伸文化产业链，将科技支撑体现于文化建设的各项任务和各个环节。经过各地各部门努力，文化科技创新取得积极进展和明显成效，组织实施了国家文化科技创新工程，编制并发布了《国家文化科技创新工程纲要》，建立了国家文化科技创新工程部际联席会议机制，实施了一批文化科技创新项目，首批16家国家级文化和科技融合示范基地已经颁布，科技创新对文化发展的引领作用进一步发挥，企业为主体、市场为导向、产学研用紧密结合的文化科技创新体系初步建立，文化产业发展的科技支撑能力不断增强。

一、加快高新技术在文化领域的运用和研发

随着全球新一轮技术革命的迅猛发展，信息技术等重要领域不断酝酿和形成新的突破，数字技术、网络技术迅猛发展，互联网广泛

普及，推动文化产业格局发生深刻变革。文化生产从相对封闭、分散的生产方式，转变为开放的社会化生产方式，文化生产的效率大大提高。通信、传媒、娱乐等多个以前割裂的领域逐步打通，影视动漫、网络视频、电子图书等文化样式悄然兴起、蓬勃发展，不断为文化产业注入新的内涵、新的动力，成为撬动文化产业加速发展的强大杠杆。高新技术的优势高度和文化科技的融合步伐，决定着文化产业的主动权。"十一五"以来，通过在国家科技支撑计划中支持一批文化科技创新项目，有力地促进了文化与科技的融合发展。尤其是党的十七届六中全会以来，科技部在国家科技支撑计划中，设立了国家文化科技创新工程专项，进一步加大了对文化科技创新的支持力度。近年来，加大以信息技术为核心的高新科技在文化领域的应用，利用高新技术改造传统文化产业、培育新的文化业态、延伸文化产业链条，把科技进步的最新成果渗透到文化创作、生产、传播和消费的每一个环节，推动文化产业发挥后发优势、加快实现赶超。数字出版产业在较短的时间内成为带动我国整个文化产业发展的强劲引擎和重要的经济增长点，其中手机出版、网络游戏出版和互联网广告三项的收入均超过350亿元。2012年北京国际电影节交易额近53亿元，其中文化科技融合项目占80%以上。中央歌剧院联合北京理工大学成立中央歌剧院数字化舞美工程联合实验室，开发数字化舞美科技应用研究、模块化歌剧舞台关键技术研究及应用等项目，加大以计算机为核心的高科技数字化舞美科技应用研究，在大型音乐舞蹈史诗《复兴之路》、原创歌剧《辛亥风云》等精品演出中大受欢迎。江苏无锡灵山梵宫的三维立体舞台采用总装备部自主研发的"神舟-3000"舞台机械控制系统，利用现代声、光、电技术进行综合演绎。中国电影科学技术研究所、中国电影股份有限公司等单位以"产学研用"形式联合开发出"中国巨幕系统"，完成从巨幕版影片的制作到图像优化核心技术的研发，在核心技术、关键技术方面拥有自主知识产权，目前中国巨幕新技术影厅已投入使用，票价相比进口国外系统的影厅实现大幅下降。大连华录集团通过研发具有自主知识产权的蓝光DVD系列产品，为高清电视产业发展提供装备基础。深圳市天朗时代科技有限公司针对传统出版产业升级转型的现实问题，自主研发全球首创、具有自主知识产权的MPR（Multimedia Print Reader）技术，实现了传统印刷出版与数字印刷出版的有机结合。2012年年初，国内首个3D电视试验频道开播，文化与科技融合发展带来文化产业发展一派新气象。

二、做大做强一批文化科技企业和基地

加快推进文化科技创新，企业是主体。各地各有关部门通过产业规划、政策支持，推动科技创新要素向文化企业聚集，引导文化企业加大技术投入，主动与高校、科研机构联合开展技术研发和创新平台建设，进一步强化文化企业的技术创新主体地位，使之真正成为创新项目实施的主体、创新成果转化的主体。深圳市认定两批共40家"文化+科技型示范企业"，打造一批以高新技术为依托、数字内容为主体、自主知识产权为核心的文化科技型领军企业，其中华侨城集团、华强文化科技集团连续三届成为全国"文化企业30强"。在各方的支

深圳华侨城推出中国第一个主题公园"锦绣中华"。

深圳华强集团自主设计的文化主题公园模型。

持下，一批文化科技企业纷纷涌现。华强文化科技集团成立华强文化科技产业研究院和工程设计院，自主研发出环幕4D、悬挂式球幕、巨幕4D等十多类特种电影技术成套装备，出口美国、加拿大等40多个国家和地区，推出具有自主知识产权的文化科技主题公园和"兵马俑"、"悟空归来"等以中国文化为背景的展示游艺项目，出口伊朗、南非、乌克兰、卡塔尔等国，成为传播中国文化的重要平台。大连水晶石数字科技有限公司以数字影像技术为核心，为北京奥运会提供包括"卷轴"影像、"鸟巢"环幕影像在内的四类数字影像服务，在上海世博会中国馆推出"人会走、水能流"的动态"清明上河图"，成为伦敦奥运会及残奥会官方数字图像服务提供商。上海百视通新媒体股份公司先后向法国、印度尼西亚、马来西亚等国电信运营商输出IPTV系统，预计2012年可获得超过500万美元国际业务收入。

加快推进文化科技创新，产业基地是平台。加强文化与科技融合示范基地建设，是提升文化科技产业孵化能力、提高文化与科技融合集约化水平的重要举措，在打造一批特色突出、产业链完备的文化与科技融合示范基地方面，各地各有关部门依托国家高新技术产业开发区、国家可持续发展实验区等，把重大文化科技项目纳入国家相关科

2012 年 5 月，首批 16 家国家级文化和科技融合示范基地授牌。

技发展规划和计划，促进文化与科技创新资源与要素互动衔接、协同创新。2012年5月，科技部、中宣部等部门联合认定北京、上海、武汉等16个首批国家级文化和科技融合示范基地，其中，北京中关村基地以高新科技集中的中关村海淀园为核心，联合中关村其他园区，共同探索文化科技融合之路和特色鲜明的文化产业发展模式。上海张江基地核心园区2006年起就探索文化科技融合创新，相继被评为数字出版基地、数字媒体技术产业化基地、文化产业示范园区，基地近年来与

杭州数字娱乐产业示范基地。

7家银行签署合作协议，为科技型中小企业提供5年1400亿元的授信额度。北京、天津分别通过安排专项资金和发行集合资金信托的方式，对示范基地园区、企业发展提供金融政策支持，实现金融资本、科技创新和文化企业对接。长沙发布产业发展规划（2012—2015），明确设立1亿元专项资金，用以支持文化与科技融合的新兴文化业态。2008年以来，上海、杭州、重庆等地先后建立国家级数字出版产业基地，形成了差异化、特色化发展的区域定位。2011年国家级数字出版基地共实现营业收入超过400亿元，占数字出版营业收入的30％以上。自2012年6月6日揭牌以来，陕西西安国家数字出版基地发展迅速，目前入驻的数字出版企业达300多家，产值将达40多亿元。

三、推动网络文化产业健康快速发展

随着计算机技术、信息技术的迅猛发展，电脑、网络、手机等信息传媒终端迅速普及，目前，我国网民数量为5.38亿，宽带用户数为1.58亿，位列全球第一，手机网民数量大幅上升，达到3.88亿，手机超越台式电脑成为第一大上网终端。2011年网络文化市场总规模达到1397亿元。全国现有网吧14.6万家，市场规模619亿元，网络音乐相关企业452家，市场总体规模309亿元，网络游戏市场规模468.5亿元。

针对我国网络文化产品核心技术较少、竞争力较低，网络业管理水平亟需提高的问题，各地各部门大力发展以网络出版、网络游戏、网络广播电视、手机广播电视等新媒体新业态为代表的网络文化产业，推动网络文化产业与传统文化产业共同发展、相互促进，不断加强中国特色网络文化建设。积极抢占动漫、网游、网络视频、网络阅读市场。通过推出加快动漫产业改革发展的一系列政策措施，发挥动漫产业基地和产业园区的集聚效应，国产动漫网游产品竞争力持续增强。目前，国产动漫产量已占据国内60％以上的市场份额，黄金时间的动漫节目已由进口片为主转为国产片为主。盛大推出《中华英雄谱》、《金庸群侠传》等挖掘名著、以民族题材为特色的网络游戏，

搜狐、九城、网易等大型互联网公司也纷纷涉足网络游戏，推动中国文化元素的原创游戏主导市场，从代理国外网游发展为自主研发、出口网游，打破了美国、日本、韩国网游产品一统天下的局面。应对资讯无线化的发展趋势和用户快速增长的实际需求，90%以上的图书出版社开展网络图书出版业务，一些门户网站也相继推出数字阅读客户端，腾讯推出"腾讯爱看"，提供数十家中国热门媒体的精华资讯，网易推出"网易阅读"，拥有5000多种经过专业编辑的精品内容源。同时，积极推进三网融合。2010年国务院推进三网融合的总体方案和试点方案实施以来，加快了广播电视网提升改造，加快了有线电视网络数字化转换，实现由小网向大网、模拟向数字、单向向双向、用户看电视向用电视的转变，电视可以点播节目、了解政务信息、支付水电费和买卖股票、开展远程教育、从事娱乐活动、接入互联网等。截至2011年年底，全国有线电视用户突破2亿户，其中数字用户1.1亿户。我国自主创新的移动多媒体广播电视（CMMB）技术让广大手机用户享受到电视服务，目前已覆盖全国330多个地级以上城市、终端用户超过4500万户。

第五节
培育现代文化市场体系

现代文化市场体系是发挥市场在文化资源配置中积极作用的重要阵地，是满足人民群众多样化、多层次、多方面精神文化需求的重要渠道。在文化体制改革试点工作中，中央就明确提出，要加快文化产品市场和生产要素市场建设，发展市场中介组织。《中共中央、国务院关于深化文化体制改革的若干意见》，进一步提出把构建现代文化市场体系作为深化文化体制改革的重要目标任务之一。近年来，各地各部门积极发展文化产品和要素市场，发展现代流通组织形式，发挥市场对文化产品和文化服务的延伸扩展作用，打破按部门、按行政区划和行政级次分配文化资源和产品的传统体制，促进文化产品和要素在全国范围内合理流动，初步构建起统一开放竞争有序的现代文化市场体系。

一、加强文化产品市场建设

文化产品市场是促进文化消费的关键环节。高度发达的文化产品市场体系是文化产业发展繁荣的重要标志。各地各部门坚持科学规划、合理布局，统筹发展图书报刊、电子音像制品、演出娱乐、影视剧、艺术品、动漫游戏等各类文化产品市场，注重打造以博览和交易为核心的综合市场平台，充分发挥大中城市中心市场和区域专业市场的主导与辐射作用，努力繁荣城乡文化市场。总体看，我国文化产品市场体系不断完善，规模迅速扩大，呈现出门类齐全、层次多样的新特点。

1. 积极发展图书报刊市场。鼓励发展城镇各类书店、图书批发市场和农村各类发行点，扩展城乡出版物市场。2011年6月，中宣部、新闻出版总署、住房与城乡建设部联合下发《关于加强城乡出版物发行网点建设的通知》，明确将城乡出版物发行网点建设纳入公共文化服务体系，纳入城市公共服务设施建设整体规划，纳入全国文明城市测评体系。2011年全国共有出版物发行网点168586处，是2002年的2.34倍。其中，国有书店和国有发行网点9513处，集、个体零售网点113932处。全国图书交易博览会、北京图书订货会、北京国际图书博览会等大型图书博览交易会影响越来越大，经济和社会效益越来越显著，已经成为展示出版业改革发展成果的重要窗口，促进全民阅读、建设学习型社会的重要载体，推动经济、社会、文化发展的重要平台。2012年6月，第二十二届全国图书交易博览会在宁夏银川举办，展位达到2130个，各类出版物30余万种。书博会期间举办了新书发布、名家签售、文化沙龙、作家访谈等百余项精彩文化活动。北京国际图书博览会从2002年开始由两年一届的办展周期缩短为一年一届，截至2011年共举办了18届，已发展成为兼具版权贸易、图书贸易、文化活动、展览展示、信息交流、业界沟通等功能为一体的国际出版交流盛会，现每届均有国内500多家出版单位及来自50多个国家和地区的2000多家中外出版机构参展，参观读者约20万人次，与法兰克福书展、伦敦书展和美国BEA书展并称为四大国际书展。

2. 加快发展文化演出娱乐市场。2011年，全国演出市场规模达233亿元，演出市场总量显著增长；全国娱乐市场规模达566亿元，大众化消费特征逐步显现，人民群众参与程度日渐普遍。文化部、天津市人民政府联合主办的中国（天津）演艺产业博览会已举办两届，博览会以"展示演艺创作成果，推动文化科技创新，促进交流与合作，繁荣发展演艺产业"为宗旨，集中展示我国演艺产业的最新成果，促进演艺市场繁荣发展，收到很好效果。2010年5月，第九届中国艺术节中国（广州）优秀舞台艺术演出交易会举办，吸引了国内外逾6万人次前来参观采购，签约交易项目共66个，累计交易金额达17748.46万元。

3. 加强影视节目流通交易市场建设。加大对中国国际广播影视博览会、上海国际电影电视节、北京国际电视周、四川电视节等重要节展的扶持力度，探索发展网络交易等新型节目交易方式。一年一度的中国国际广播影视博览会自2003年起举办，其中"中国国际影视节目展"规模历居亚洲第一，2011年，展馆面积22000平方米，参展商1300家，参展节目共计8468部，交易金额达30.12亿人民币。2012年3月举办的第十届首都电视节目春季推介会聚集了全国191家电视剧相关企业，展出约365部、11000集影视作品，新剧达到280余部。

二、加快发展现代流通组织形式

重点运用连锁经营、物流配送、电子商务和电影院线等现代流通组织形式，改造传统流通业态和网络体系，加快建设大型文化流通企业和文化产品物流基地，有效打破了原有计划经济体制下形成的条块分割、城乡分离的文化市场格局，构建以大城市为中心、中小城市相配套、贯通城乡的文化产品流通网络。一是着力发展演艺院线制。推动主要城市演出场所连锁经营，推广票务连锁服务，形成覆盖全国的票务连锁服务网络，不断拓展演艺企业发展空间。目前，已形成中演演出院线、保利院线两大全国性院线，北方剧院联盟、西部演出联盟、东部剧院联盟、长三角演艺联盟、珠三角演艺联盟五大省际联盟。二是进一步深化电影院线制改革。加快城镇数字多厅影院建设改造，大力推进国有院线规模化、集约化发展，鼓励支持中小城市院线和社区、农村数字院线发展。目前已组建城市电影院线39条，覆盖影

院3100余家、银幕超过1.1万块。2011年，北京万达、中影星美、上海联和、深圳中影南方新干线等4条院线的年票房收入均超过10亿元。组建农村数字院线248条、配备数字设备5万套，年放映达800万场。三是积极推动连锁经营和物流配送。加快建设大型文化流通企业和文化产品物流基地，进一步打破条块分割，减少流通环节，拓宽流通渠道，有效整合市场。重视开拓和培育农村市场，扶持农村文化产品生产和服务网点建设。全国新华书店基本实现省内基层店的连锁和配送。四是大力发展电子商务。适应高新技术迅猛发展的要求，培育和规范以网络为载体的新兴文化市场。经过十几年的发展，中国图书音像网购市场迅速繁荣，2012年交易规模达到145亿元，形成了一批如当当网、卓越网等知名电子商务企业。

三、加快文化要素市场建设

文化要素市场是文化产业实现再生产和扩大再生产的必要基础条件和重要保证。各地各部门把加强资本、产权、人才、信息、技术等文化生产要素市场建设摆到重要位置，加强引导，加大投入，促进文

2005年，四川新华发行集团联合其他五家企业，发起组建了四川新华文轩连锁股份有限公司。图为2007年5月底，公司在香港主板挂牌上市。

化资本、人才、技术在更大范围内合理流动，有效推动了现代文化市场体系的完善。

　　积极推动文化企业上市融资，以上市企业为龙头的兼并重组和资源整合步伐加快，文化板块已成为A股市场的一股新兴力量。截至2012年10月28日，共有36家文化企业在A股市场上市，共筹集资金382.44亿元，其中首次公开发行筹集资金286.4亿元，上市后通过配股、增发等方式筹集资金96.04亿元。2011年11月30日，江苏凤凰出版传媒集团有限公司在上海证交所正式挂牌交易，融资44.8亿元，是迄

2010年10月，中南出版传媒集团股份有限公司成功登陆A股市场。

今国内资本市场IPO规模最大的文化传媒企业。发行市盈率、网上冻结资金、网下配售冻结资金、网下配售对象数量均居当年A股IPO第一。2010年10月，中南出版传媒整体上市，融资42.43亿元。文化企业在境内外上市，不仅筹集了企业发展急需的资金，而且有利于文化企业转变经营机制，建立现代企业制度。与此同时，文化企业还利用资本市场的并购重组功能，通过定向增发以资产认购股份的方式，实现借壳上市和重大资产重组，涉及交易金额182.58亿元。

深化投融资体制改革，积极开展银企合作、融资担保，促进金融资本与文化资源的有效对接。截至2011年年底，工行、农行、中行、建行、交行等5家大型银行支持文化产业授信余额总计2183亿元，贷款余额共计1855亿元，分别比2006年增长86%和80%。到2011年11月底，国家开发银行文化产业贷款余额达到1182亿元，文化产业成为其增长最快的业务领域。一些银行结合文化产业的特点，积极开展文化产业信贷产品创新。如交通银行推出"知识产权质押贷款"产品，向企业提供贷款。招商银行以"版权+票房收益担保"方式先后向华谊

上海文化产权交易所。

兄弟影视公司《集结号》、《非诚勿扰》等影片制作提供总额为1亿元的贷款支持，开创了金融支持影视行业发展的成功先例。截至2012年2月，文化企业累计发行各类债券达到379.94亿元。以保险支持文化产业试点工作为代表的文化产业投融资风险分担机制逐步建立。随着金融支持文化企业发展的长效机制逐步建立，文化企业多元化的融资渠道进一步拓宽，投融资中介服务体系加快完善。

加强和规范文化产权市场建设。文化产权交易、文化经纪代理、担保、拍卖等中介服务日益加强，文化资源配置效率不断提高。国家重点支持上海、深圳文化产权交易所建设。两家均成立于2009年，上海文化产权交易所2010年6000多个项目挂牌，实现交易额40多亿元。截至2012年6月，深圳文化产权交易所，征集入库项目1.3万多个，挂牌项目3000多个，400多个项目成交，交易总额超过300亿元。版权管理方面取得重要进展，2011年全国版权合同登记20797份。

第一节　加强对文化产品创作生产引导的重要意义和主要要求

第二节　实施文化精品工程、加大对优秀文化产品的扶持力度

第三节　建立健全引导机制、完善有利于优秀文化产品脱颖而出的制度保障

第七章
加强对文化产品创作生产的引导

　　创作生产更多无愧于时代、无愧于人民的文化精品，最大限度发挥文化引领风尚、教育人民、服务社会、推动发展的功能，是文化体制改革的重要任务。党的十六大以来，宣传思想文化战线按照中央要求，坚持"二为"方向、贯彻"双百"方针，紧跟时代步伐，顺应人民期待，加强对文化产品创作生产的引导，广大文化工作者的创作激情竞相迸发，思想性艺术性观赏性俱佳、群众喜闻乐见的精品力作不断涌现，文化产品创作生产呈现出百花齐放、异彩纷呈的喜人景象，文化产品的题材、风格、品种、样式更加丰富多彩，文化市场更加繁荣兴盛。

第一节

加强对文化产品创作生产引导的重要意义和主要要求

一、加强对文化产品创作生产引导的重要意义

文化改革发展的一个重要目标，就是多出精品、多出人才、多出效益。在文化改革发展工作的总体布局中，加强对文化产品创作生产的引导，有利于确保文化改革发展始终沿着正确方向顺利推进。

1. 加强对文化产品创作生产的引导，是确保文化发展方向、充分发挥文化功能的必然要求。引领风尚、教育人民、服务社会、推动发展是社会主义文化的重要功能，是优秀文化产品的根本价值所在，是广大文化工作者必须担负的社会责任。文化建设是精神生产，投入的是智力劳动，产出的是精神产品，影响的是人们的思想和社会的精神。现在，社会思想文化十分活跃，文化创作生产的组织方式、投入方式、队伍结构日趋多样，文化产品的质量参差不齐，低俗之风蔓延，少数地方腐朽没落文化沉渣泛起，严重毒害人们的心灵，败坏社会风气。这就更加要求我们始终坚持用社会主义核心价值体系引领文化创作生产，将其体现到精神文化产品创作生产传播的各个方面、各个环节，切实加强和改进对文化产品创作生产的引导，积极探索科学有效的引导方式，建立健全评价机制，完善制度保障，引导广大文化

工作者始终把社会效益放在首位，把社会责任贯注在文化产品的创作生产实践之中，恪守艺术良知，精益求精、用心用功地打磨作品，严肃认真地考虑作品的社会效果，努力以科学的理论武装人，以正确的舆论引导人，以高尚的精神塑造人，以优秀的作品鼓舞人，在全社会形成积极向上的精神追求和健康文明的生活方式。

2. 加强对文化产品创作生产的引导，是提高创作质量、多出精品力作的必然要求。一个国家文化的发展水平、一个文化大家的艺术造诣，最终体现在文化作品的水准上，体现在文化精品的数量上。不论是文化事业还是文化产业，不论是推进改革还是加强创新，其最终的结果都要落实到推出更多更好的文化产品上来。应当看到，这些年我国文化作品的数量和质量都有了很大提升，推出了不少优秀作品，但与时代发展的要求相比、与人民群众的期待相比，称得上经典的文化精品还不够多。推动文化大发展大繁荣、建设文化强国，迫切需要我们不断加强对文化产品创作生产的引导，鼓励创新和超越，强化精品意识，正确处理数量与质量的关系，把提高作品质量作为中心环节，努力打造经得起历史和实践检验的文化精品。

3. 加强对文化产品创作生产的引导，是多出优秀人才、培养名家大师的必然要求。名家大师是文化长期积淀的结果和文化繁荣的重要标志，集中体现了一个国家、一个时代文化发展的水平。近些年，我们已经努力建设形成一支宏大的文化人才队伍，但有影响的文化名

第三届全国中青年德艺双馨文艺工作者表彰大会。

家、文化大师和各领域领军人物还不够多。当今时代是一个需要也能够产生名家大师的时代。催生更多传世之作、涌现更多名家大师，需要引导广大文化艺术工作者自觉把德艺双馨作为追求目标，深入了解国情，积累丰富知识，提高精神境界，培养高尚人格，心无旁骛、潜心创作，努力攀登文化艺术高峰。需要建立和完善有利于优秀人才健康成长和脱颖而出的体制机制，充分发扬艺术民主和学术民主，大力弘扬创新精神，宽容挫折和失败，尊重劳动、尊重知识、尊重人才、尊重创造，最大限度地调动广大文化工作者的积极性主动性创造性。

二、加强对文化产品创作生产引导的主要要求

1. 加强对文化产品创作生产引导的有关部署。近年来，中央对文化产品创作生产的引导作出一系列重要部署。2010年7月，胡锦涛总书记在十七届中央政治局第22次集体学习时的讲话中明确指出，要加强对文化产品创作生产的引导，将其作为现阶段文化改革发展"三加快、一加强"总体布局的重要方面。2011年11月，胡锦涛总书记在中国文联第九次全国代表大会、中国作协第八次全国代表大会上发表重要讲话，强调广大文艺工作者要认清时代和人民赋予的神圣使命，坚持为人民服务、为社会主义服务，坚持百花齐放、百家争鸣，坚持贴近实际、贴近生活、贴近群众，高擎民族精神火炬，吹响时代前进号角，创作生产更多无愧于历史、无愧于时代、无愧于人民的优秀作品，奋力开创文艺发展新局面，为推动社会主义文化大发展大繁荣、建设社会主义文化强国贡献智慧和力量。党的十六大、十七大和十七届六中全会以及国家"十一五"、"十二五"时期文化改革发展规划纲要等，都对切实加强对文化产品创作生产的引导，多出精品力作、多出优秀人才作出深刻阐述，作出重要部署。

中宣部高度重视文化产品创作生产引导，指导推动宣传文化部门和单位加强文化精品创作生产的规划，精心组织实施精神文明建设

"五个一"评选等一系列文化精品工程，规范评奖活动，积极探索科学有效的引导方式，着力营造有利于出精品、出人才的良好环境；改进组织工作方式，加强创作规划，抓好选题论证，健全符合文艺特点、适应社会主义市场经济规律的精品创作生产机制，完善文化产品评价体系和激励机制，把更多的优势资源集中到带动性强、影响力大的重点项目；重视加强文艺评论工作，倡导客观公正、实事求是的风气，倡导与人为善、以理服人的风气，倡导讲真话、建净言的风气，加强对文艺现象的科学分析，增强文艺评论的说服力、影响力、公信力，更好地发挥文艺评论在引领创作方向、提升鉴赏水平等方面的重要作用；通过研修培训、项目资助、实践锻炼等途径，造就更多年轻文艺人才和文化名家，让文艺工作者才华有施展空间、抱负有实现途径、贡献得到社会尊重。2011年8月以来，为适应时代发展要求、贯彻党的群众路线，宣传思想文化战线开展"走基层、转作风、改文风"活动，取得丰硕成果，一大批生动鲜活、感人至深的精品佳作集中涌现，一系列关系群众切身利益的突出问题得到解决，"走转改"正成为宣传文化工作的一种基本理念和价值取向，成为宣传文化工作的常态和机制，进一步提高了宣传文化战线服务大局、服务人民的能力和水平。

走基层
转作风
改文风

2. 加强对文化产品创作生产引导的基本思路。全面贯彻为人民服务、为社会主义服务的方向和百花齐放、百家争鸣的方针，始终坚持贴近实际、贴近生活、贴近群众，以满足人民群众日益增长的精神文化需求为根本目的，以改革创新为强大动力，立足发展先进文化、建设和谐文化，坚持把遵循社会主义先进文化前进方向、人民群众满意作为评价作品最高标准，把弘扬社会主义先进文化之魂与创新和用好各种文化之体结合起来，把群众评价、专家评价和市场检验统一起来，把数量不断增长和质量显著提高结合起来，完善文化产品评价体系和激励机制，合理设置演出场次、票房等量化评价指标，激发文化创作生产活力，催生更多思想性艺术性观赏性相统一的精神文化产品，讲好时代故事、文明故事、中国故事，充分发挥文化引领风尚、教育人民、服务社会、推动发展的作用。

2012年中央电视台
春节联欢晚会现场。

3. 加强对文化产品创作生产引导的基本要求。一是始终坚持自觉践行社会主义核心价值体系，在推进中国特色社会主义伟大实践中进行艺术创造。坚持用马克思主义立场观点方法观察社会生活，把握历史发展主流，讲述伟大时代的动人故事，描绘改革发展的光明前景，弘扬民族精神和时代精神，更好地凝聚共同理想、唱响奋进凯歌，坚定人们走中国特色社会主义道路的信念信心。坚持不懈地用优秀作品弘扬真善美、贬斥假恶丑，充分反映和传播正确的世界观、人生观和价值观，用关爱的情怀和发现的眼光，刻画"最美人物"、颂扬"最美精神"，着力展现大情大义、传递温暖温馨，让美好的道德情感成为人们的精神营养。越是闪光的思想、崇高的精神，越需要艺术化的描绘、形象化的表达。努力实现内容与形式的契合，实现无形之魂与有形之体的统一，把深刻的思想内涵融入艺术创造之中，寓理于情、寓教于乐，用生动的笔触、优美的旋律、感人的形象来打动读者、感染受众，让人们在艺术享受中受到教育、得到提高。

二是始终坚持以人民为中心的创作导向，把更好更多的精神食粮奉献给人民。把人民放在最高位置，秉持人民至上的价值理念，树立以人民为中心的创作导向，坚持贴近实际、贴近生活、贴近群众，牢记人民群众这个根、这个本，带着对人民群众的深厚感情进行文化产品创作生产。坚持以人民群众为表现主体和服务对象，关注群众需求、回应大众关切，踏着各族人民的奋斗足迹，生动记录人民群众创造美好生活的心路历程，热忱歌颂各行各业劳动者的感人事迹，积极扶持面向基层群众的文化作品创作生产，推出更多普通百姓买得起、用得上的文化产品和文化服务。

三是始终坚持"二为"方向，贯彻"双百"方针，弘扬主旋律、提倡多样化。热情歌颂改革开放和社会主义现代化建设取得的伟大成就，深刻展现当代中国人民解放思想、开拓创新、迎难而上、艰苦奋斗的良好精神风貌，充分反映中华民族五千年的辉煌文明和当代文化建设的最新成果，大力唱响共产党好、社会主义好、改革开放好、伟大祖国好、各族人民好的时代主旋律，进一步坚持广大干部群众在中国共产党领导下走中国特色社会主义道路、实现中华民族伟大复兴的共同理想信念。同时，适应社会主义思想文化多样多变、社会生活日趋丰富多彩、人民群众精神文化需求日趋多样化的客观现实，在坚持"二为"方向、弘扬主旋律的前提下，认真贯彻"双百"方针，尊重差异、包容多样，充分发扬艺术民主，鼓励一切能够使人们受到教育和启迪、得到娱乐和美的享受、格调健康的文化作品的创作生产，支持多种题材、主题、样式、风格相互竞争、相互促进，弘扬一切有利于国家富强、民族振兴、社会进步、人民幸福的思想和精神，最大限度地满足人民群众对精神文化生活多方面、多层次、多样性的需求。

四是始终坚持贴近实际、贴近生活、贴近群众，进一步增强社会主义文艺的吸引力和感染力。自觉把人民群众作为文艺创作表现的主

贴近实际
贴近生活
贴近群众

体和服务的对象，把全面建设小康社会、实现中华民族伟大复兴的生动实践作为文艺创作的丰富题材，深入生产生活第一线，建立文艺与人民群众的紧密联系，从人民群众的火热生活中挖掘素材，从人民群众的实践创造中提炼主题，从人民群众的审美需要中汲取灵感，说群众想说的话、讲群众能懂的话，创作更多反映现实生活和时代要求、深受人民群众喜爱的精品力作。

五是始终坚持思想性、艺术性、观赏性的有机统一，努力打造经得起历史和实践检验的文化精品。思想性是指文化产品引导社会、教育人民、推动发展的作用，知识性是指文化产品传承文明、传播知识的作用，艺术性是指文化产品审美育人、提升情趣、陶冶情操的作用，观赏性是指文化产品赏心悦目、娱乐放松、愉悦身心的作用。把深刻的思想内涵、丰富的知识信息与完美的艺术形式有机结合起来，在注重提升作品思想内涵的同时，不断提高作品的艺术魅力，增强对人民群众的吸引力和感染力。

第二节

实施文化精品工程、加大对优秀文化产品的扶持力度

实施文化精品工程、加大扶持力度，是推进文化创新、用优秀文化作品引领文化潮流的重要举措。党的十六大以来，各地各有关部门深入实施文化精品工程，加大对优秀文化产品的扶持力度，推出了一大批展示中国特色、反映时代风貌、深受群众喜爱、思想性艺术性观赏性相统一的精品力作。

一、加强创作生产规划，深入实施文化精品工程

文化精品是一个国家、一个时代文化发展水平的集中反映，是文化发展方向的重要引领。党的十六大以来，宣传文化部门和单位进一步加强对文化精品创作生产的规划，精心组织实施了精神文明建设"五个一"、国家重点出版、国家舞台艺术精品、国家重大历史题材美术创作、重大革命和历史题材影视创作、重点文学作品扶持等文化精品工程，着力用社会主义核心价值体系引领文化产品创作生产，推出了一大批代表国家水准、体现民族特色的优秀出版、影视、舞台艺术和文学作品。十年来，"五个一工程"评选活动开展了四次，推出

了700多部弘扬主旋律、体现多样化的优秀电影、电视剧、广播剧、戏剧、歌曲和文艺类图书。国家舞台艺术精品工程自2003年以来资助了200多部优秀作品，推出了85部舞台精品。"十一五"期间，国家重大出版工程出版了《中华大典》、《中华古籍全书》、《中国大百科全书》、《大辞海》等一批重点图书、音像、电子、网络出版物。重大革命和历史题材影视创作工程及广播影视精品工程实施以来，重点扶持重大革命和历史题材、现实题材、农村题材、青少年和少数民族题材的广播影视创作，推出了一批有重要影响的电影、电视剧和广播剧。重点文学作品扶持工程从2004年实施至今，已对数百部作品进行了支持扶助，推出了一批反映中国革命和现代化建设事业以及当代现实生活的优秀长篇小说、报告文学、长诗等。

这些精品工程始终突出两个特点，一方面坚持把政治性要求与艺术性观赏性要求结合起来。始终坚持社会主义先进文化前进方向，用社会主义核心价值体系引领文化创造生产，同时把群众评价和专家评价结合起来，确保工程推出的精品体现国家文化水准，具有中国特色、中国风格、中国气派，是深受群众喜爱的优秀文化作品。一方面坚持把出成果与出人才结合起来。出成果和出人才是实施工程的两大目标，这些工程始终牢固树立精品意识和人才培养意识，努力使工程成果成为经得起历史和实践检验的精品力作，使工程实施的过程成为培养造就文化名人名家的过程。精品工程以其独特的吸引力和巨大影响力，成为引导创作生产、催生优秀作品的有效途径，成为弘扬社会主义先进文化、建设社会主义精神文明的响亮品牌，成为党领导文艺工作、凝聚文艺队伍的重要平台。

二、加大对优秀文化产品的扶持力度

加大对优秀文化产品的扶持力度，是加强文化产品创作生产引导的有力手段。党的十六大以来，各地各有关部门坚持公开、公正、公平的原则，加大对优秀文化产品扶持力度，在打造精品、引领方向、繁荣文化、促进发展等方面发挥了重要作用。

各类文化基金、专项资金规模不断扩大。国家社科基金规模从2002年的1亿元增长到2012年的12亿元，资助了一批体现国家发展战略需求的研究课题。国家出版基金规模从2007年设立之初的1亿元增长到2012年的3亿元，累计12亿元，资助一大批优秀图书出版，扶持了900多个体现国家意志、传承中华文明、弘扬时代精神的出版项目。民族文字出版专项资金从2007年至2011年累计安排1.8亿元，切实加大对民族文字出版事业的扶持力度。国产电影精品专项资金目前规模每年1.5亿元，重点对优秀儿童、农村题材和科教影片的制作进行资助，对华表奖电影作品进行奖励。从2012年起，广电总局设立优秀剧本奖励基金，每年拿出3000万元，向社会征集奖励弘扬社会主义核心价值体系的优秀剧本。国家文化产业发展专项资金、扶持动漫产业发展专项资金、优秀剧（节）目创作演出专项资金等等，也都在鼓励原创和现实题材创作、不断推出精品方面发挥出重要作用。各地也纷纷设立各类精品扶持专项资金，加大对优秀文化产品创作生产的扶持。2011年，广东省设立文艺精品创作专项扶持资金，明确截至2015年，总额度为每年5000万元，五年共计2.5亿元，主要扶持文学、电影、电视剧、舞台艺术、动画片、歌曲等社会影响大的艺术门类，一部作品总扶持金额最高可达2000万元。2011年，上海设立扶持电影精品专项资金，资助额度为每年2500万元，主要采用资助方式，每年扶持3至5部重点精品影片的拍摄与制作；重点培养优秀青年电影人才，扶持4至5部新人新作。各地各部门的重点扶持，为精品创作提供了保障，创造了条件。

在规模不断扩大的同时，这些专项资金和基金在项目评审工作中突出公开、公平、公正，在项目规划、评选宗旨、基本原则和审批程序方面都作出了相关规定。在课题申报环节，明确要求申请人必须如实填写申报材料，并保证没有知识产权争议。在评审环节，为确保评审的独立性和客观性，对评审程序、评审要求、操作流程、评审纪律等作出具体规定，严格按章操作。评审结束后，普遍将立项名单上网公布，公开接受学界和社会监督。这些措施取得了较好的效果，得到了广大文化工作者的肯定。国家社科基金评审规定，凡弄虚作假者，一经查实取消三年申报资格，如获立项立即予以撤项并通报批评；同时采取"背对背"的异地匿名评审方式，专家所评材料都不是本省或本单位的，凡发现评审材料中透露申请人相关背景信息的取消参评资格，确保项目评审公开、公平、公正。

三、文化精品工程示范导向作用明显，实现"出精品、出人才、出效益"的有机统一

近年来，一批精品工程和重点项目的实施，带动了文艺作品质量的整体提升，文化创作生产持续繁荣，各个门类百花齐放、异彩纷呈，涌现出一大批代表国家水准、体现民族特色、社会影响广泛、深受人民喜爱的优秀作品。特别是在迎接党的十七大和十八大、纪念党的十一届三中全会召开30周年、庆祝新中国成立60周年、庆祝中国共产党成立90周年、纪念辛亥革命100周年和举办北京奥运会残奥会、上海世博会等大事喜事中，在成功抗击低温雨雪冰冻灾害、汶川玉树抗震救灾和应对国际金融危机冲击的过程中，文艺界推出一大批昂扬向上、振奋人心的优秀作品，举办一系列有声势、有影响的文艺活动，唱响了社会主义好、共产党好、改革开放好、伟大祖国好、各族人民好的时代主旋律，为成功举办大事喜事、妥善应对难事急事提供了强大精神动力，作出了突出贡献。

在图书出版方面，马克思主义理论研究和建设工程成果丰硕，先后推出一批重要理论成果，编辑出版了10卷本《马克思恩格斯文集》和5卷本《列宁专题文集》，推出了《中国特色社会主义理论体系学习读本》、《科学发展观学习读本》、《社会主义核心价值体系学习读本》等重要通俗理论读物，出版了涉及哲学、经济学、社会学、政治学、法学、新闻学、历史学、文学等各主要学科领域的30多种重点骨

马克思主义理论研究和建设工程推出的第一批重点教材。

干教材，初步形成了一个全面反映马克思主义中国化最新成果、反映各学科领域最新进展、具有中国特色中国风格中国气派的哲学社会科学教材体系。通俗理论读物《理论热点面对面》自2003年推出以来，回应社会热点和民生关切，社会各界反响强烈。2012年6月，《辩证看务实办》作为这一系列的第10部读物，发行20天就突破了200万册。

《理论热点面对面》出版后深受读者欢迎，被摆上新华书店专架。

国家重点出版工程精品迭出，经过知识界、出版界长达十几年的共同努力、精心打磨，《中国大百科全书》（第二版）、新修订的《辞海》在庆祝新中国成立60周年之际胜利完成，全面系统地反映了人类文明特别是中华文明的优秀成果，体现了我国科学文化发展的最新水平，展示了中国特色社会主义事业的伟大历程和辉煌成就。整理出版了"二十四史"等历史典籍，出版了一大批国史、党史、军史和社会主义现代化建设奋斗史的精品力作，留下了中华民族的精神记忆。中国出版集团公司等出版企业推出的《大中华文库》，系统全面地向世界推出外文版中国文化典籍，弘扬中华民族优秀传统文化，目前已出版汉英对照版90余种、170余册，多语种对照版40余种、80余册。

在文学创作生产方面，涌现出了《张居正》、《解放战争》、《八月狂想曲》等一批优秀文艺类图书。2012年10月，莫言获得了诺贝尔文学奖，成为第一位获得这个奖项的中国籍作家。莫言从1981年开始，陆续发表长篇小说《红高粱家族》、《天堂蒜薹之歌》等11部，中篇小说《透明的红萝卜》等20余部，短篇小说《白狗秋千架》等80余篇。

2012年10月，莫言获得诺贝尔文学奖，成为首位获得该奖项的中国籍作家。

他近年来多次获得国内和国际文学奖，2011 年他的长篇小说《蛙》获得第八届茅盾文学奖。莫言获得诺贝尔文学奖，既是中国文学繁荣进步的体现，也是我国综合国力和国际影响力不断提升的体现。

新人选出是振兴传统京剧艺术的重要保障。图为2012年4月，第五届中国京剧优秀青年演员研究生班汇报演出。

戏剧《立秋》剧照。

在舞台艺术创作方面，涌现出京剧《廉吏于成龙》、昆曲《公孙子都》、话剧《生命档案》、儿童滑稽剧《一二三，起步走》、歌舞

《云南映象》、杂技《天鹅湖》等一批代表我国舞台艺术发展水平的精品剧目，较好实现出精品、出人才、出效益的目标，带动全国艺术创作沿着良性循环轨迹前进。

在美术创作方面，文化部、财政部历时5年组织完成重大历史题材美术创作工程，以我国波澜壮阔的新民主主义革命和社会主义建设重大历史事件为主题内容，在中国美术馆举办作品展览，为国家留下一笔宝贵的精神和物质财富。

在影视创作生产方面，涌现出了《张思德》、《云水谣》、《太行

左上：电影《建国大业》海报。

右上：电影《杨善洲》海报。

左下：电影《唐山大地震》海报。

右下：电视剧《喜耕田的故事》演员见面会。

山上》、《梅兰芳》、《高考1977》、《建国大业》、《杨善洲》、《建党伟业》、《唐山大地震》等一批电影艺术精品，部分电影单部票房已经过亿。2009年《建国大业》票房超过4.5亿元，超过多年位居我国票房之首的《泰坦尼克号》（3.6亿元）。2010年《唐山大地震》票房超过6.5亿元。2011年过亿元的国产电影达20部，其中《金陵十三钗》超过6亿元，《龙门飞甲》达到5.5亿元，投资仅1000万元的影片《失恋33天》票房达到3.6亿元。电视剧产量平稳增长，质量显著提升，出现了《恰同学少年》、《亮剑》、《闯关东》、《潜伏》、《解放》、《媳妇的美好时代》等一

电视剧《解放》
剧照

批收视率高、深受观众喜爱的精品。

在动漫创作生产方面，民族动漫产业初步实现由小到大、由弱到强的转变。从2004年起，动画片生产全面提速，当年产量就达到2万多分钟，此后连续8年保持快速增长，动画节目的黄金时间已由进口片为主转为国产片为主。涌现出《喜羊羊与灰太狼》、《三国演义》、《兔侠传奇》等一批精品。国产电视动画片《喜羊羊与灰太狼》一经开播，便受到广大小朋友的喜欢。目前，已在全国近50家电视台热播

部分优秀动漫作品剧照。

近500集。2009年，改编的动画电影《喜羊羊与灰太狼》上映以来，上座热度居高不下，首映日票房800万元，创造了国产小成本动画影片的票房神话。

在广播剧方面，涌现出了《代表中国》、《小米》、《京城第一家》、《伟大的转折》等一批精品。

重大文化工程的实施，有力带动了人才队伍建设。马克思主义理论研究和建设工程为理论人才培养搭建了重要平台，几年来通过"四个一批"人才培养规划、哲学社会科学教学科研骨干研修、思想政治理论课教师培训和直接参与工程重大课题研究等，发现、培养和造就了一大批政治坚定、功底深厚、勇于创新、在国内外有广泛影响的马克思主义理论人才，工程已经成为团结和凝聚广大理论工作者的桥梁和纽带、成为培养理论骨干的重要阵地。国家舞台艺术精品工程的实施，有力地激发和调动了广大艺术工作者的积极性和创造性，一批老艺术家热情高涨，坚持活跃于创作演出一线，一批青年艺术工作者在工程实施过程中脱颖而出，造就了一大批艺术人才，同时也为编剧、导演、音乐创作人才、舞台美术设计人才以及经营管理人才提供了大显身手的舞台。国家电影精品工程的实施，推动了一大批优秀青年电影创作人才茁壮成长，陆川、宁浩、贾樟柯、高群书、王全安、徐静蕾、马俪文、薛晓璐、乌尔善、李芳芳、李蔚然等青年电影创作力量通过新颖的艺术思维和积极融入主流市场的努力，获得了观众的普遍认可和较好的票房成绩，成为推动中国电影持续进步的生力军。

第三节

建立健全引导机制、完善有利于优秀文化产品脱颖而出的制度保障

有什么样的文化产品创作生产引导机制，就会形成什么样的文化创作氛围和文化生态。建立健全文化产品创作生产引导机制，积极探索科学有效的制度设计，对于坚持正确创作方向，着力营造有利于出精品、出人才的良好环境，具有长远战略意义。党的十六大以来，宣传思想文化战线不断创新文化创作生产理念，在加强和改善文化产品评价评奖机制，改进文艺批评，建立健全符合现代企业制度要求、体现文化企业特点的资产组织形式和经营管理模式，建立广大文化工作者"走转改"长效机制等方面进行了有益探索，初步形成了有利于优秀文化产品不断涌现的体制机制和制度保障。

一、完善文化产品评价机制

文化产品由谁评价、怎么评价，不仅是文化产品创作生产中的一个重大问题，更是文化改革发展中必须解决的一个重大课题。在传统计划经济体制下，对于相当一部分文化产品的创作生产来说，"政

府或单位是投资主体，领导和专家是基本受众、评奖和展示是主要目的、仓库与资料是最终归宿"，这就必然导致文化产品的创作生产与人民群众的文化需求脱节，文化产品的提供与市场消费需求脱节。在文化改革发展的实践中，各地各有关部门在坚持遵循社会主义先进文化前进方向、坚持把社会效益放在首位的前提下，把人民群众的接受和满意程度作为评价文化产品的重要标准，把群众评价、专家评价和市场检验统一起来，科学设置反映市场接受程度的发行量、收视率、点击率、演出场次、票房收入等量化指标，形成了科学的文化产品评价标准，改变了以往忽视市场、无视群众需求的倾向。针对人民群众反映强烈的广播电视节目低俗化问题，各级广播电台电视台积极推动节目考核和播出机制改革，建立健全科学的节目综合评价体系，按照广电总局《关于进一步加强电视上星综合频道节目管理的意见》提出"不得搞节目收视率排名、不得单纯以收视率搞末位淘汰制、不得单纯以收视率排名衡量播出机构和电视节目的优劣"的要求，切实加强收听收视率调查的管理，建立科学的收视数据采集、分析和发布机制，有效扭转了唯收听收视率的倾向。中央电视台出台《栏目综合评价体系优化方案暨年度品牌栏目评选方案》，以"引导力"、"影响力"、"传播力"、"专业性"四个指标考评栏目表现。

二、加强和改进文化评奖

近年来，精神文明建设"五个一工程"奖、文华奖、华表奖、金鸡百花奖等重大评选表彰活动深入实施，推动着我国文化繁荣发展与进步，成为党领导文艺工作、凝聚文艺队伍的重要平台，成为引导创作生产、催生优秀作品的有效途径，成为弘扬社会主义先进文化、建设社会主义精神文明的响亮品牌。一是规范各类文化评奖，精简评奖种类。2005年以来，全国性文艺新闻出版评奖已从原来的90个减至24个，文化评奖初步做到了少而精。二是改进评奖办法，正确处理领导

2010年5月25日，在广州举行的第十三届文华奖颁奖典礼。

评价、专家评价和群众评价之间的关系，将观众的接受和满意程度作为评奖的根本标准，将演出场次和票房收入作为衡量社会影响的客观指标，使评奖成为推动文化产品更好地面向市场、为人民群众服务的重要调控手段。全国精神文明建设"五个一工程"评选坚持把富有鲜明的时代精神和浓郁的生活气息、思想性艺术性观赏性有机结合、为广大人民群众喜闻乐见作为基本要求，进一步规范评奖，注重提高权威性、示范性、指导性和公信度。国家舞台艺术精品工程不断完善标准，评审强化市场反响的权重，强调在市场和群众基础上进行打造，在演出和服务中得到提高。三是改进评奖机制，建立公开、公平、公正的评奖机制，提高奖项的权威性和公信度，加大奖励扶持力度，切实发挥评奖在引导和推动优秀精神文化产品创作生产方面的积极作用。推动制定全国性文艺演出和作品评奖的管理办法，确保文艺评奖充分体现社会主义核心价值体系的根本要求，确保评奖活动的广泛性、权威性和公正性，切实发挥文艺评奖的引导激励作用。

三、加强和改进文艺评论

　　文艺评论与文艺创作相生相伴、相辅相成，积极健康的文艺批评不仅是提升文艺创作水平的一剂良药，也是推介优秀文化产品的重要手段。近年来，中宣部专门召开影视创作座谈会等会议，对加强和改进文艺评论工作提出明确要求。在文艺批评上，不断加强文艺评论阵地建设，充分发挥主流媒体及文化类专业报刊和网站的阵地作用，党报党刊、专业文艺报刊、都市类报刊和广播电台、电视台的文艺评论栏目或节目的影响力不断增强。不断加强文艺理论建设和文艺评论队伍建设，深入开展形式多样的影评、戏评、书评、乐评等活动，倡导客观公正、实事求是的风气，倡导与人为善、以理服人的风气，倡导讲真话、建净言的风气，引导群众审美鉴赏，充分发挥文艺评论在引领创作方向、提升鉴赏水平等方面的重要作用，评论与创作良性互动的生动局面已经形成。大力推介优秀文化产品，运用主流媒体、公共文化场所等资源，在资金、频道、版面、场地等方面为展演展映展播展览弘扬主流价值的精品力作提供条件。

2011 年 8 月以来，"走转改"活动在新闻宣传战线率先展开，成果丰硕。图为 2012 年 2 月 7 日，中央新闻单位在中央电视台举行"新春走基层"活动座谈会。

2009年7月16日，参加中央新闻单位青年编辑记者延安行活动的编辑记者登上清凉山顶，面对宝塔山庄严宣誓。

四、建立"走转改"长效机制

对于文化来说，生命力来自实践，创造力源自生活。开展"走基层、转作风、改文风"活动，是引导文化工作者和文化单位与人民群众心心相印，把人民群众作为文化产品的表现主体的重要抓手。党的十六大以来，积极引导广大文化工作者和文化单位牢固树立以人民为中心的创作导向，尊重人民主体地位，与人民群众心心相印，把人民群众作为文化产品的表现主体，努力反映人民创造历史的奋发精神和辉煌业绩；积极为文化工作者深入实际、深入生活、深入群众创造条件，引导和激励他们立足现实生活、适应时代特点、着眼群众需求，继承发扬中华文化优良传统，吸收借鉴世界有益文化成果，着力在思想内涵的深刻性、艺术元素的丰富性上下工夫，在内容和形式的完美结合上下工夫，更好地走进群众、感动群众、赢得群众。2011年8月以来，"走转改"活动在新闻宣传战线率先展开，不断拓展，逐步深化，取得丰硕成果，一大批生动鲜活、感人至深的精品佳作集中涌现，一系列关系群众切身利益的问题得到解决。中央主要新闻单位每周刊播600篇左右"走转改"报道，总计超过3万篇。文艺界组织作家艺术家深入开展"走进革命老区"、"走过红色岁月"大型采访创作活动。2011年，中国作协共组织9批200余名作家走进革命老区、地震灾区、国家重点工程、农村及少数民族地区采访采风，创作了一批深受群众欢迎的精品佳作。

五、健全文化产品生产经营管理机制

适应经营性文化单位转企改制的新形势，立足文化产品创作生产环境的新变化，各地各有关部门充分把握文化产品创作生产规律，不断完善文化企业的组织领导体制、创作生产管理机制、考核分配机制，逐步建立符合现代企业制度要求、体现文化企业特点的资产组织形式和经营管理模式。

在组织领导体制方面，文化企业探索在集团层面设立党委（党组），并通过党委成员"交叉任职、双向进入"的方式进入集团公司和控股公司的董事会、监事会等重要机构，建立了有关决策规则和议事制度，努力使党组织的核心作用与法人治理结构相适应，保证党委（党组）对重大事项和重要人事的决策权。在管理机制上，文化企业普遍设立负责主业和导向管理的高管岗位或专门机构，保证主业有人抓、导向有人管。

一些出版企业明确总编辑等统筹内容生产的专门岗位和机构设置，将总编辑视为出版策划的总设计师、编辑质量的总把关人和编辑队伍的总带头人，有效地促进了内容生产，加强了导向管理。一些出版企业同时还设立了编辑委员会，明确其在企业架构中的地位、职责、权利，赋予其对出版业务工作的决策权，编辑委员会由总编辑直接负责领导，从制度上保证文化企业内容生产的正确导向。在考核分配机制方面，文化企业普遍推进了干部、用工、薪酬"三项制度"改革，一些文化公司设置包括舆论导向、社会影响、文化价值等内容的社会效益考核指标，量化并提高社会效益占业绩考核的比重，对导向问题实行"一

票否决"。考核结果直接影响收入分配，并与晋级晋职挂钩。很多文化企业开始注重企业文化建设，把思想政治工作与培育优秀企业文化结合起来，提出符合文化企业特点和自身战略目标的企业文化理念，营造有利环境氛围，增强企业的凝聚力、创造力和核心竞争力。上海世纪出版集团成立编辑政策委员会，由党委书记担任委员会主任，在这项工作会议制度的保障下，近 10 年来，共有 170 多种图书获得"五个一工程奖"、"国家图书奖"、"中国图书奖"、"中华优秀出版物奖"等奖项，推出了《500 年来环境变迁与社会应对丛书》《中国家谱总目》《中国青铜器综论》、《中国通史》、《中华人民共和国 50 年图集》、《中华文化通志》、《中药大辞典》（第二版）等一系列精品图书，实现了两个效益双丰收。

第一节　推动文化走出去的重要意义和主要要求

第二节　构建多渠道多形式多层次文化交流格局

第三节　创新文化走出去模式

第四节　加快构建现代国际传播体系

第八章
推动文化走出去

　　加快推动文化走出去，是深入实施我国改革开放战略的必然要求，也是深化文化体制改革、繁荣发展社会主义先进文化的战略举措。党的十六大以来，中央立足国际国内形势的深刻变化，准确把握世界文化发展的潮流趋势，把加快推动文化走出去作为文化改革发展的一项十分紧迫任务进行了安排部署，全方位、多层次、宽领域的文化走出去格局逐步形成，文化走出去的理念、机制、模式、途径不断创新，文化产品和服务进出口逆差不断缩小，中华文化的国际影响不断扩大，国家文化软实力不断提升。

第一节
推动文化走出去的重要意义和主要要求

一、推动文化走出去的重要意义

近年来，世界经济、政治形势发生深刻变化，国际文化交流、文化贸易、文化传播也呈现出了新的特点和趋势，既为我国文化走出去带来了良好机遇，也形成了严峻挑战。推动中华文化走向世界、形成与我国国际地位相对称的文化软实力，已成为扩大中华文化影响力的重要途径，成为深化文化体制改革、加快文化发展步伐的重要任务，成为转变经济发展方式和优化对外贸易结构的重要内容。

1. 推动文化走出去，有利于树立和扩大国家良好形象。改革开放以来，我国对外开放逐步推进，对外文化交流、文化贸易、文化传播规模逐渐扩大，但是文化走出去的实际情况与我国在世界上的经济地位相比，与我国在国际政治体系中所发挥的作用相比，与中华文化的悠久历史和巨大影响相比还不相称，还存在明显的差距。进入新世纪以来，文化作为国家综合国力重要组成部分的基本特质越来越鲜明，以价值理念、发展道路、民族精神、国家形象等为核心内涵的文化软实力竞争越来越激烈，推动文化走出去作为建设文化强国重要任务的战略意义越来越突出。加快推动文化走出去，推动中国优秀文化和主流价值观念走向全球，对于向世界展示中国改革开放的辉煌成就、绚烂多姿的民族风情、昂扬向上的国家形象、充满活力的人民精神风貌，营造中国和平发展的国际环境，具有重要现实意义和深远历史意义。

2. 加快推动文化走出去，有利于保护和弘扬中华民族优秀文化。文化是一个民族的血脉和灵魂，是国家发展和民族振兴的强大力量。中华民族文化源远流长、博大精深，在世界各民族文化中具有重要地位。加快推动文化走出去，全方位向世界展示我国优秀民族文化，使异彩纷呈、魅力独特的文化资源优势转化为世界文化领域的产品优势、国际文化市场的竞争优势，对于增强民族自信心、自豪感和凝聚力，对于加快推进我国从文化资源大国向文化强国迈进具有重要的和直接的作用。

3. 推动文化走出去，有利于维护国家文化安全。在开放的国际环境中，各种思想文化交流交融交锋日益频繁，维护国家文化主权和文化安全形势日益复杂，抵御思想渗透、文化冲击和舆论施压日益迫切。文化必须在开放条件下经受住考验，才能实现真正意义上的"文化安全"。推动文化走出去是在复杂的国际环境中化解难题、应对挑战、争取主动的正确选择，是科学构建国家外交工作大局的重要支撑，也是提高文化自觉、增强文化自信的必要举措。加快实施文化走出去战略，大力弘扬中华优秀传统文化，大力传播平等交往、和谐共赢、存异求同、兼容并蓄理念，让世界更加真切地感知中国、了解中国、认同中国特色社会主义，对于在更大范围、更深层次推动文化外交，营造更为有利的国际环境具有十分重要的意义。

4. 推动文化走出去，有利于推动文化产业又好又快发展。开展对外文化贸易，拓展文化产业发展的国际空间，增强文化产品和服务在国际市场的竞争力，是推动文化产业成为国民经济支柱性产业的重要途径。随着文化产业的逐步成长和产业结构的不断升级，充分利用国内国际两个市场、两种资源，在把国内优秀文化成果持续有效地介绍给世界的同时，充分吸收、借鉴和利用世界各国发展文化的形式、技术、手段、业态、模式和经验，不断创新和丰富我国的文化，在深度和广度上参与国际文化合作和竞争，显得十分必要和迫切。加快推动文化走出去，推进我国国际贸易结构合理调整，提升文化产业在我国出口总量中的份额，既扩大了文化产品和服务在国际市场上的影响，又激发和增强了文化产业发展的内生动力，有利于尽快实现文化产业跨越式发展，培育形成转变经济发展方式、调整产业结构的重要战略性支点。

二、推动文化走出去的主要要求

1. 推动文化走出去的有关部署。2005年7月，中央办公厅、国务院办公厅对进一步加强和改进文化产品和服务出口工作作出专门部署。2006年，国务院进一步出台鼓励和支持文化产品和服务出口的若干政策。《国家"十一五"时期文化发展规划纲要》、《国家"十二五"时期文化改革发展规划纲要》都强调，要在加强对外文化交流的同时，推动文化产品和服务出口，扩大文化企业对外投资和跨国经营。党的十七届六中全会突出强调了推动中华文化走向世界的重要意义，将其作为进一步深化改革开放、加快构建有利于文化繁荣发展的体制机制的重要举措之一。各地各部门积极探索、扎实工作，各负其责、相互配合。商务部会同有关部门建立了文化出口重点企业和项目部际联系机制，先后三次修订文化产品和服务出口指导目录，制定了进一步推进国家文化出口重点企业和项目目录相关工作的指导意见。文化部会同有关部门建立了对外文化交流部际联席会议机制，制定了关于促进文化产品和服务走出去2011—2015年总体规划。广电总局专门对进一步加强广播影视文化产品和服务出口工作提出明确要求。新闻出版总署专门制定了关于加快我国新闻出版业走出去的若干意见。

2. 推动文化走出去的基本思路。按照"政府主导、企业主体、社会参与、合作共赢"的要求，统筹国际国内两个市场、两种资源，统

政府主导
企业主体
社会参与
合作共赢

筹对外文化交流与对外文化贸易，创新思路、突出重点、强化措施，大力推进政府间文化交流，充分发挥孔子学院等人文交流机制作用，积极探索以企业为主体的对外文化贸易，不断加强主流媒体国际传播能力建设，着力发展外向型文化企业，着力培育知名文化品牌，着力加强出口平台和营销渠道建设，加快推动文化产品和服务出口，不断扩大中华文化的国际影响力。

3. 推动文化走出去的基本要求。一是围绕中心，服务大局。紧紧围绕全面建设小康社会奋斗目标，紧密配合我国外交外宣大局，把加快推动文化走出去作为宣传思想战线的一项战略性任务，积极开展多

海外"感知中国"现场剧照。

渠道多形式多层次对外文化交流，传播科学发展、和平发展、和谐发展理念，体现中国特色社会主义核心价值体系，彰显中华文化独特魅力，展示中国人民良好精神风貌、反映当代中国经济社会发展辉煌成就，不断提升国家文化软实力。二是政府推动，企业主体。切实加强政府引导和支持功能，发挥政府部门在制定政策、指导协调、战略规划、信息沟通等方面的作用，充分尊重、有效利用国际贸易规则，明确战略目标和具体任务，建立和完善市场运营的长效机制，加大组织实施

力度，大力培育市场主体和知名品牌，充分运用市场规律扶持企业将中国特色的文化产品推出去，逐步形成政府推动、社会参与、企业为主、市场运作的文化走出去运行方式。 三是多措并举，多管齐下。文化走出去广泛涉及经济、社会、科技等各领域各层面，各地各部门充分发挥积极性，把文化交流、文化贸易、文化外宣等结合起来，把产品和服务走出去、企业走出去、平台和渠道走出去、资本走出去联结起来，加强部门协调、资源统筹，共同促进、形成合力，探索建立统一、有序、高效的推动文化走出去运行机制。四是立足当前，着眼长远。充分考虑文化走出去起步较晚、基础较弱，总体上还处在探索阶段，以及各地各部门经验不足的实际情况，大力加强推动文化走出去的基础性、引导性、示范性、带动性工作，构建有利于外向型文化企业发展的体制机制，扎实开展分层次、分业态、分国别的政策研究，重点瞄准国际文化主流市场和文化消费热点，合理制定阶段目标、精心选择目标市场，创设拓展营销渠道、培育文化出口企业，开发适销对路的优质文化产品和服务，不断提高文化生产经营国际化的持续发展能力。

第二节
构建多渠道多形式多层次文化交流格局

文化交流的影响力，比政治交流更为久远，比经济交流更为深刻。开展多渠道多形式多层次对外文化交流，是推动文化走出去的重要途径，是增进世界各国人民对中国了解和理解的客观需要。党的十六大以来，不断深化对外文化交流，把政府交流与民间交流结合起来，把组织国内力量与借助国外力量结合起来，不断创新渠道和载体，构建人文交流机制，加强海外中国文化中心和孔子学院建设，鼓励代表国家水平的各类学术团体、艺术机构在相应国际组织中发挥建设性作用，发挥非公有制文化企业、文化非营利机构在对外文化交流

中国对外文化集团公司推出经典音乐剧《妈妈咪呀！》中文版。图为2011年8月14日，部分参加演出的演员在演出结束后向观众致谢。

中的作用，支持海外侨胞积极开展中外人文交流，扩大对外文化交流的参与面。不断创新方式和方法，深入研究我国的现实情况和国际社会的信息需求，研究国外受众的价值取向、生活习俗、历史文化、审美情趣，把中国内容和国际表达结合起来，抓住国外受众的兴奋点和具有普遍感召力的话题，精心策划对外文化交流项目，精心组织中国文化年、文化周等大型对外文化活动，不断拓展文化交流的广度深度。十年来，我国对外文化交流内容丰富、形式活跃、平台扩展、主体多元，进入到新中国成立以来最好的发展时期。

一、对外文化交流多姿多彩、国际文化合作日趋活跃

中法文化年、中欧文化对话年、中俄国家年、中日韩文化交流年、中印互办文化节、中朝友好年等50多项中国文化年、中国文化节活动经常性举办，有效推动了中外文化交流不断升温、持续深化。欢乐春节、相约北京、亚洲艺术节、中非文化聚焦、阿拉伯艺术节等一

2012年1月30日，在德国举办的"中国文化年"开幕音乐会上，北京京剧院青年演员王怡表演结束后向现场观众致谢。

批重点文化交流活动不断推出，辐射到世界100多个国家和地区、吸引了数千万海外民众和华人华侨参与，成为对外文化交流的标志性品牌，成为国际舞台上一道亮丽的风景。北京奥运会、上海世博会等国际盛会成功举办，成为展示中国传统文化底蕴和现代文化风貌的国际舞台。这些都生动体现了文化高度自觉、自信的时代风貌，向世界充分展示了中国文明、民主、开放、进步的良好形象，展示了一个有着悠久历史和灿烂文化、一个充满勃勃生机和开放自信、一个改革发展取得辉煌成就并积极倡导建设和谐世界的中国。

到2011年，中国同149个国家签订政府间文化合作协定和近800个年度文化交流执行计划，与上千个文化组织保持着密切的合作关系，建立了中俄、中美、中英、中德、中欧、中阿、中非、上合等双边或多边人文合作机制。近年来，中国与欧美、周边和广大发展中国家合作举办了50余场高峰对话活动，如中欧文化高峰论坛等，进一步推动了文化思想领域的国际对话与高端交流，为我国在世界舞台上赢得了更多的理解、信任和尊重。中国与联合国教科文组织等国际机构加深合作，不断加强对我国世界自然文化遗产、非物质文化遗产、文化多样性的保护和传播。另外，近年来文化与旅游相融合，在对外宣传上形成合力，有效地促进了中华文化与外国文化的交流。以"中俄旅游年"为例，按照中俄两国领导人达成的共识，2012年和2013年中俄两国互办旅游年，将有效推动中俄两国人民的文化交流。

二、海外文化交流平台不断扩大

海外中国文化中心是综合性对外文化交流平台。目前我国已在非洲、欧洲和亚洲建有9个中国文化中心，围绕文化活动、教学培训和信息服务三大职能，把中国文化送到驻在国公众的家门口。据不完全统计，2007年至2011年，9个文化中心举办的重要活动达2500多次，参加汉语、武术、舞蹈等各类教学培训的学员达2.6万，参加活动的公众

海外学生在孔子学院学习中国书法和太极。

达56万。孔子学院是另一个综合性对外文化交流平台，由外方自愿申请、中外密切合作、互利共赢、共享共管，以汉语教学为核心任务，同时开展很多文化活动，讲中医、教太极、放电影、吃中餐，深受外国人欢迎。2004年11月21日，全球第一所孔子学院在韩国首都首尔正式揭牌成立。8年来，已在108个国家和地区建立390所孔子学院和500多个孔子课堂。在孔子学院的带动下，全球学习汉语的人数快速攀升，目前已超过5000万，一些地方汉语教学已列入基础教育范畴，逐步融入当地教育。

三、民间交流在推动中华文化走出去中发挥出独特作用

与政党间、政府间的文化交流相比，民间文化交流更为宽松、更容易让人接受。十年来，越来越多的人民团体、社会组织走出国门，

新华社在美国组约时报广场设置的广告屏。

越来越多的中资企业投资海外，越来越多的公民个人出国留学或旅游，成为中外文化交流的新使者。2010年中国银行纽约分行利用纽约林肯中心董事会成员的身份，帮助国内演艺机构走进美国主流艺术舞台，2011年支持新华社在纽约时报广场租用240平方米的大型户外液晶显示屏，滚动播出新华社宣传片和中国城市或企业的形象宣传片，产生了很好的国际反响。

第三节
创新文化走出去模式

文化交流
文化贸易
文化传播

在继续扩大政府主导的文化交流的同时，坚持以文化企业为主体、以文化产品为载体、以市场化运作为主要方式，积极发展文化贸易，形成了文化产品和服务走出去新的模式，取得明显成效。2011年，我国核心文化产品和服务出口为227.7亿美元，比2002年增长了320%；2012年上半年，核心文化产品和服务出口总额124.7亿美元。版权输出数量逐年增长，贸易逆差逐年缩小，其中，版权贸易主体的图书版权输出结构不断优化，引进和输出比由2002年的15∶1下降为2011年的2.1∶1。

一、对外文化贸易骨干企业茁壮成长

市场主体的质量、规模和实力，是决定一个国家和地区在国际文化市场格局中所处地位的核心要素。十年来，各地各部门充分调动各类文化企业参与国际市场竞争的主动性积极性，建立起以国有文化企业为主体、非公有制文化企业积极参与的文化产品和服务出口新格局，培育了一批能与西方文化企业集团相比肩的外向型骨干文化企业和企业集团，在推动对外文化贸易中发挥了很好带动作用。从2007年开始，中央每两年调整并发布一次《国家文化出口重点企业和重点项

公司文化出口产值每年2亿美元以上
近5年年均增幅 **78%**

| 2008年 | 2009年 | 2010年 | 2011年 | 2012年 |

目目录》，先后评选出3批共840家（次）文化出口重点企业和451个（次）重点项目，形成了以重点企业和项目为抓手，支持文化出口的常态机制。出版、影视制作、演艺等一批国有经营性文化单位抓住转企改制的契机，建立健全适应国际市场竞争的生产体制和经营机制，积极开拓国际文化市场，涌现出中国图书进出口（集团）总公司、安徽出版集团公司、凤凰出版传媒集团、辽宁出版集团、沈阳杂技演艺集团等一批骨干文化企业。中国外文局组建中国国际出版传媒集团，整合数十家报纸杂志、网站、电子期刊和翻译出版等资源，形成中国对外传播领域的大型企业。上海百视通新媒体股份有限公司与海外电信运营商开展IPTV、互联网电视、直播卫星等新媒体领域的联合运营，先后进入法国、印度尼西亚、马来西亚等国，以对外提供新媒体技术及综合运营解决方案为切入点，创造出文化与科技、金融多元融合推动文化走出去的新路径新模式。民营文化企业在良好的政策环境、健康的市场环境和公平的法制环境支持下，积极参与文化产品和服务出口，成为我国对外文化贸易的重要力量，书刊、影视音像制品、艺术品、文艺演出等文化产品和服务的出口业务发展很快，一批发展方向正确、经营机制灵活、市场前景广阔、管理运营规范的民营文化出口企业快速成长。

二、对外文化贸易品牌纷纷涌现

　　文化产品和服务在国际市场竞争中能够长期生存、发展，要有品牌的知名度和美誉度。为了培育在国际市场上叫得响的文化产品和服务品牌，各地各部门坚持实施文化精品战略，想方设法地提高中国文化品牌的国际知名度和市场占有率。经过这些年的努力，逐步打造出一批具有鲜明中国文化特色、核心竞争力强、附加值高、国际社会广泛认可的品牌企业和产品，推动形成中国特色的国家文化品牌群。如"龙狮"、"时空之旅"、"武林时空"、"功夫传奇"等体现"中

《时空之旅》剧照。

华风韵"的品牌产品直接进入欧美、大洋洲及日本等主流文化市场。其中，中方拥有整体版权的杂技剧《时空之旅》采用完全市场化运作，到2011年年底演出2600多场次，观众260万人次，累计票房收入2.7亿元，海外观众达到40%。《功夫传奇》在国内外演出5771场，其中国外巡演586场，驻场演出871场。莫言的《红高粱家族》有16种译本，《酒国》有6种，《丰乳肥臀》、《天堂蒜薹之歌》等都有多种译

在美国密苏里州布兰森市白宫剧院，中国大型舞台剧《功夫传奇》的演员在演出结束后与观众合影留念。

输出语种版权达 **28** 个

版本达 **33** 个

海外总销售达 **30** 万册

于丹《论语》心得

中华书局出版的《于丹〈论语〉心得》已输出28个语种的版权、33个版本，海外总销量达到30万册。

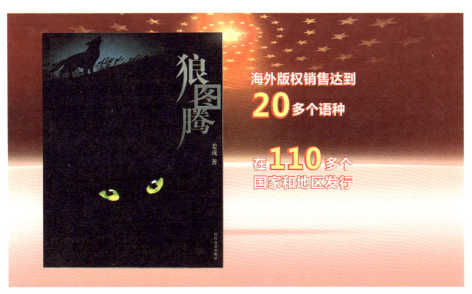

海外版权销售达到 **20** 多个语种

在 **110** 多个国家和地区发行

湖北长江出版集团出版的《狼图腾》海外版权销售达到20多个语种，并在110多个国家和地区发行。

本。中国出版集团公司针对国外受众消费需求的关注点、兴趣点、共鸣点，深入挖掘民族文化资源，《于丹〈论语〉心得》共输出28个语种的版权、33个版本，海外总销量达30万册，其中法语版累计销售超20万册，连续25周登上法国翻译类图书销售排行榜。湖北长江出版集团出版的《狼图腾》向全球输出25个语种的版权，全球销量15万册。天津北方电影集团历时3年创作完成的3D动画电影《兔侠传奇》融入武术、杂技等中国传统文化元素，与近70个国家签订海外发行协议。中国国际电视总公司的《故宫》译制成6种语言，销往全球100多个国家和地

《喜羊羊与灰太狼》系列电视动画片及电影深受少儿观众的喜爱。图为《喜羊羊与灰太狼》海报。

区。《喜羊羊与灰太狼》系列电视动画片登陆美国迪士尼国际频道，在海外52个国家和地区使用英语等17种当地语言播出。水晶石数字科技有限公司加强三维图像数字媒体技术的研究开发和品牌打造，在完成北京奥运会开幕式的影像服务后，成为伦敦奥运会及残奥会官方数字图像服务提供商。

打造对外文化贸易品牌，翻译是重要环节。各地各部门采取多种措施，加大扶持力度，通过实施中国电影全球推广、中国图书对外推广、中国文化著作翻译出版、经典中国国际出版等专项计划，资助电影和音像制品、重点出口图书的翻译。2011年，中国国际广播电台承办斯瓦希里语电视剧《媳妇的美好时代》，邀请当地专业影视演员参与配音，成为首部被翻译成非洲本土语言并进行配音后在非洲国家的国家电视台播出的中国电视剧，成为"中国优秀电视剧走进东非"项目的开局之作，获得东京国际电视节"最佳海外电视剧特别奖"。图书出版走出去的精品力作《大中华文库》系统全面地向世界推出外文版中国文化典籍，弘扬中华民族优秀传统文化，目前已出版汉英对照版90余种、170余册，多语种对照版（汉法、汉德、汉俄、汉西、汉阿、汉日、汉韩）已出版40余种、80余册。中外图书互译计划与30

12月23日，《大中华文库》出版工程暨新闻出版走出去先进单位表彰大会在北京人民大会堂举行。

个重点国家签订双边出版交流与合作协议，经典中国国际出版工程鼓励和支持国内各大出版社积极出版适合国外市场需求的外向型优秀图书，采用项目管理方式资助外向型优秀图书选题的翻译和出版，大大提高了这些出口图书的可读性。

三、文化出口平台和海外营销渠道建设进一步加强

与发达国家相比，我国文化产品和服务的国际营销渠道发展滞后，难以形成稳定可靠的海外市场，大部分出口利润往往被境外营销机构所占有。近年来，我国文化企业不断强化市场意识、营销意识，充分利用在外投资文化企业，探索和实践符合国际惯例和市场运作规律的营销方式，着力构建面向国际市场的文化服务贸易平台和海外营销渠道。

各地各部门围绕扩大文化产品和服务出口，积极构建各种文化服务贸易平台，为各类文化出口企业提供支持。我国举办会展的层级、水平和成效不断提高。深圳文博会作为我国唯一的国家级、国际化、综合性文化产业博览交易会，创办于2004年。2010年1月9日，中宣部组织召开深圳文博会协调会，成立深圳文博会协调领导小组，由中宣部常务副部长、中央文化体制改革工作领导小组副组长雒树刚担任组长，中宣部副部长、中央文化体制改革工作领导小组办公室主任孙志军和轮值主办部委分管负责同志任副组长，增加中国贸促会为成员单位，对进一步加强统筹协调，把深圳文博会办成我国文化产业走向世界的知名品牌作出全面部署。目前，深圳文博会已经成功举办八届，累计总成交额超过6500亿元，出口额超过730亿美元，建立起举办单位、轮值单位、承办单位相互配合、高效运转的办会机制，成为展示我国文化发展的重要窗口和国际文化交流的重要平台。中国国际广播影视博览会加强我国广播影视节目、技术和产品的国际推广力度，专门设置走出去工程展台和出口重点企业联合展区，助推民族广播影视

品牌走出去。北京国际图书博览会经过多年培育成为世界四大书展之一，2012年博览会期间实现版权输出1867项，版权引进与输出之比为1:1.3，实现我国图书版权输出的重大突破。中国国际动漫节逐步发展成为中外动漫企业展示、交流、交易的重要平台。在国内办好国际会展的同时，也积极利用海外国际文化会展推动中华文化走出去。2005年以来，我国每年组织参加40多个国家和地区的书展、书市，版权输出和实物出口逐年增加，先后在法国、俄罗斯、韩国、德国、希腊、埃及、英国等国家举办了国际书展中国主宾国活动。2009年德国法兰克福国际书展中国主宾国活动举办期间，我国参展团共签署版权输出合

2009年10月，法兰克福国际书展中国主宾国活动，中国版画亮相。

同2417项，为2008年的5倍多，超过当年版权输出总量的一半。2011年法兰克福书展我国实现版权输出2424项，再创历史新高，有力地推动了中外出版业的国际交流与合作推动了走出去战略的实施。广电总局利用广播影视走出去事业经费支持影视企业参加国际4大影视会展，补贴50%展位费用和补贴联合展台宣传费用，效果显著。此外，我国还利用海关保税区"境内关外"政策优势推动文化走出去。上海利用外高桥保税区创新"文化保税区"模式，加强文化出口基地建设，建立首个国家

对外文化贸易基地，在较短时期内聚集了上海文化产权交易所等近80家文化企业和机构，2011年该基地实现进出口总额4.9亿元，注册企业营业收入6.2亿元。

各地各单位为降低文化产品和服务在国际市场的运营成本，进一步提升品牌价值，不断加快海外营销渠道建设。与国外知名文化机构合资合作，推动我国文化产品进入西方发达国家、进入海外主流市场，是其中一个重要做法。中国图书对外推广计划实施5年来共与54个国家、322家出版机构签订了455项资助协议，资助出版1558种图书，涉及33种文字版本，累计资助协议金额达8100多万元。中国出版物国际营销渠道拓展工程推动一批优秀外文图书进入法国拉加代尔集团的3100多家国际书店销售网络，近万种图书通过"全球百家华文书店中国图书联展"被推介到数十个国家。中国国际图书贸易集团有限公司和美国亚马逊公司联手启动亚马逊"中国书店"合作项目，已有13万余种中国图书上线至亚马逊网站。外语与教学研究出版社先后与牛津大学出版社等10多家国际著名出版公司合作，出版100多种对外汉语教材，销往全世界100多个国家和地区，应用人数超过1亿人。浙江出版联合集团与内罗毕大学在肯尼亚首都内罗毕合建非洲首个中国文化出版中心，为集团和非洲出版社的版权贸易和合作出版搭建平台，出版面向非洲读者的各类图书。此外，还鼓励有条件的文化企业在海外设立分支机构和发行网络，整合相关发行资源，提高发行规模和效益。天创国际演艺制作交流公司收购美国第三大演艺市场布兰森市的白宫

我国已在非洲、欧洲和亚洲建有9个海外中国文化中心。图为部分海外中国文化中心外景。

剧场并驻场演出，迈出中国演艺企业境外收购和经营剧场第一步。中国国际电视总公司在美国等 6 个国家或地区开播中国电视长城平台中文卫星电视特级套装。万达集团收购全球第二大电影院线 AMC 影院公司，获得 346 家影院，共计 5028 块屏幕，其中 IMAX 屏幕 120 块，3D 屏幕 2170 块，成为全球规模最大的电影院线运营商，将占有全球行业 10% 左右的市场份额。俏佳人传媒股份有限公司在美国并购国际

2012年5月，万达集团收购美国AMC电影院线签约仪式。

卫视，构建 ICN 国际中国电视联播网，拥有 16 个频道，5 套节目，收视人口达 1 亿以上，成为北美华人最喜爱的电视媒体之一。西京文化传媒（北京）股份有限公司全资收购英国普罗派乐电视台，成为目前为止唯一一个进入欧美国家主流播出体系、拥有与 BBC 同类节目指南的电视播出平台，覆盖了 45 个国家和地区、2300 万观众，有线电视入户英国 1000 万户家庭。四达时代传媒有限公司进入卢旺达等 14 个非洲国家，在 13 个国家获得数字电视和移动多媒体业务运营牌照，用户超过 120 万，服务的国家人口占非洲的 50%，成为非洲发展最快、影响最大的数字电视运营商，成功将中国广播电视节目、技术和标准引入非洲。中国外文局 2003 年起实施"走出去"本土化战略，不断探索、总结、完善本土化工作模式，形成了机构、发行、选题、人员本土化的走出去模式。安徽出版集团在俄罗斯创建新时代印刷有限公司，覆盖全俄境内的 10 个州，综合实力位居俄罗斯中央区前列，人民卫生出版社投资收购加拿大 BC 戴克出版公司的全部医学图书资产，中国青年出版总社在英国注册成立第一家以出版英文图书为主的专业出版社，当年实现营利。

第四节
加快构建现代国际传播体系

传播力决定影响力，话语权决定主动权。当今时代，国际传播能力是国家文化软实力的重要组成部分，是执政能力的重要体现，关系到国家形象和国家利益，谁的传播手段先进、传播能力强大，谁的思想文化和价值观念就能更广泛地辐射和传播，对世界的影响力就越大。近年来，我国积极构建多媒体、跨平台、广覆盖的现代传播体系，加快推进以国内受众为主向国内国际并重转变，努力形成与我国经济社会发展水平和国际地位相称的国际传播能力。

传播力决定影响力
话语权决定主动权

一、重点媒体国际传播能力建设得到加强

重点新闻媒体是信息发布、文化传播的主渠道，是衡量一个国家国际传播能力的重要标志。通过实施加强国际传播能力规划，把重点媒体国际传播能力建设作为构建现代国际传播体系的重要内容，有效整合电视、广播、报刊和互联网、手机等各种媒介资源，打造语种多、受众广、信息量大、影响力强、覆盖全球的国际一流媒体，显著提升了以中央重点新闻媒体为主体的国际传播能力。

1. 全面加强基础设施建设。硬件设施建设是打造国际一流媒体的基础和条件。经过多年发展，我国重点媒体基础设施建设成绩显

2012年7月，中央电视台新闻频道直播非洲野生动物大迁徙。

著。一是海外采编网络建设快速推进。中央重点媒体驻外机构数量迅速增长，逐渐延伸到世界各地，报道力量得到增强，采编播发能力大幅提升。目前，新华通讯社驻外分社共162个。中央电视台建成"7大区域中心记者站为核心，70个海外记者站为依托"的覆盖全球的新闻采编播发网络。人民日报社建成7个海外中心分社，正在建设10个重点分社。二是国际视频报道能力得到提升。国际频道、发稿线路、供稿平台、海外落地等方面建设取得积极进展。中央电视台整合资源组建"大外语频道"，实现6个语种、8个国际频道同步播出，成为全球唯一用6种联合国工作语言对外传播的电视机构。新华新闻电视网（CNC）建成5个卫星台和4个直属或合作有线台，节目卫星信号实现全球覆盖。三是重点平面媒体迅速拓展。中国日报社建成纽约、伦敦、香港三个海外总部，覆盖40多个主要国家和地区。四是环球广播平台能力增强。中国国际广播电台建成30多个海外记者站和80多个境外整频率电台。

　　2. 突出抓好新闻信息内容建设。提高新闻信息原创率首发率落地率，是重点媒体国际传播能力建设的目标任务。依托覆盖广泛的新闻采编体系，中央重点媒体大力推进传播内容本土化，增强了传播的针对性、实效性和吸引力、亲和力，在重大国际问题上主动发出中国声音。一是原创率首发率落地率提升。新华社国际新闻原创率大幅提高到68%，国际涉华新闻首发率达到50%，一些自采原创外文稿件被驻在国家地区最有影响力媒体援引或采用，对外报道首发率和落地率分别达到75%和67%，其中对外英文报道境外媒体采用率达到61%，推出具有自主知识产权的金融信息平台，在全球资本市场的话语权逐步提升。中央电视台不断增强快速反应能力、海外到达能力、现场直播能力、联动报道能力，海外记者日均发稿数量和国际新闻自采率首发率大幅提升。二是发出中国声音能力显著提升。中央重点媒体坚持以我为主采编播发新闻信息，注意用自己的观察和判断报道事件，体现中国视角，传播中国理念，发出中国声音。新华社在一系列重大事件报道中图片报道时效显著提升，开设《行走中国》和"Around China"栏目，推出一批打入西方主流媒体的英文精品报道。中央电视台重大国际事件报道中及时向国际社会传播中国立场和声音，中文国际频道百集系列节目《边疆行》，获得海外华人广泛好评；中国日报认真做好重大突发事件以及人权、民族、宗教等敏感话题的正面引导。环球时报英文版社评受到驻华外交官、商会和跨国企业代表等高端人士密切关注。三是传播内容本土化明显改善。新华社、中央电视台国际频道、中新社等媒体针对不同国家受众的文化传统、思维方式和审美情趣，加大对象国家和地区本土事务的报道力度，大力推进视频节目本土化制作，增强对外传播的贴近性和亲和力。

二、对外宣传工作不断改进创新

对外宣传工作是宣传思想文化工作的重要构成，是我国对外工作和总体外交战略的重要环节，在推动改革开放和现代化建设、树立国家形象、维护国家根本利益方面具有十分重要的作用。党的十六大以来，宣传思想文化战线紧紧围绕党和国家工作大局，全方位多层次宽领域提供中国信息、开展重大主题外宣，积极推进新闻发布和舆论引导工作，有理有利有节地开展国际舆论斗争，积极开展国家形象推广，进一步形成对外宣传工作整体合力。

1. 有效提升对外宣传的针对性实效性。对外宣传工作坚持贴近中国和世界发展实际、贴近世界各国对中国信息的需求、贴近国外受众的思维习惯，把握规律、讲究艺术，不断改进创新，对外宣传的实际效果不断提升。一是坚持"内外有别"、"外外有别"。针对国外受众的思维习惯和接受心理，准确把握住国外受众的价值取向、道德标准、宗教信仰、风俗习惯、审美情趣，寻找兴趣点和切入方式，灵活运用国际媒体比较习惯的传播形式、途径，国际受众容易接受的传播方式、方法，结合国际社会关心的问题，丰富对外报道、新闻发布、白皮书撰写、外宣品制作、多边国际活动公关宣传等内容与形式，不断增强对外宣传的吸引力感染力。2011年1月，6块电子显示屏在美国纽约时报广场播出《中国国家形象片——人物篇》，中国各领域杰出代表和普通百姓在片中逐一亮相，让美国观众更直观更立体地了解中国国家新形象。二是按照"及时正确、公开透明、有序开放、有效治理、正确引导"的方针，积极开展北京奥运会、上海世博会、"5·12"汶川特大地震等重大事件的对外新闻宣传和舆论引导工作，建立行之有效的应对机制，有力配合了外交大局，维护了国家利益。四川汶川发生特大地震后，围绕抗震救灾重点和社会舆论热点，举办近90场新闻发布会，向境内外记者累计提供新闻信息和背景资料5300多份、近40万字，组织邀请1800多家（次）、近3000名（次）记者采访报道。三是针对西方一些媒体不断翻新炒作的"中国崩溃论"、"中国威胁论"、"中国责任论"等负面舆论，围绕能源、资源、环保、外贸、国防等国际关注的热门题目，及时主动发布权威信息，对外介绍我政策主张，进一步增信释疑，有效影响国际舆论。在人权问题上，加大正面宣传力度，采取多种形式开展人权领域对外交流与对话，积极对外介绍我国的人权观，展示我国人权发展道路和发展成就，及时发布国家人权行动计划，全面介绍我国在人权各领域的发展目标和具体措施，向国际社会展示中国人权事业的巨大进步。同时，连续12年发表《美国的人权纪录》，回击美国对我人权状况的攻击，积极有效地开展国际舆论斗争。在涉藏对外宣传上，面向国际社会介绍我国民族宗教政策和西藏及其他藏区的经济社会发展成就，进一步揭露达赖集团和达赖本人的真实面目。针对各种涉藏突发事件，及时主动发布权威信息，批驳歪曲报道和造谣攻击。在涉疆对外宣传方面，持续开展赴疆实地采访活动，增进国外媒体和受众对新疆经济社会真实发展情况的了解，为新疆跨越式发展和长治久安营造良好的舆论环境。近10年来，我国出版文字外宣品1500多种近2800万册，出版外文期刊9600多万册，外文图书240万册（盘、片），制作包括国家形象片在内的各种影视片3000多部。

2. 全面加强外宣与外交、外贸、对外援助相互配合。全社会的外宣意识明显增强，外宣资源得到有效整合，各方面参与外宣工作的积极性主动性显著提升，大外宣格局深入发展、整体合力进一步形成。在加强内宣外宣的协调配合的同时，整合力量，以经济、政治、文化、商务、金融、科技、旅游等领域日益增多的对外交流活动为载体，从媒体外宣、交流外宣、文化外宣、节庆活动外宣、会展外宣入手，积极树立、展示我国形象。特别是通过党际交往、外交外贸、民间交流、海外华人华侨等多种力量和渠道，充分展现我党时代性、先进性、开放性不断增强，创造力、凝聚力、战斗力不断提升的新型马克思主义执政党形象。

3. 善于借助外力、借用外脑。发挥外国知名媒体、重要智库、友好人士、知名汉学家的桥梁作用，与国外主流社会认可的文艺、传媒、学术机构建立长期合作关系，打破文化隔阂和意识形态偏见，提高对外文化宣传的效果，为他们认识和了解中国提供帮助、创造条件。主动邀请外国知名记者、专栏作家和主持人来华采访，用他们的笔和镜头反映真实的中国，取到了事半功倍的效果。同时，积极推动新闻领域对外交流合作，注意加强对境外媒体的影响。中阿新闻合作论坛、中国—东盟新闻部长会议、中日媒体人士对话、中韩媒体高层对话、拉美国家媒体高级考察团、非洲国家政府官员新闻研修班，以及中美互联网论坛、中英互联网圆桌会议等新闻交流项目影响力不断扩大。

三、对外文化传播的数字化、网络化水平日益提升

传播力总是伴随着传播技术的改进、创新而不断提升，及时应用先进技术，改进传播方式、提升传播能力，是国际文化传播力竞争的基本手段。当今时代，应用数字网络技术提升文化传播技术发展水平，对于提升国际文化传播能力和效率具有决定性意义，对于发挥后发优势、实现赶超世界先进水平具有重要战略性支撑作用。各地各部门不断深化文化与科技融合发展，提高文化全领域全行业、特别是重点出口文化企业的技术装备水准，积极抢占国际文化竞争的制高点。

1. 提升对外文化传播数字化水平。数字化是文化传播中最具活力和潜力的部分，推动数字出版、移动多媒体、动漫游戏等一系列新兴文化业态发展，能够有效拓展文化走出去新领域新空间。在数字出版产品出口领域，先后建立起中国学术期刊网络出版总库、汉文化数据库、民族民间文化遗产数据库、道教文化资料库和中国建筑文化数据库。中国文化数据库体系的建立，加快了数字出版产品大量输出海外，为海外各界了解中国文化提供新的渠道，一些学术期刊的海外下载量和国际投稿量明显增加，2010年我国期刊数据库的海外付费下载收入近千万美元，电子书海外销售收入超过5000万元人民币。截至2010年年底，清华同方中文期刊全文数据库海外机构用户数量超过1000家，分布在38个国家和地区，五年累计出口额达3227万美元。汉王电纸书海外销量突破5万台。盛大网络文学在线阅读发展迅速，读者分布于几十个国家。深圳华强文化科技集团公司先后向美国、加拿大

等40多个国家和地区输出70余套"环幕4D影院"系统，每年出口体现中华文化元素的配套影片20余部，在国际文化市场上引起广泛关注。网络游戏出口额突破2亿美元，完美世界公司开发的10款民族游戏用户遍布四大洲60多个国家地区，海外收入超过9000万美元。深圳第七大道科技有限公司的网页游戏四年内覆盖全球128个国家和地区，注册用户数近2亿人，平均每天活跃用户数达700万人，2011年营业收入2.27亿元，出口创汇约1.17亿元。

2. 加强互联网传播能力建设。以互联网为代表的新兴媒体跨越国界、天然落地，是与生俱来的全球传播载体，可以迅速汇聚分散的要素、急剧放大微小的力量，在国际话语权竞争中显示出独特优势。各地各部门积极开设海外本土化网站，增加海外镜像站点，打造自主知

人民网办公场所内景。

识产权搜索引擎，切实增强我国在国际网络空间的话语权和主导力。"中华文化信息网"、"文化传通网"和"看中国"等对外文化宣传主题网站相继开通，成为国外了解中国优秀文化和民族精神的窗口。人民网先后开通6个外语网站群，每天有来自200多个国家和地区的网民登录人民网，浏览人民网英文新闻的网民达70多万人，境外访问量占总访问量的30%左右，人民搜索上线新一代搜索引擎平台"即刻搜索"，

建成 3000 多台高性能服务器集群，数据搜索规模达 300 亿，覆盖绝大多数中文网页，搜索时效性及结果相关性大幅提升。新华网全媒体报道水平稳步提高，首页和 30 多个主要频道全面改版，实现文字、图片、视频、手机报等报道形态深度融合，推出中文日本频道和英文版、海外中文测试版、手机新华网英文测试版和盘古搜索。中国网络电视台搭建 20 多个专业台和 5 个外语台，建成 4 个集成播控平台和亚洲规模最大、以网络视频为核心的多媒体数据库。国际在线网站开办中国国际广播电视网络台，完成互联网电视集成平台和互联网电视节目服务平台建设。中国日报网美国子网不断改进，日均访问量同比增长 10 余倍，欧洲子网浏览量不断增加，亚太子网于 2011 年 9 月推出。中新网 2011 年日均发稿量比 2009 年增长 50%，海外网民占比从 2009 年 13% 增加到 2011 年 20% 左右。

第一节　加强和改进文化宏观管理的重要意义和主要要求

第二节　加快推动政府职能转变

第三节　深化文化市场综合执法改革

第九章
加强和改进文化宏观管理

加强和改进文化宏观管理是坚持社会主义先进文化前进方向的必然要求，是提高党领导意识形态工作能力和水平的迫切需要，是推动社会主义文化大发展大繁荣的重要保障。党的十六大以来，各地各有关部门适应社会主义市场经济发展要求，根据宣传文化工作的特点和规律，坚持一手抓繁荣、一手抓管理，使改革的力度、发展的速度与管理的完善程度相适应、相协调，积极推进文化行政管理体制改革，加快推进政府职能转变，加强对文化发展的方向、导向等方面的管理，文化宏观管理的能力和水平显著提升。

第一节
加强和改进文化宏观管理的
重要意义和主要要求

一、加强和改进文化宏观管理的重要意义

在社会主义市场经济条件下推进文化改革发展，既要充分发挥市场机制积极作用，释放文化创造活力，同时也要不断加强和改进文化宏观调控，始终把社会效益放在首位，努力实现社会效益和经济效益相统一，确保文化建设始终沿着社会主义先进文化前进方向推进。党的十六大以来，随着文化单位改革的深入推进和文化产业、文化市场的快速发展，文化管理的对象、内容、范围等都发生了很大变化，这对加强和改进文化宏观管理，创新和完善文化管理体制提出了新的更高要求。

1. 加强和改进文化宏观管理是推进文化科学发展的迫切需要。推动科学发展，实现又好又快发展，加强和改进宏观管理是基本前提和重要保障。文化发展是科学发展的重要内容，同时文化自身也有一个科学发展的问题。党的十六大以来，宣传思想文化战线深入贯彻落实科学发展观，着力转变不适应、不符合科学发展观的思想观念，着力解决影响和制约文化科学发展的突出问题，着力构建有利于文化科学发展的体制机制，推动社会主义文化建设开创了新的局面。同时要看

到，文化发展中不协调、不可持续的问题依然突出，城乡之间、区域之间、门类之间发展还很不平衡，所有制结构、产业结构、产品结构还不尽合理，文化整体实力、竞争力和发展活力还不强，推进文化科学发展的任务还很艰巨。深入贯彻落实科学发展观，推动文化又好又快发展，促进文化与经济、政治和社会协调发展，迫切需要加强和改进文化宏观管理。

2. 加强和改进文化宏观管理是增强党的执政能力、保持党的先进性的迫切需要。文化资源是一个政党重要的执政资源，先进文化是一个政党在思想上和精神上的一面旗帜。一个政党能否长期执政，能否始终保持先进性，其中一项条件是看它能否运用先进文化引领前进脚步、始终带领全国各族人民走在时代前列。党的十六大以来，我们党以高度的文化自觉、文化自信，不断健全文化宏观管理，巩固了马克思主义在意识形态领域的指导地位，使党始终代表社会主义先进文化前进方向。当前，我国进入全面建设小康社会的关键时期和深化改革开放、加快转变经济发展方式的攻坚时期，人们思想观念深刻变化，社会思想意识日益活跃，各种非马克思主义的思想观念有所滋长，影响社会和谐稳定的舆论时有出现，加强党对文化工作的领导、引领整合多样化社会思潮的任务更加繁重。同时，西方敌对势力对我西化、分化的图谋没有改变，竭力通过各种途径、运用各种手段对我在发展上牵制、形象上丑化、思想文化上渗透，我文化安全和意识形态安全受到严峻挑战。全面推进党的建设新的伟大工程，不断加强党的执政能力建设，始终保持党的先进性，迫切需要加强和改进文化宏观管理。

3. 加强和改进文化宏观管理是深化行政管理体制改革的迫切需要。文化行政管理体制改革是深化行政管理体制改革的重要内容。党的十六大以来，宣传思想文化战线认真贯彻中央关于深化行政管理体制改革的决策部署，扎实推进政府职能转变，不断加强文化行政部门自身建设，推动文化管理体制改革取得明显成效，极大地激发了文化领域微观主体发展活力，为深化行政管理体制改革作出有益探索。但与中央关于深化行政管理体制改革的总体要求相比，文化宏观管理改革还不完全适应，还存在一些薄弱环节和亟待解决的问题。提高政府管理效能、建设人民满意的政府，形成权责一致、分工合理、决策科学、执行顺畅、监督有力的行政管理体制，迫切需要深化文化管理体制改革、加强和改进文化宏观管理。

二、加强和改进文化宏观管理的主要要求

1. 加强和改进文化宏观管理的有关部署。党的十六大以来，中央对加强和改进文化领域宏观管理高度重视。党的十六大，十六届三中、四中全会，党的十七大，十七届六中全会以及国家"十一五"、"十二五"时期文化改革发展规划纲要等，对加强和改进文化领域宏观管理作出一系列重要部署，要求进一步创新管理理念、健全管理体制、改进管理方式，与社会主义市场经济体制相适应，建立党委领导、政府管理、行业自律、社会监督、企事业单位依法运营的文化管理体制。具体来讲，党委领导就是各级党委要担负起推进文化改革发展的政治责任，管好方向，管好干部，管好重大事项，保证党对文化建设的决策落到实处。政府管理就是各级政府要转变职能，履行好政策调节、市场监管、社会管理、公共服务职能。行业自律就是文化行业组织充分发挥作用，制定行规公约作为协调、规范行业行为的准则，维护好行业健康发展。社会监督就是社会各方面和广大人民群众积极参与对文化事务的监督，不断提升文化发展质量。企事业单位依法运营就是广大企事业单位要成为独立的市场主体或事业法人，独立承担经济、法律或刑事、民事责任，实现依法运营。

2. 加强和改进文化宏观管理的基本思路。高举中国特色社会主义伟大旗帜，深入贯彻落实科学发展观，牢牢把握社会主义先进文化前进方向，以推动文化又好又快发展为主题，以增强党领导和建设社会主义先进文化能力为主线，以建立科学高效的文化管理体制为目标，着力创

党委领导
政府管理
行业自律
社会监督
企事业单位依法运营

新文化管理理念思路，着力理顺文化管理体制机制，着力丰富文化管理方式方法，推进政企分开、政事分开、政资分开、政府与市场中介组织分开和管办分离，推进文化市场综合执法改革，不断提高文化管理效能，促进社会主义文化健康有序发展。

3. 加强和改进文化宏观管理的基本原则。一是坚持马克思主义在意识形态领域的指导地位，繁荣和发展社会主义先进文化。坚定中国特色社会主义共同理想，推进社会主义核心价值体系建设，巩固全党全国各族人民团结奋斗的共同思想道德基础，牢牢把握正确导向，加强舆论引导，唱响思想文化主旋律。大力发展先进文化，支持健康有益文化，努力改造落后文化，坚决抵制腐朽文化。二是坚持从我国国情出发，走中国特色社会主义文化发展道路，在管理思路上不照搬照抄，在管理模式上不简单模仿。坚持党对宣传文化事业的领导，始终掌握对重大事项的决策权、对资产配置的控制权、对宣传内容的终审权、对主要领导干部的任免权，坚持正确舆论导向，坚持党管意识形态、党管媒体、党管干部、党管人才。三是坚持以管理促发展、促繁荣，围绕加强和改进文化宏观管理，通过完善管理，巩固文化改革发展成果。把好关，把好度，妥善处理意识形态领域问题，把增强宏观控制力和增强微观活力结合起来，确保放得开、管得住。强化政府文化管理和服务职能，坚持主管主办制度，落实谁主管谁负责和属地管理原则，严格执行文化资本、文化企业、文化产品市场准入和退出政策。坚持依法管理、科学管理、有效管理，运用多种手段，提高管理效能。四是坚持统筹兼顾，注重文化宏观管理同其他领域改革、与国家不断完善的法律法规体系相互配套、相互衔接。充分考虑文化的意识形态特点和文化管理的特殊性、复杂性，把宏观管理体制改革的一般要求与文化管理的特殊要求结合起来，不断探索创新，增强管理的系统性、协调性。

第二节
加快推动政府职能转变

　　转变政府职能是宏观管理体制改革的核心任务。近年来，文化行政管理部门按照建设法治政府和服务型政府的要求，积极转变政府职能，进一步理顺文化行政管理部门与所属企事业单位的关系，由"管脚下"向"管天下"转变，由主要运用行政管理手段向综合运用多种管理手段转变，由管微观具体事务向管宏观转变，政策调节、市场监管、社会管理和公共服务能力得到有力提升。

一、推进政企、政事、政资分开和管办分离

　　2003年《中共中央宣传部、文化部、国家广电总局、新闻出版总署关于文化体制改革试点工作的意见》、2005年《中共中央、国务院关于深化文化体制改革的若干意见》、2011年党的十七届六中全会《决定》、2011年《国家"十二五"时期文化改革发展规划纲要》等都明确提出，各级文化行政主管部门要进一步明确职责，进一步理顺与所属企事业单位的关系。

　　近年来，中央进一步明确了各文化行政管理部门的职能定位和责任分工。中央和省级文化行政管理部门主要负责制定战略规划、政策法规、标准规范和加强行业监督。市、县文化行政管理部门着力抓好

文化方针政策和法律法规的贯彻落实，强化行政执行和执法监管，面向基层群众做好公共文化服务。2008年7月，国务院办公厅分别印发了文化部、广电总局、新闻出版总署的"三定"规定，进一步明确了三部门行政职能。文化部主要职责是拟订文化艺术领域各项事业发展的方针政策、战略规划，组织推进体制机制改革、公共文化服务、艺术创作与生产、文化艺术产业发展，指导基层文化建设和保护非物质文化遗产，对文化艺术经营活动进行监管，指导管理全国对外文化交流和对港澳台文化交流等。广电总局的主要职责是拟订广播电影电视宣传、创作的方针政策，组织推进广播电影电视领域的公共服务，指导、协调广播电影电视事业、产业发展，监管广播电影电视节目、信息网络视听节目和公共视听载体播放的视听节目，审查其内容和质量等。新闻出版总署的主要职责是研究拟定新闻出版业的方针政策，制定发展规划、宏观调控目标和产业政策并指导实施，对新闻出版活动实施监督管理，组织协调全国扫除黄色出版物、打击非法出版活动工作等。2009年，中央编办对"三定"规定中有关动漫、网络游戏和文化市场综合执法的部分条文进一步作出解释：明确文化部是动漫的主管部门，影视动漫和网络视听中的动漫节目由广电总局负责，新闻出

2011年7月19日，广西隆林各族自治县文化市场执法人员对出版物进行检查。

版总署负责在出版环节对动漫进行管理。明确文化部是网络游戏的主管部门，新闻出版总署负责网络游戏的网上出版前置审批，上网后由文化部管理。新闻出版总署负责对出版境外著作权人授权的互联网游戏作品进行审批，其他进口网络游戏的审批工作由文化部负责。明确文化部负责指导文化市场的综合执法工作，负责指导副省级城市和地市级以下的文化、广电、新闻出版等部门执法力量的整合，建立统一的文化市场执法力量，文化市场执法工作由统一的文化市场执法力量承担。进一步理顺电影管理体制，中宣部、中编办、文化部、广电总局2008年联合下发《关于进一步理顺地方电影管理体制的通知》，将地方各级文化行政部门承担的电影发行放映管理职责和相关的机构编制、设施设备等，统一归口划入地方各级广电行政部门。经过职能调整和划转，文化行政管理部门进一步理顺了管理体制，增强了管理效能。

各地各有关部门积极推进政企分开、政事分开、政资分开和管办分离，进一步理顺了与所属文化企事业单位和市场中介组织的关系。新闻出版部门与出版社、广电部门与电视台完成"局社分开"、"局台分开"，做到职能分开、机构分设、财务分离，"两块牌子、一套人马"问题得到有效解决，逐步形成权责一致、分工合理、决策科学、执法顺畅、监督有力的行政管理体制，切实提高了文化宏观管理的水平。

二、推动文化行政管理部门全面履行政府职能

政策调节、市场监管、社会管理和公共服务是文化行政管理部门的四项重要职能，是建设法治政府和服务型政府的必然要求。近年来，各级文化行政管理部门加快政府职能转变，文化行政管理部门的管理水平和服务能力得到有效提升。

具体来讲，一是通过制定战略规划和政策措施，强化政策调节职能。党的十六大以来，中央制定出台了国家"十一五"、"十二五"时期文

化改革发展规划纲要、文化产业振兴规划等；各地结合实际，也出台了本地区文化改革发展规划，有力引导和推动了文化事业和文化产业发展。有关部门制定了鼓励发展民营文艺表演团体的意见、支持经营性文化事业单位转制为企业的规定、鼓励和支持文化产品和服务出口若干政策、非公有资本进入文化产业的若干决定、文化领域引进外资的若干意见等，向社会、向广大文化企事业单位指出了国家鼓励什么、支持什么、禁止什么，使政策调节成为推动文化改革发展的有力杠杆。二是正确处理政府与市场之间关系，强化市场监管职能。近年来，各

江苏常州市文化行政综合执法支队。

级文化行政主管部门着眼于建立依法经营、违法必究、公平交易、诚实守信的市场秩序和公开、公平、公正的市场竞争环境，深化文化市场综合执法改革，建立协调有序的综合执法运行机制，进一步改进管理方式，创新管理手段，加强各类监管平台建设，完善市场准入和退出机制，把好资质、资金、产品等准入关，做到依法管理、科学管理、有效管理，确保文化市场平稳有序运行。三是重视和加强各类行业协

会、社会组织建设，强化社会管理职能。近年来，各级文化行政主管部门把社会管理工作摆在更加突出的位置，发挥文化行业协会作用，完善行业协会内部自律机制，培育、管好各类文化领域社会组织，推动社会组织健康有序发展，不断提高社会管理科学化水平，使文化改革发展成果更好地惠及全体人民。四是大力发展公益性文化事业，强化公共服务职能。近年来，各级政府把构建公共文化服务体系纳入经济社会发展总体规划，坚持政府主导，以公共财政为支撑，按照公益性、基本性、均等性、便利性的要求，积极扶持公益性文化单位，加强文化基础设施建设，完善公共文化服务网络，让群众广泛享有免费或优惠的基本公共文化服务，切实承担起保障人民基本文化权益的职责。

三、深化文化行政审批制度改革

深化行政审批制度改革是推进依法行政的重要内容，对于进一步转变政府职能，减少政府对微观经济活动的干预，加快建设法治政府和服务型政府具有重要意义。

中央高度重视行政审批制度改革。2003 年十届全国人大第四次会议通过《中华人民共和国行政许可法》。国务院 2004 年发布《全面推进依法行政实施纲要》，2008 年颁布《关于深入推进行政审批制度改革工作的意见》。宣传文化系统按照中央要求，认真贯彻行政许可法，不断深化文化行政审批制度改革。2005 年制订出台的《中共中央、国务院关于深化文化体制改革的若干意见》明确提出，要完善行政许可，加快行政审批制度改革，清理、减少和规范文化行政审批事项。推行政务公开，规范程序，减少环节，增强透明度，提高公信力。

党的十六大以来，各级文化行政主管部门加快深化文化行政审批制度改革，不断清理、减少和规范行政审批事项，进一步提高了行政效能。文化部陆续取消行政许可和非行政许可审批项目25项，下放5项，划转3项，并对有关部门规章和规范性文件进行了清理和修订。

广电总局编写了《广播影视行政执法手册》，修改了《关于广播电影电视行政审批项目及实施机关的通知》，减少行政许可，规范许可行为，制订、修改几十项落实行政许可法的配套部门规章；按属地管理的原则，下放审批权，实行分级管理。新闻出版总署专门制定出台了《关于深化新闻出版行政审批制度改革的意见》，自2001年以来共6次取消和下放行政审批项目，取消行政审批项目36项，下放到省市县7项。在2012年《国务院关于第六批取消和调整行政审批项目的决定》中，确定新闻出版行政部门行政审批项目取消4项，调整5项。目前，新闻出版总署共有行政审批事项53项，其中总署机关22项，省级出版部门28项，地市级3项。全国已有26个省（区、市）新闻出版局实行了行政审批集中受理，其中14个省局成立了承担行政审批职能的综合业务处，实现了行政审批"集中受理、集中办理、统一回复"的工作模式，在审批机构设置和工作模式上实现了与总署的完全对接。

四、探索建立新型国有文化资产管理体制

国有文化资产不同于一般国有资产，承载着宣传文化教育功能，是推动社会主义文化大发展大繁荣的重要物质基础。随着文化体制改革深入推进，文化事业、文化产业快速发展，新闻出版、广播影视、文化系统企事业单位占有和使用的国有资产总量不断增加，国有资本运作方式发生了新的变化，迫切要求我们尽快探索一套适合中国国情、与社会主义市场经济体制相适应、与宣传文化工作特点相协调的新型国有文化资产管理体制。

党的十六大以来，中央把加强国有文化资产监管作为深化文化体制改革的重要任务，积极探索管人管事管资产管导向相结合的国有文化资产管理体制。2005年《中共中央、国务院关于深化文化体制改革的若干意见》、2011年党的十七届六中全会通过的《中共中央关于深化文化体制改革推动社会主义文化大发展大繁荣若干重大问题的决定》以及国

家"十一五"、"十二五"时期文化改革发展规划纲要，都对加强国有文化资产的监督管理作出重要部署，要求按照权利、义务、责任相统一，积极探索对转企改制后文化企业的有效管理措施和办法，建立和完善国有文化企业评估、监测、考核体系，完善管人管事管资产管导向相结合的国有文化资产管理体制，坚持社会效益优先，努力实现社会效益和经济效益的统一，确保国有资产保值增值。

为贯彻中央决策部署，在文化体制改革中，各地各有关部门结合自身实际，在建立新型国有文化资产管理体制方面进行了有益尝试，积极探索主管主办制度与现代企业出资人制度有机衔接的工作机制。有关部门就加强国有文化资产监管制订出台了一系列重要文件：2007年9月财政部、中宣部、文化部、广电总局、新闻出版总署制定了《关于在文化体制改革中加强国有文化资产管理的通知》，2008年9月财政部、中宣部、新闻出版总署制订了《关于中央出版单位转制和改制中国有资产管理的通知》，2009年7月财政部制订了《关于中央级经营性文化事业单位转制中资产和财务管理问题的通知》等，通过完善部门之间的工作协调机制加强国有文化资产监管，实现管人、管事、管资产、管导向相结合。

在国有文化资产监管机构设置方面，中央成立了中央文化企业国有资产监督管理领导小组，2011年7月，根据中央机构编制委员会办公室批复，中央文化企业国有资产监督管理领导小组办公室正式成立，承担中央文化企业国有资产监督管理领导小组的日常工作，挂靠财政部。北京、上海、重庆、广东等省市结合实际以不同形式设立了相应管理机构，初步形成了国有文化资产管理体系和工作机制。

第三节
深化文化市场综合执法改革

文化市场综合执法改革不仅是文化市场管理机构和管理方式的改革创新，更是文化领域宏观管理体制的深刻变革，对于健全文化市场体系、规范文化市场秩序、促进文化市场健康繁荣发展、维护国家文化安全具有重要意义。

党的十六大以来，中央对深化文化市场综合执法改革作出一系列部署。2004年8月，中办、国办转发了中宣部、中编办、财政部、文化部、国家广电总局、新闻出版总署、国务院法制办《关于在文化体制改革综合性试点地区建立文化市场综合执法机构的意见》，确定在北京、上海、浙江、广东等9个文化体制改革综合性试点地区开展文化市场综合执法改革试点。2005年《中共中央、国务院关于深化文化体制改革的若干意见》明确提出要整合现有有关行政执法队伍，组建综合执法机构，逐步推开文化市场综合执法工作。2009年9月，中宣部、中编办、文化部、国家广电总局、新闻出版总署下发《关于加快推进文化市场综合执法改革工作的意见》，要求各级文化行政部门和综合执法机构要依照职责权限，切实履行指导文化市场综合执法的职责，全面加强文化市场监管。2009年10月，中央文化体制改革工作领导小组办公室在杭州召开全国文化市场综合执法改革经验交流会议，全面部署全国综合执法改革工作，标志文化市场综合执法改革进入全面推进新阶段。2012年9月，文化部在青岛召开全国文化市场综合执法规范化建设工作会议，进一步推动文化市场综合执法规范化、信息化和专业化建设。

按照中央要求，各有关部门就深化文化市场综合执法改革制订出台更为具体的指导性文件，作出专门部署，明确各项要求。中央编办2010年专门下发《关于整合组建文化市场综合执法机构加强文化市场综合执法人员编制管理的实施意见》，文化部制订《文化市场综合行政执法管理办法》、《关于加强文化市场综合执法指导工作的通知》、《关于加强文化市场综合执法制度建设的通知》、《文化市场综合执法人员行为规范》等10多个文件，指导各地加快推进文化市场综合执法工作。国家广电总局和新闻出版总署在各自职责权限范围内也加强业务培训、指导综合执法机构依法执法，积极探索建立完善文化市场综合执法工作机制，推进综合执法队伍规范化建设。

一、积极推进以城市为中心的文化市场综合行政执法机构组建

改革开放以来，各类文化经营活动蓬勃兴起，文化市场管理任务日益繁重，文化、新闻出版、广电等部门相继成立一批行政执法队伍，文化市场管理工作取得积极进展。但随着形势发展，文化市场管理中职能交叉、多头执法、管理缺失、力量分散等问题也逐步凸显出来，整合不同部门的文化市场执法力量，组建统一的文化市场综合执法机构成为文化市场综合执法改革的重要任务。

2008年7月，山东临沂市整合有关文化部门执法力量，组建了文化市场管理执法局。

党的十六大以来，各地各部门认真贯彻中央关于文化市场综合执法改革的总体部署，加快组建统一的文化市场综合执法机构，文化市场管理体制逐步理顺，建立和完善了"统一领导、统一协调、统一执法"的文化市场综合执法体制和工作机制。各地成立或调整充实各级文化市场管理工作领导小组的工作也不断推进，省级完成率为100%，地级市完成率为92.8%，县（区）完成率为75.9%。未列入改革范围的新疆、西藏也进行了一定程度的改革。截至2012年9月10日，除新疆和西藏外，全国列入改革范围的403个地级市（含副省级城市及直辖市的区县）及2605个县（区）基本完成综合执法机构组建工作。

与此同时，各地各部门大力推进文化市场综合执法队伍规范化、信息化、专业化，加强综合执法队伍素质建设、装备建设、形象建设和业务建设，执法效能明显提高。一是执法力量显著增强。各地科学设定综合执法机构的编制、人员和经费，所需经费列入本级政府财政预算，实行"罚缴分离"、"收支两条线"制度，整合后的综合执法机构编制稳中有升，执法力量得到进一步加强。全国执法人员总数由改革前的17220人增加到31444人，其中上海、广东、山东的执法人员总数分别由改革前的240人、332人、1108人增加到485人、1310人、3780人。二是执法行为日益规范。文化部先后制订出台《关于加强文化市场综合执法指导工作的通知》、《关于加强文化市场综合执法制度建设的通知》、《文化市场综合行政执法管理办法》等一系列文件，统一综合执法证件、标志、文书，明确委托执法模式以及各相关行政部门的职责分工，初步形成了一套较为完整的执法制度。三是执法水平不断提高。2011年，全国共出动综合执法人员1224余万人次，检查经营单位742万家次；责令经营单位改正20.9万家次，受理举报4.9万件，立案调查6.4万件，移交案件3504件，责令停业整顿1.8万家次。同2010年相比，出动检查人次增长50.4%，立案调查案件增长6.1%，移交案件增长60.4%，办结案件增长11.3%，停业整顿家次增长42%。

二、加快推进副省级以下城市组建综合文化行政责任主体

与组建统一文化市场综合执法机构相衔接，推进副省级以下城市组建综合文化行政责任主体成为深化文化市场综合执法改革的另一项重要内容。组建综合文化行政责任主体，有利于理顺文化市场管理体制，有利于提高文化市场管理效能，对加强和改进文化宏观管理具有重要意义。

按照中央统一部署，各地各有关部门加快推进副省级以下城市组建综合文化行政责任主体。截至2012年9月10日，除新疆、西藏外，全国403个地级市和区、2594个县（区）中，分别有370个、2511个实现了文化（文物）、广播影视、新闻出版（版权）三局合一。未列入改革范围的新疆、西藏也进行了一定程度的改革。

在组建综合文化行政责任主体的基础上，各地各部门按照"精简、统一、效能"的原则，科学设置文化责任主体的内设机构，保留原有各行政管理部门的业务处室，整合办公室、人事、财务等非业务处室，有效提高了管理效能。

三、加强对文化市场的监管

随着文化体制改革的深入推进和文化生产力的极大解放，文化市场空前繁荣，同时部分地方腐朽落后文化时有出现，一些低俗媚俗文化现象屡禁不止。促进文化市场健康发展，迫切需要加强文化市场监管。近年来，各地各有关部门以完善文化市场监管体系为抓手，建立健全法律法规体系，加强各类监管平台建设，强化对重点领域的监管，文化市场管理工作取得显著成效，市场秩序不断规范，管理水平逐步提高。

近年来，有关部门不断完善有关文化市场监管的法律法规体系，

修订、颁布了《娱乐场所管理条例》、《营业性演出管理条例》、《网络游戏管理暂行办法》、《互联网文化管理暂行规定》、《音像制品管理条例》、《文化市场综合行政执法管理办法》、《文化部关于进一步加强文化市场管理的若干意见》等一批法律法规，各层级的法规文件相互补充、配合，构建了文化市场监管的法规体系，做到了有法可依。

加强各类监管平台建设，创新监管方式，建设了全国文化市场监控平台和国家出版物信用管理查验系统，构建了统一高效、覆盖全国的文化市场管理信息网络。建立了全国网络文化市场计算机监管平台，实现全国联网，网吧监管平台对全国12万余家网吧内的795万余台计算机终端实行即时动态监控。建立了技术监管体系，开通12318全国文化市场举报网站，受理娱乐场所、营业性演出、艺术品、网吧、网络游戏、网络音乐等市场的群众举报。

完善市场准入和退出机制，许可证制度、备案制度、文化经营活动审批制度、进口文化产品内容审核制度相结合的文化市场准入机制基本完善。对音像制品、营业性演出、网络文化经营单位实行许可证制度；对演出场所经营单位、个体演员、个体演出经纪人、美术品经营单位的设立实行备案制度；对营业性演出、美术品进出口等经营活动实行审批管理；对进口音像制品、游戏、演出节目、美术品实行内容审查制度等。

进一步加强对重点文化领域的监管，促进文化市场健康有序发展。加强对新兴文化市场的管理，2011年，中宣部、商务部、文化部、国家广电总局、新闻出版总署联合下发了《关于贯彻落实国务院决定加强文化产权交易和艺术品交易管理的意见》，按照总量控制、合理布局、依法规范、健康有序的原则，统筹规划文化产权交易场所的数量规模和区域分布，加强对文化产权交易的宏观调控和分类管理。

四、加大"扫黄打非"工作力度

紧紧围绕维护社会政治稳定，促进未成年人身心健康，保护知识产权，健全工作机制、开展集中行动、加强日常监管，先后开展"迎奥运保稳定"市场治理、清缴整治低俗音像制品、打击侵犯知识产权

在"反盗版百日行动"中，辽宁省集中销毁一批盗版出版物。

和制售假冒伪劣商品等专项行动，着力封堵政治性非法出版物，清除互联网和手机淫秽色情信息，打击侵权盗版和非法报刊出版活动，为确保国家文化安全、促进文化大发展大繁荣、全面建设小康社会营造了良好的社会文化环境。在整治网络淫秽色情和低俗信息方面，截至2011年年底，封堵淫秽色情网站51.6万余个，关闭违规网站643家，清理网上淫秽色情和低俗信息180余万条，注销传播淫秽色情和低俗信息的用户账号、关闭问题群组、降低问题用户等级5万余个，清理违规经营的接入服务商和合作企业142家。在打击侵权盗版方面，2011年全

国共收缴侵权盗版出版物5200万件，其中淫秽色情出版物133万件，侵权盗版出版物4402万件，非法报刊474万份。全国共查处淫秽色情出版物案件1717起、侵权盗版出版物案件10932起，有效地震慑了违法犯罪分子。广电总局扎实推进净化荧屏声频、加强治理广电节目低俗之风工作，2009年下发《关于进一步严肃查处广播电视涉性下流节目的紧急通知》等，对全国省级广播电视台进行大面积排查，严厉查处了一批内容低俗、格调不高的广播电视节目。

第一节　文化改革发展法律法规

第二节　文化改革发展经济政策

第三节　文化改革发展人才政策

第十章
建立健全文化改革发展政策法规体系

　　加强文化改革发展政策法规体系建设，充分发挥政策法规的引导、激励作用，是深化文化体制改革、促进社会主义文化大发展大繁荣的重要保障。改革开放特别是党的十六大以来，在中央高度重视和有力指导下，宣传思想文化战线把法制化、规范化建设作为深化文化体制改革的重要内容，积极适应文化改革发展需要，适应宣传文化法制建设自身的规律和特点，初步形成中国特色社会主义文化政策法规体系，为文化改革发展创造了良好的文化政策法规环境。

第一节
文化改革发展法律法规

    中央高度重视宣传文化领域的政策法规体系建设。2003年12月，胡锦涛总书记在全国宣传思想工作会议上明确指出，要"立足我国国情，借鉴各国经验，加强宣传文化领域的法制建设，为宣传文化事业健康发展创造良好法制环境。"2008年1月，胡锦涛总书记在全国宣传思想工作会议上又明确强调："要努力把做好宣传思想工作的要求体现到政策法规制定、组织实施之中，形成强大合力和整体效应。"李长春、刘云山等中央领导同志多次对宣传文化领域立法工作提出要求、作出部署，强调要加大宣传文化领域的立法力度，善于运用法律手段加强文化管理。2004年，中央宣传部制订下发了《关于制定我国文化立法十年规划（2004—2013）的建议》。2010年3月，中宣部牵头成立了中央宣传文化部门和国家立法机关组成的宣传文化领域立法工作部际协调机制，积极统筹协调文化立法工作。各有关部门强化依法行政理念，将文化立法列入重要议程，建立健全机制，加强机构和队伍建设，积极推动文化立法工作，宣传文化领域立法步伐不断加快，立法领域不断拓宽，依法行政、科学管理水平明显提高。目前宣传文化领域现行有效的法律法规包括《中华人民共和国文物保护法》、《中华人民共和国著作权法》、《中华人民共和国非物质文化遗产法》和《全国人大常委会关于维护互联网安全的决定》等4

部法律；《出版管理条例》、《广播电视管理条例》、《电影管理条例》、《公共文化体育设施条例》、《营业性演出管理条例》、《娱乐场所管理条例》、《互联网上网服务营业场所管理条例》等30多件行政法规；《期刊管理暂行规定》、《文化市场综合行政执法管理办法》、《社会艺术水平考级管理办法》、《互联网出版管理暂行规定》、《互联网文化管理暂行规定》、《互联网新闻信息服务管理办法》、《互联网视听节目服务管理规定》等260多件部门规章，以及240多件地方性法规，500多件地方政府规章。总体来看，这些法律法规和部门规章基本覆盖了文化改革发展的主要方面，使文化改革发展在重要方面和关键管理环节上做到了有法可依、有章可循，为推动和促进我国宣传文化事业繁荣健康发展，维护我国文化安全和意识形态安全提供了有力的法律保障。

一、加强文化立法

法律层面的文化立法，由于层级高、难度大，每取得一步进展和一项突破，都来之不易、弥足珍贵。长期以来，文化领域的法律只有1982年的《文物保护法》、1990年的《著作权法》和2000年的《全国人大常委会关于维护互联网安全的决定》这"两法一决定"。党的十六大以来，针对宣传文化领域高层级的基本法律欠缺、效力偏低问题，宣传思想文化战线按照社会主义法制建设的总体要求，坚持重点突破、统筹兼顾、先易后难、整体推进的原则，对文化体制改革过程中亟须通过法律规范和调整的重点难点问题进行立法，制定宣传文化领域立法规划，大力推进文化立法进程，提升文化立法层级，取得积极成效。目前，《中华人民共和国非物质文化遗产法》已于2011年2月25日颁布，6月1日正式实施；《公共图书馆法（草案送审稿）》已上报国务院，列入2012年国务院立法计划；《电影产业促进法（草案）》已多次征求相关部门和社会各界意见；《公共文化服务保障法》、《文化产业振兴法》、《广播电视传输保障法》等的调研起草工作正在抓紧进行；《著作权法》第三次修订工作也已于2011年7月启动。特别是《非物质文化遗产法》的制订出台，将党中央关于非物质文化遗产保护的方针政策上升为国家意志，将非物质文化遗产保护的有效经验上升为法律制度，将各级政府部门保护非物质文化遗产的职责上升为法律责任，有利于建立健全科学有效的保护体系，为非物质文化遗产保护政策的长期实施和有效运行提供了坚实保障，同时，也有力提升了文化立法的层次和水平，丰富了我国法律体系的内容，在文化建设立法中具有重要意义。与此同时，有关法律适用工作取得有效成果。最高人民法院于2011年6月7日公布了《关于审理破坏广播电视设施等刑事案件具体应用法律若干问题的解释》，对广播电视设施保护和安全播出产生了积极而深远的影响。

二、修订和完善文化行政法规

根据党的十六大以来文化改革发展的新形势新任务，结合我国加入世贸组织的新情况新要求，宣传思想文化战线对新闻出版、广播影视和文化艺术等领域的法规进行了全面系统清理，对不适应形势发展需要及违反世贸组织规则和承诺的有关文化行政法规，进行相应修订和完善，同时抓紧对急需法规的起草制定。文化事业方面，2003年颁布的《公共文化体育设施条例》从规划、建设、经费、服务、管理和保护等方面确定了促进公共文化设施发展的基本制度，是公益文化事业领域的一部重要行政法规。此外，自2002年《文物保护法》修订后，2003年《文物保护法实施条例》颁布，2006年《长城保护条例》首次对单个文物项目进行立法保护，《博物馆条例》也已经列入2012年国务院立法计划。文化产业方面，2005年国务院颁布《关于非公有资本进入文化产业的若干决定》，明确鼓励非公有资本进入文化产业的原则，具体界定社会资本进入文化产业的准入政策。2005年和2006

2006年《长城保护条例》颁布，首次对单个文物项目进行立法保护。图为八达岭长城

年，国务院完成了对《营业性演出管理条例》和《娱乐场所管理条例》的修订工作。其他方面，《著作权集体管理条例》、《信息网络传播权保护条例》和《广播电台电视台播放录音制品支付报酬暂行办法》的颁布，对完善我国著作权制度具有重要意义。面对互联网等新型媒体的迅速发展，国务院先后颁布了《计算机信息网络国际互联网管理暂行规定》、《互联网信息服务管理办法》两项行政法规。《出版管理条例》和《音像管理条例》修订工作，是应对中美出版物市场准入世贸争端案的重大举措。各相关部门既坚守宣传文化管理基本制度要求，又积极应对世贸专家组裁决，反复协商有关出版物进口贸易权、分销权国民待遇等涉及宣传文化制度的重大敏感问题，审慎地对两条例作适度修改。两部行政法规于2011年年初修订发布，有效应对了世贸争端案给我国出版领域带来的冲击。

三、出台和完善部门规章和规范性文件体系

在做好有关文化法律、行政法规立法工作的同时，宣传文化各部门还根据形势任务的需要，及时开展了部门规章和规范性文件的制定、修改和废止工作，配套和完善了宣传文化领域相关法规制度，有力促进了文化法制建设、政府职能转变和依法行政。比如，新闻出版总署现行有效的规章共计25件，其中2001年以后制定或修订的达21件。2002年开始，新闻出版总署（国家版权局）系统清理了新中国成立以来新闻出版领域上千件规章、规范性文件，分批废止规章、规范性文件共526件。2011年，首次向社会公布了新闻出版总署和国家版权局现行有效规范性文件目录。截至2010年12月31日，新闻出版总署负责实施的现行有效的规范性文件共251件，国家版权局负责实施的现行有效的规范性文件共44件。十年来，国家广电总局相继出台了近400项广播电视部门规章和规范性文件，其中促进性、指导性政策约为236项，占59.6%，实行严格管理的规制性政策约160项，占40.4%。这一系列文件比较注重政策的延续性，比如《〈外资投资电影院暂行规定〉补充规定》、《〈电影企业经营资格准入暂行规定〉补充规定》等，都进一步补充和修改完善了电影业市场准入和投资的有关政策。其他相关部门也普遍加强了部门规章和规范性文件体系的建设力度。比如国务院新闻办和信息产业部联合发布《互联网新闻信息服务管理规定》等。

第二节
文化改革发展经济政策

在社会主义市场经济条件下，文化经济政策是文化繁荣发展的重要支撑，也是调控文化产品和服务方向的重要杠杆。文化体制改革工作开展以来，在继续贯彻落实好已有文化经济政策的基础上，根据形势发展需要，先后研究制订了《国务院办公厅关于印发文化体制改革试点中支持文化产业发展和经营性文化事业单位转制为企业的两个规定的通知》、《国务院办公厅转发财政部、中宣部关于进一步支持文化事业发展若干经济政策的通知》、《国务院办公厅转发财政部等部门关于鼓励和支持文化产品和服务出口若干政策的通知》、《国务院办公厅关于印发文化体制改革中经营性文化事业单位转制为企业和支持文化企业发展两个规定的通知》等一系列文化经济政策，涉及构建公共文化服务体系、经营性文化事业单位转企改制、扶持文化产业发展、鼓励文化产品和服务出口、引导非公有资本进入文化产业、加强国有文化资产管理等，基本涵盖了改革发展的主要环节，为文化体制改革的深入推进和文化事业文化产业的繁荣发展提供了有力保障。为贯彻落实六中全会精神，中央有关部门根据各自责任分工，已经或正在抓紧起草一系列政策文件，内容包括公共文化服务指标体系和绩效考核办法，统筹规划和建设基层公共文化服务设施，把农民工纳入城市公共文化服务体系，中央、省、市三级设立农村文化建设专项资金，完善

安徽省设立财政专项资金支持文艺院团改革发展。图为安徽演艺集团有限公司演出现场。

国有文化资产管理体制，保证公共财政对文化建设投入的增长幅度高于财政经常性收入增长幅度，设立国家文化发展基金，支持社会组织、机构、个人捐赠和兴办公益性文化事业，加大财政、税收、金融、用地等方面对文化产业的支持力度，支持一般国有文艺院团改革发展，对转企改制国有文化单位扶持政策执行期限再延长五年，完善支持文化产品和服务走出去政策措施，支持文化科技企业优惠政策等。

一、加大公共财政对文化建设的投入

党的十六大以来，各级财政部门对文化建设高度重视，投入力度逐年加大，2002年全国公共财政文化体育与传媒支出415.41亿元，2011年增加至1890.3亿元，年均增长18.34％；其中，中央财政文化体育与传媒支出由2002年的67.71亿元，增加至2011年的415.88亿元，年均增长22.35％。努力做好文化事业建设费和国家电影事业发展专项资金的征收、上缴、预算分配和使用管理等工作，逐步增加彩票公益金用于文化事业的支出，完善相关管理办法，确保专款专用。2002年中央级文化事业建设费支出3.14亿元，2011年达到10.46亿元，年均增长14.31％，10年总计支出49.62亿元。2011年，全国文化事业建设费收入82.77亿元，支出67.7亿元，分别比上年增长22.1％和34.3％。国家电影事业发展专项资金2002年收入0.35亿元，2011年达到6.1亿元，年均增长37.38％。为加强资金管理，财政部制订了《国家电影事业发展专项资金管理办法》，明确资金主要用于资助城市影院放映国产影片、城市影院更新改造、影院计算机售票系统、少数民族电影译制等。2008年，财政部通过中央集中的彩票公益金安排文化支出3亿元，主要用于文化部繁荣文艺创作和补助地方社区文化建设支出等。至2011年，中央集中的彩票公益金累计安排文化支出10.5亿元。在增加投入的同时，各级财政部门积极调整财政支出结构，财政文化投入重点向农村和基层倾斜，向公益性文化事业倾斜，有力保障了重点文化领域支出需求。

1. 支持构建覆盖城乡的公共文化服务体系。在重点文化惠民工程建设方面，截至2011年年底，中央财政总计安排专项资金175.85亿元，支持实施了广播电视村村通、全国文化信息资源共享、乡镇文化站、农村电影放映、农家书屋等五大重点文化惠民工程，基本解决了广大农民群众读书看报、听广播看电视、看电影难等问题，保障了群众基本文化权益。在公益性文化设施免费开放方面，自2008年起，中央财政设立专项资金，重点补助地方博物馆、纪念馆免费开放所需资金，鼓励改善陈列布展和举办临时展览，支持重点博物馆提升服务能力，对实行低票价的博物馆和自行实行免费开放并取得良好效果的省份给予奖励，至2011年累计支出82亿元。地方各级财政部门也将博物馆、纪念馆免费开放相关经费纳入财政预算，有力地保障了博物馆、纪念馆免费开放后正常运转和服务能力的提升。为进一步推进公益性文化设施免费开放，2011年，中央财政安排18亿元，支持推进美术馆、图书馆、文化馆（站）免费开放。在开展基层群众文化活动方面，自2005年起，中央财政设立农村文化"以奖代补"专项资金，至

2011年累计安排51亿元，引导和激励地方财政加大农村文化投入，支持地方开展有地域特色、适合当地风俗的农村文化活动。地方财政也努力增加投入，积极鼓励农民自办文化，开展社区文化、广场文化等基层文化活动，丰富人民群众精神文化生活。在提升公益性文化事业单位服务能力方面，2002年至2011年，中央财政累计安排补助地方文化体育与传媒专项资金90亿元，支持地方改善县级以上文化馆、图书馆、博物馆、体育场馆、广播电视台站、新闻出版事业单位等设施条件，促进其提高公共文化服务能力和服务水平。

维修后的西藏布达拉宫。

"南澳一号"水下考古现场。

新疆文物工作人员在天山深处勘查草原岩画。

2011年，杭州西湖文化景观入选《世界文化遗产名录》。

　　2. 支持文化遗产保护与传承。不断增加对大遗址、全国重点文物、非物质文化遗产保护的资金投入，支持开展第三次全国文物普查、红色旅游、古籍保护、中华善本再造、民族文字出版等重点项目，努力促进中华民族优秀文化遗产的保护和传承发展。2002年至2011年年底，全国财政文物支出累计649.3亿元，年均增长率达

25.64%。截至2011年，中央财政累计投入非物质文化遗产保护经费14.99亿元。

3. 支持实施文化精品战略。重点支持实施了国家舞台艺术精品工程、国家重大历史题材美术创作工程等，增加电影精品专项资金投入，着力打造出一批体现民族精神和时代特色的文化艺术和电影精品。中央财政设立国家出版基金，对具有良好社会效益和文化传承积累价值的国家重大出版工程和马列专著、党和国家重要文献、"三农"读物、少儿读物、科普读物等公益性出版项目给予资助，至2011年累计安排9亿元。

4. 支持中华文化走出去。各级财政不断加大投入力度，大力支持开展政府间文化交流，同时，积极支持搭建走出去服务平台，推动中国出版、动漫、电影等走向国际市场，并对文化出口重点企业和重点项目给予绩效奖励，促进了中华文化走出去战略的顺利实施。"十一五"时期，中央财政累计支出海外中国文化中心建设和业务活动经费6.6亿元，中外"文化年"、"文化节"等政府间文化交流活动经费8.5亿元，支持有关部门组织文化企业参加国外书展、电影节、动漫节以及相关活动等经费约2亿元。

二、加强对文化产业的政策扶持

良好的政策环境，对于实现我国文化产业的跨越式发展至关重要。文化产业作为朝阳产业，更需要政策的引导和激励。各地各部门围绕扶持文化企业发展、优化文化产业投融资环境、推动新兴文化产业发展、培育文化消费市场等，努力制定完善经济政策。

1. 加大文化产业财政投入力度。2008年，中央财政设立文化产业发展专项资金，面向文化产业类企业法人，采用贷款贴息、项目补助、补充国家资本金、绩效奖励、保费补助等多种形式，重点支持文化体制改革转制企业发展、骨干文化企业培育、现代文化产业体系建设、金融资本和文化产业资源对接、文化科技创新和文化产品和服务出口等。截至2011年年底，中央财政支持文化产业发展专项资金累计安排62亿元，支持项目1000多个。为支持我国动漫产业发展，2006年，《国务院办公厅转发财政部等部门关于推动我国动漫产业发展若干意见的通知》明确由中央财政设立"扶持动漫产业发展专项资金"，主要用于支持优秀动漫原创产品的创作生产、民族民间动漫素材库建设、动漫公共技术服务体系建设等我国动漫产业链发展的关键环节。在中央财政带动下，全国各省（区、市）普遍设立了文化产业发展专项资金，在推动文化体制改革和文化产业发展方面发挥了积极作用。此外，财政部门还通过国有资本经营预算等渠道支持国有文化企业改革发展，2012年纳入国有资本经营预算的中央文化企业达到13家。同时，财政部门积极创新支持文化产业方式。2011年，财政部牵头设立首支国家级文化产业投资基金——中国文化产业投资基金，充分发挥财政资金的杠杆作用，引导金融机构和大型国有企业等社会资金投入，搭建文化产业投融资平台。基金以推动资源重组和结构调整、振兴文化产业为目标，实行市场化运作，目标总规模为200亿元，首期募集60亿元。上海、江苏、山东、浙江、湖南、陕西等省市也设立了文化产业投资基金或专项资金，有力地调动了社会资本投入文化产业的积极性。

2. 完善文化产业税收优惠政策。主要包括：经广播电影电视行政主管部门批准的从事电影制片、发行、放映的电影集团公司（含成员企业）、电影制片厂及其他电影企业取得的销售电影拷贝收入、转让电影版权收入、电影发行收入以及在农村取得的电影放映收入免征增值税和营业税；经国务院有关部门认定的动漫企业自主开发、生产动漫产品，可享受国家现行鼓励软件产业发展的有关增值税、所得税优惠政策；动漫企业自主开发、生产动漫产品涉及营业税应税劳务的（除广告业、娱乐业外），暂减按3%的税率征收营业税；对新闻出版和发行实行100%和50%的增值税先征后退政策，并规定退还的增值税税款专项用于技术研发、设备更新、新兴媒体的建设和重点出版物引进开发；出版、发行企业库存呆滞出版物，符合条件的可以作为财产损失在税前据实扣除；对符合条件的新华书店实行增值税免税政策，并规定免征的增值税税款应专项用于发行网点建设和信息系统建设；为生产重点文化产品而进口国内不能生产的自用设备及配套件、备件等，按现行税收政策有关规定，免征进口关税；文化企业在境外演出从境外取得的收入免征营业税；对出口图书、报纸、期刊、音像制品、电子出版物、电影和电视完成片按规定享受增值税出口退税政策；在文化产业支撑技术等领域内，依据相关税收法律法规认定的高新技术企业，减按15%的税率征收企业所得税；文化企业开发新技术、新产品、新工艺发生的研究开发费用，可以按照税法规定享受加计扣除或摊销的优惠政策；文化产业企业从事技术开发、技术转让及其相关的技术服务、技术咨询取得的收入免征营业税；等等。

3. 制定金融支持文化产业发展政策。2010年，中宣部、中国人民银行、财政部、文化部、广电总局、新闻出版总署、银监会、证监会、保监会等9部门联合印发了《关于金融支持文化产业振兴和发展繁荣的指导意见》。这是金融支持文化产业发展繁荣的第一个宏观政策指导文件。文件明确规定要积极开发适合文化产业特点的信贷产品，加大有效的信贷投放；完善授信模式，加强和改进对文化产业的金融服务；大力发展多层次资本市场，扩大文化企业的直接融资规模；积极培育和发展文化产业保险市场；建立健全有利于金融支持文化产业发展的配套机制；加强政策协调和实施效果监测评估。在文件的鼓励引导下，银行对文化产业的信贷额度大幅增加，截至2011年年末，工商银行、农业银行、中国银行、建设银行、交通银行5家大型银行支持文化产业授信余额总计2182.9亿元，贷款余额共计1854.61亿元，分别比2006年增长86.4%和79.9%。

4. 实施国家文化科技创新工程。适应文化和科技加速融合的新趋势新要求，以组织实施国家文化科技创新工程为抓手，开展国家级文化和科技融合示范基地认定工作，制订下发《国家文化科技创新工程纲要》，大力推动文化科技创新发展。纲要提出，要进一步完善国家文化科技创新扶持政策，把文化科技重大项目纳入国家相关科技发展规划和计划，予以持续稳定支持。文化科技类企业符合相关条件的，按规定享受高新技术企业税收优惠政策和现行有关鼓励企业技术创新和科技进步的税收优惠政策，等等。

为了加快推动文化产业发展，各地从本地区实际出发，也出台一系列优惠政策。比如，福建省从培育骨干企业、推动产业集聚、文化与科技融合、加大财税扶持等九个方面制定39条政策；天津市明确规定，对经营性文化事业单位转制为企业的，在工商注册登记、企业名称使用、企业年检和文化企业集团准入等方面放宽条件、提供便利。

三、制定和落实支持文化体制改革的配套政策

早在2003年文化体制改革试点初期，胡锦涛总书记就明确要求给文化体制改革以政策支持，让文化单位轻装上阵，通过改革加快发展。针对文化体制改革中的重点难点问题，中央相继出台了一系列改革配套政策文件，各地也纷纷出台更加具体、更加优惠、更有针对性的政策措施，从财政税收、投资融资、资产管理、收入分配、社会保障和人员安置等多方面予以有力扶持，保证了文化体制改革的积极稳妥推进。

1. 分层次、分类别实施有针对性的财政扶持政策。在科学界定文化单位性质和功能的基础上，分层次、分类别实施有针对性的财政扶持政策。对公共图书馆、博物馆、美术馆、文化馆、群众艺术馆等公益性文化事业单位，按照增加投入、转换机制、增强活力、改善服务的方针，进一步加强经费保障力度，支持其转换内部机制，深化人事、收入分配和社会保障制度等改革，增强内在活力，提高服务水平。对国家级重点文艺院团、党报党刊、广播电台电视台等，按照政府扶持、转换机制、面向市场、增强活力的方针，采取政府购买服务等方式，

支持其推进改革创新，逐步建立起面向社会公众、以市场为导向、以社会效益和经济效益兼顾为目标的经营管理机制，不断增强自我发展的内在动力。对出版社、新华书店、电影制片厂、电影放映单位、一般艺术院团、非时政类报刊社等经营性文化单位，按照创新体制、转换机制、面向市场、壮大实力的方针，帮助弥补改革成本，明确原财政负担的转制单位职工住房公积金、住房补贴以及正常事业费继续拨付，并对转制过程中发生的资产评估、审计、政策法律咨询等费用予以补助，促进其加快转企改制步伐，培育成为合格的市场主体。

2. 制定完善推动文化改革发展的税收优惠政策。明确经营性文化事业单位转制为企业的，自转制注册之日起免征企业所得税；由财政部门拨付事业经费的文化单位转制为企业，自转制注册之日起对其自用房产免征房产税；党报党刊将其发行、印刷业务及相应的经营性资产剥离组建的文化企业，自注册之日起所取得的党报党刊发行收入和印刷收入免征增值税；等等。同时，为支持我国宣传文化事业的发展，财政部、国家税务总局制定完善了宣传文化增值税和营业税优惠政策以及所得税优惠政策，明确对部分出版物和少数民族文字出版物印刷或制作、县及县以下新华书店实行增值税先征后退或免征增值税政策等。据统计，仅企业所得税一项，2004年至2011年，国家为全国改革单位减免近200亿元。

3. 围绕解决经营性文化事业单位转制过程中社会保险接续和"事企待遇差"等问题出台相应政策。各地各部门根据文化单位的具体情况和特点，采取具体政策措施，切实维护职工切身利益。人力资源和社会保障部、财政部、新闻出版总署、北京市人民政府联合下发《关于中央各部门各单位出版社转制后参加北京市养老保险有关问题的通知》，明确依照属地管理的原则，中央各部门各单位出版社转企改制后人员加入北京市企业职工基本养老保险，北京市为其免除应补缴的基本养老保险费用达20亿元，解除了2万余人的后顾之忧。河北省对转制人员放宽提前离岗条件，并采取"老人老办法、新人新办法"，新增转制成本由省财政解决。山东省明确规定，对转制单位给予编制数额内的在职职工一次性补贴，由其所在单位通过社会保险经办机构转入职工基本养老保险个人账户。安徽省规定，在职人员办理社会保险接续视同缴费年限，离退休职工养老金所需资金由财政解决。重庆市将转企改制院团离退休人员和未聘人员的津贴补贴、医疗保险费等全额纳入市级财政预算。

4. 针对文艺院团改革等难点问题出台相应政策。改革中，各地各部门遵循演艺业发展规律，积极借鉴了国际上的一些有益做法，针对文艺院团底子薄、包袱重、演艺市场发育不足等实际情况，明确了6个方面扶持措施：原有正常事业经费在一定期限内继续拨付，但目前并没有明确的期限，拨付的方式由原来的养人头变为养事业养项目；通过文化产业发展专项资金、宣传文化发展专项资金、政府采购、演出场次补贴、配备演出设备和场所、免征企业所得税等扶持院团发展，现在有的地方专门为转制院团配备了演出场所，实行"一团一场"；转制时在职职工按国家规定的连续工龄视同缴费年限，不再补缴基本养老保险费；通过建立企业年金、加发养老金补贴、补充医疗保险等多种方式解决转制人员退休待遇差；由财政为转制企业注入补足注册资本金；为分流人员拓宽转岗途径，加强转岗培训等；鼓励艺术名家和其他演职员工以个人持股的方式参与转制院团的股份制改造。具备条件的地方，还结合本地实际出台更加优惠的政策措施，对文艺院团改革予以特殊支持。

第三节
文化改革发展人才政策

　　深化文化体制改革、推动社会主义文化大发展大繁荣，队伍是保证，人才是关键。党的十六大以来，宣传思想文化战线紧密结合文化改革发展实际，积极研究探索人才队伍建设的特点和规律，切实加强人才战略规划和宏观指导，制订印发了《全国宣传文化系统"四个一批"人才培养工作意见》、《全国宣传思想文化中长期人才发展规划（2010—2020年）》、《文化名家工程实施方案》、《关于加强地方县级和城乡基层宣传文化队伍建设的若干意见》等一系列文件，明确将新闻宣传、出版传媒、文化艺术、经营管理、文化科技等人才纳入人才队伍建设的主要任务，提出要创新人才培养模式、创新工作方式手段，建立人才工作交流平台和终身学习平台，健全人才资源统计分析制度，建立人才数据库，实施高端紧缺文化人才培养计划，鼓励各类人才合理流动，对非公有制文化单位人员评定职称、参与培训、申报项目、表彰奖励同等对待，多渠道吸引海外优秀文化人才，切实加强人才队伍建设。总体看，十年来，人才建设目标更加清晰，人才工作得到明显加强，是宣传思想文化人才队伍发展最快、最好的时期之一。目前人才队伍总规模达1400多万，人才种类有了明显增加，人才质量有了较大提高，队伍的年龄结构、知识结构、专业结构大大改善，为文化改革发展提供了有力的人才支撑。

一、加强文化人才队伍的教育培训

教育培训工作是人才队伍建设的重要方面，是一项先导性、基础性、战略性工程。党的十六大以来，宣传文化系统根据文化人才特点和实际，注意创新培训内容和方式，注重培养与使用相结合，鼓励和安排人才参与重大理论研究和建设工程、文化出版精品工程、重要宣传报道活动等，有组织有计划地选派优秀人才到基层和艰苦地区实践锻炼。近些年，仅中央主要新闻单位就选派了120名中青年业务骨干到基层挂职。先后分期分批组织高层次人才开展专题调研、国内外考察、采风等活动，加深了对国情、社情、民情的了解，加深了对国外文化产业发展的了解。2006年以来，宣传文化系统根据中央提出的新一轮大规模培训干部的战略部署，组织开展大规模干部培训。据统计，"十一五"期间，全国宣传文化系统共培训各级各类干部和专业人才约302万人次，与"十五"期间培训总人次相比大幅增加。中宣部组织的干部培训人数也逐年增长，五年共培训24884人次，是1993年至2005年中宣部培训干部总人次的10倍左右。2010年中宣部组织实施"万人培训计划"，并会同有关部门联合印发《关于加强地方县级和城乡基层宣传文化队伍建设的若干意见》，计划用两年左右时间，将全国2800多名县委宣传部长普遍轮训一遍。与此同时，伴随文化体制改革不断深入，通过举办深入学习贯彻中央关于深化文化体制改革精神专题研讨班、新任地方宣传部长培训班、文化改革发展现场经验交流会，围绕改革配套政策、文化企业改制上市及文艺院团、非时政类报刊等重点改革任务举办系列培训班，在中央党校、国家行政学院等部门和单位作专题报告，不断统一思想、提高认识，增强各地各有关部门指导、推动文化改革发展的能力和水平，营造有利于文化改革发展的良好舆论氛围。总体看，近年来，宣传文化系统干部培训工作蓬勃发展，在扩大培训覆盖面、提高培训质量、推进改革创新、加强机制体制建设等方面取得显著成效，走上多层次、多渠道、大规模发展的轨道。在各类教育培训工作中，宣传文化系统始终把提高培训质量放在突出位置，打造了一批品牌培训项目，逐步构建了班次设置、课程、教学师资、教材、基地建设等"五个体系"，培训的覆盖面和影响力不断扩大，针对性和实效性不断增强，特色鲜明、充满活力、上下联动的干部培训格局基本形成。为加强对文化人才队伍教育培训工作规划，2011年年初，中宣部根据中央《2010—2020年干部教育培训改革纲要》精神，结合文化改革发展实际，制订下发了《2011—2015年全国宣传文化系统干部教育培训规划》，为未来一个时期文化人才队伍教育培训工作进一步提供了遵循。

二、完善优秀人才的选拔培养机制

为加强对文化改革发展优秀人才的选拔培养，针对人才工作点多面广的客观情况，宣传思想文化战线积极探索以抓好重点人才工程带动整个人才队伍建设的有效做法。目前，宣传思想文化领域正在和将要实施的全国性重点人才工程有4个，分别为文化名家工程、"四个一批"人才培养工程、高层次国家传播人才培养计划、非物质文化遗产项目代表性传承人扶持计划。文化名家工程是国家人才规划提出实施的新12项重大人才工程之一，主要着眼于对成就突出、造诣高深、影响广泛的高层次人才进行激励和资助，每年重点资助扶持一批哲学社会科学、新闻出版、广播影视、文化艺术和文物保护、文化经营管理、文化科技等方面的名家，承担重大课题、重点项目、重要演出，开展创作研究、展演交流、出版专著等活动，到2020年，由国家资助的文化名家达到2000名。"四个一批"人才培养工程是2003年中宣部会同中组部、人事部进行部署的，主要是加强理论、新闻、出版、文艺四个界别高层次专门人才的选拔培养，根据文化改革发展需要，2006年、2008年先后把宣传思想文化领域经营管理人才和专门技术人才纳入到工程中。工程计划用5到10年时间，选拔培养1300名人才，到2020年选拔培养人才达到2200名。为加强对工程的领导，中宣部成立了"四个一批"人才培养工作领导小组，人事部、教育部和有关中央宣传文化单位参加，负责工程的组织实施，协调解决工作中的重要问题。根据工程实施的需要，中宣部先后制定印发了全国宣传文化系统"四个一批"人才选拔工作实施办法、培养管理实施意见、项目资助办法，以及人才培训、参观考察、挂职锻炼等12个配套文件和规定，并对有关制度作了修订，形成了工程实施的制度体系。高层次国家传播人才培养计划、非物质文化遗产项目代表性传承人扶持计划作为宣传思想文化领域的重点人才项目，中宣部正在抓紧制定工作方案，争取尽快启动实施。此外，各级党委宣传部和有关中央宣传文化单位也结合实际，制定了各具特色的优秀人才培养意见和计划，比如文化部制订了《关于实施"人才兴文"的意见》，广电总局制定了广播影视名家、青年创新人才培养意见，新闻出版总署印发了全国新闻出版行业领军人才遴选和培养实施办法，上海市制订出台了《关于加快上海文化人才高地建设的若干意见》，湖南省制订了《宣传文化系统人才培养工作实施意见》等文件，采取行之有效的措施，形成了文化改革发展优秀人才选拔培养工作良好态势。

三、加强高层次经营管理人才和专门技术人才培养

文化改革发展离不开经营管理的强力运作，离不开科学技术的强力支撑，而这其中最关键的因素还是人才。为适应深化文化体制改革、大力发展文化事业和文化产业的新形势新要求，着力抓好宣传文化系统经营管理人才和专门技术人才的培养。2005年12月、2006年1月，中宣部先后下发《全国宣传文化系统经营管理人才培养工作意见》、《关于2006年在全国宣传文化系统开展经营管理人才推荐选拔工作的通知》，明确提出经营管理人才是宣传文化队伍人才建设的重

要组成部分，要把宣传文化系统经营管理人才培养纳入"四个一批"工程。推荐选拔范围主要是新闻、出版、广电、文艺等领域从事文化产业经营管理的负责人。2008年1月，适应现代高新技术条件下新兴媒体新的文化业态快速发展的新趋势新要求，中宣部又专门下发通知，将文化专门技术人才纳入"四个一批"人才推荐选拔范围，选拔对象主要是新闻出版、广播影视、文化艺术等领域的优秀技术人才，特别是新技术应用推广负责人、文化领域核心技术主要研发人员和技术管理负责人。2006年以来，按照规定程序，共选拔经营管理人才144名，专门技术人才83名。通过将经营管理人才和专门技术人才纳入全国宣传干部培训规划，举办高级研讨班，选调优秀中青年人才脱产学习深造，有计划地组织到境外考察、进修，开展业务交流等多种方式，加大培养力度，有效提高了经营管理人才和专门技术人才的政治素质和业务水平，为规范推进文化单位转企改制、促进文化和科技的融合发展、做大做强文化产业、加快我国文化产品和服务"走出去"步伐，发挥了积极作用。

十年文化改革发展，我国文化领域整体面貌和发展格局焕然一新，文化建设开创了新局面，初步走出了一条中国特色社会主义文化发展道路。

党的十八大鲜明提出，要深化文化体制改革，解放和发展文化生产力，为人民提供广阔文化舞台，让一切文化创造源泉充分涌流，开创全民族文化创造活力持续迸发、社会文化生活更加丰富多彩、人民基本文化权益得到更好保障、人民思想道德素质和科学文化素质全面提高、中华文化国际影响力不断增强的新局面。站在新的历史起点上，必须深入贯彻落实党的十八大精神，贯彻落实党的十七届六中全会精神，以更加强烈的文化自觉和文化自信，把握文化发展的难得机遇，坚定不移地走中国特色社会主义文化发展道路，进一步加快文化改革发展，推动兴起社会主义文化建设新高潮，努力建设社会主义文化强国。

后　记

　　党的十六大以来，文化改革发展在探索中前进，在创新中发展，走过了不平凡的历程。为全面回顾总结十年来文化改革发展的决策背景、基本历程、显著成效和宝贵经验，进一步深化文化体制改革、加快文化事业文化产业发展，中宣部改革办组织编写了《探索与跨越——文化改革发展十年巡礼》一书。

　　中宣部常务副部长、中央文化体制改革和发展工作领导小组副组长雒树刚同志对该书编写工作高度重视，提出明确指导意见。中宣部副部长、中央文化体制改革和发展工作领导小组办公室主任孙志军同志多次通读书稿，提出审改意见。参加本书起草和修改工作的有：蒯大申、巫志南、孔建华、叶晓新、朱涛、李春霞、管萍、陈启榆、罗杨、谷红瑞、林长森、吴科特、高圣宝、任继伟、兰君、周伟娜、卓然、傅雨、梁晓龙、范周、熊澄宇、李秋立、闫晓东、沈婧、王明亮、袁同楠、黎刚、杜永明、李峰、刘汉文、马晶、孔德龙、郭崴、安乐、杨威、宋文玉、张晓虎、张淼、王锦萍、陈浙闽、梁勇、周玉、倪鹤琴等同志。张二国、高升、王光荣、李向东等同志自始至终参加了起草、修改和统稿工作。黄志坚同志主持了本书编写工作。

　　本书在编写过程中，得到了中央文化体制改革和发展工作领导小组成员单位和各省（区、市）党委宣传部门的大力支持。蔡武、王仲伟、蔡赴朝、田进、柳斌杰、蒋建国、赵胜轩、李智勇、钱小芊、张崇和、江小涓、朱之鑫、王志刚、张少春、王晓初、仇鸿、解学智、刘玉亭、李强、杜一力、姚刚等同志提出了宝贵意见。中央外宣办、文化部、广电总局、新闻出版总署、财政部等部门提供了大量资料。中央电视台、新华社等提供了部分图片。

由于编辑时间紧、任务重，本书的不足之处在所难免，敬请各位读者不吝指正。

编　者

2012年11月